青年法学学术著作
资助出版项目

青年法学学术著作
资助出版项目

一般反避税制度法律问题研究

Researches on Legal Issues about the General Anti-avoidance Rules

汤洁茵 著

法律出版社
LAW PRESS · CHINA

青年法学学术著作出版基金
资助出版说明

法律出版社作为全国规模最大的法律专业出版机构，一直秉承“为人民传播法律”的理念，与学术界共同推动法学研究的繁荣与发展。2018 年 5 月，法律出版社设立青年法学学术著作出版基金，用于资助法学学术著作出版和奖励优秀法学图书，旨在支持优秀法学学术著作出版，扶持具有较大潜力的青年学者。

经过法律出版社学术委员会委员推荐、专家匿名评审和法律出版社编辑委员会评审，共有 7 部作品获得法律出版社首届（2018 年）青年法学学术出版基金资助。

期待更多年轻法律人的优秀学术作品！

法律出版社

2019 年 5 月

目录

第二篇 反避税调查程序中的事实调查机制

第三篇 反避税调查程序中的证明责任减轻机制

第四篇　避税行为的惩罚与救济机制

导　论

一、选题意义与国内外研究现状述评

尽管“税收是文明的对价”，但由此加诸纳税人之上的，却是由于财产的无偿剥夺所造成的个人福利的减损。税法的遵从在任何时候对纳税人都无法产生“愉悦感”，甚至可能只有“税痛感”。有的纳税人因此采取各种策略性的税收应对行为，逃避税法的适用，以减轻税负或避免纳税从而获取税收利益。这已是现代各国普遍存在的社会现象。在我国，根据抽样估算，国家每年因企业避税而损失的税款超过了 300 亿元。

税收规避交易的大规模出现，造成了严重的税基侵蚀和利润的转移，严重威胁一国的财政收入，不仅破坏税法的刚性和权威性，更有损税收的公平课征。这一现象引起了世界各国以及国际组织的高度重视。近年来 G20 和 OECD 组织也积极推动“税基侵蚀和利润转移”（Base Erosion and Profit Shifting，BEPS）行动计划，力图打击国际性的税收逃避现象。在我国，避税交易所造成的税收流失也已经引起了立法机关和税务机关的高度重视。仅 2014 年，反避税工作在管理、调查和服务三个环节对税收增收的贡献便已达 523 亿元。2014 年 11 月，习近平总书记在 G20 领导人峰会上指出“加强全球税收合作,打击国际逃避税”,对今后的反避税工作提出了更高要求。一般反避税条款是在特殊反避税规则之外应对税法未及规范的新型避税交易的重要制度安排。2008 年《企业所得税法》(2018 年 12 月 29 日第十三届全国人民代表大会常务委员会第七次会议第二次修正正式实施之后,以该法第 47 条的一般反避税条款为核心,国家税务总局相继制定了一系列的操作细则,对有效打击避税安排产生了积极的影响。但一般反避税条款本身“标准性规范”的特性决定了,据此进行避税安排的规范性判断具有较大的模糊性。本书拟围绕这一条款在实践中的适用展开全面的研究。

然而,避税被学者们称为“税法中无法解决之难题”,是“私下里眼睛可以分辨,但头脑中却不能清晰界定”的难题。如何判定纳税人的某项最小化税收负担行为构成法律不容许的避税行为,在可接受交易和不可接受交易之间能否以及如何划定一个清晰的界限,已成为困扰各国税收立法的重要难题之一。为防止日趋多样化、复杂化的反避税安排的产生,各国的反避税制度渐趋呈现开放性的态势。由于立法技术的限制,税法规范无法穷尽所有的避税安排,抽象化的一般反避税条款的阻吓效果不言而喻。然而,以一般标准应对未来可能产生的复杂且形式多样的避税交易,固然条文的涵摄范围有所扩大、适用的灵活性有所增强,但由于该条款本身具有较大的弹性和模糊性,税法的可预测性与确定性将随之大为削弱。税务机关与纳税人对一项交易是否构成避税安排可能作出完全相左的判断。税务机关获得巨大的自由裁量权的同时,纳税人却不得不面临由于反避税调查所引发的税收成本不确定的风险。纳税人将不得不选择在税收方面更加保守的交易形式,甚至不惜以其本可以依法享有的税收利益为代价实施过度的税法遵从。税收因此成为扼杀新型交易形式创造力的“元凶”。

反避税案件的调查应当在国库收入的保护与纳税人权利之间实现适度的平衡,否则,将可能因为过于宽泛的反避税而导致税源减少、税收管理成本增加,进而使本因反避税管理增加的国库收入消泯殆尽。因此,本书将系统地研究反避税法律制度的理论与实践问题,考察如何顺应社会与经济的发展,在不增加纳税人的名义税收负担的情况下,通过加强反避税规则的适用,一方面,防止有的纳税人滥用私法法律形式的选择权,确保税收的公平课征和应收尽收;另一方面,防止有的税务机关以反避税为名对纳税人的财产权和经营自由权造成过度的侵害。这不仅对我国税收法治的实现具有重要的意义,对于减少因反避税管理而对企业造成的经济扭曲,为企业的发展创造公平的税收法治环境,从而促进我国的经济发展,同样有着重要的作用。

1994 年我国现代税制基本形成之后,尤其是 2008 年《企业所得税法》实施之后,有关反避税的研究成果层出不穷。从现有的研究成果来看,国内关于反避税的研究成果主要具有如下的特点:

(1)在研究方法方面,目前大部分研究从经济学或管理学的视角展开,更加关注避税行为对于国家税收的影响和反避税制度对公司管理与经营的影响,只有少数成果是从法的规范性展开研究,法解释学和体系化研究方法的采用极为少见。

(2)在研究视角方面,大部分研究成果是对避税案件的个案探讨或具体问题的分析,缺乏对反避税规制的一般理论问题的概括和抽象,如反避税规则的适用范围与条件、证据资料的收集、反避税调查程序中的纳税人权利保护等问题,都缺乏深入而全面的研究。

(3)在研究对象方面,企业的避税策略及税务机关的应对措施为当前主要的研究对象。2008 年以后,一般反避税条款的实施与适用开始受到一定关注,但主要限于该条款的实体适用,一般反避税调查的程序与纳税人权利保护等内容相对缺乏。

反避税一直是国外税法学者关注的重点和难点。国外税法学者对反避税的研究主要侧重于以下两个方面:一是对避税现象的抽象概括、因果分析和法律评价等;二是对避税法律规制措施的实施与适用的研究。从研究成果来看,主要具有如下特点:(1)研究对象以具体问题为主,包括现行规则的分析和完善建议等。英美法系国家的研究以具体的司法判例的解析和司法原则的研究为主,大陆法系国家则更偏重于从概念法学、分析法学的研究方法,专注于法学体系内的分析研究。(2)研究方法的多学科综合性:众多学者综合采用法经济学、税收政策学和组织管理学等研究方法对避税问题展开了研究。(3)与经济全球化背景相适应,国际层面的反避税在近 20 年来受到了高度关注,主要的研究成果均围绕国际反避税展开。

二、研究思路与主要内容

(一)研究思路

本书的研究思路是,秉持国库保护与纳税人权利的平衡的基本理念对我国反避税规则的实施展开研究。具体思路如下:选取近年来典型性的反避税案件进行分析,剖析税务机关在处理上述案件中适用反避税规则的得与失以及上述规则在适用中所存在的问题与引发的争议,在此基础上对我国现行反避税规则进行法解释学的研究,明确各项规则在实践中应当如何予以适用,对各项重要概念予以界定。在此基础上,对反避税调查的程序,尤其是在实施调查过程中的纳税人正当程序权的保护予以研究。

(二)主要内容

本书的内容共分为四大部分,分别围绕一般反避税条款的适用及其限度、反避税调查程序中的事实查明机制、证明责任减轻机制和避税的惩罚与权利救济等问题展开研究。

第一篇主要研究"一般反避税条款的适用及其限度"。其中第一章主要对围绕实质课税原则发生的税法的形式与实质之争予以研究。实质课税原则一般被认为是构建反避税制度的基本原则。近年来,随着反避税的加强,实质课税原则日渐受到重视甚至被绝对化,税法形式主义湮没在推崇实质课税原则的声浪之中。实质的探求固然在一定程度上能够实现个案的正义,但脱离形式束缚的实质正义必定是随机的、偶然的,不符合税收法定主义的要求。因此,形式主义在税法上依然有其独有的价值,是确保税法的确定性和可预测性价值实现的逻辑前提,也是确保税法的刚性和权威的必然要求。任何市场主体都应当有权信赖税法的文字含义并相应地预测和确定交易的税负。除非滥用,其选择的私法形式一般在税法上应当获得尊重。

第二章主要围绕《企业所得税法》第 47 条所确立的一般反避税条款的适用要件,基于国外的立法和司法实践进行了探讨。2008 年开始实施的《企业所得税法》确立了一般反避税条款,对税收征管产生了深远影响。但该法第 47 条与随后制定的实施条例和《特别纳税调整实施办法(试行)》等税收规范性文件对避税安排的认定与处理存在一定程度的矛盾和冲突,将极大地妨碍该条款在反避税实践中的适用。避税安排的构成要件的设置应当在国库收入的保护与纳税人权利之间实现适度的平衡。交易是否具有合理的商业目的,可以根据纳税人在交易中权利义务的设置予以衡量。纳税人采取的法律形式是否存在滥用,应当以所采用的法律形式与其追求的经济目的之间是否具有相当性作为评价标准。只有同时满足上述两个要件,才能认定一项交易构成避税安排。

避税交易是一种存在法律形式与经济实质相背离的特殊安排。交易呈现其外的外观形式满足了特定税法条文所确立的构成要件,依其经济实质却无该条文的适用。为避免纳税人利用此种特殊安排套取税收利益,应有必要查明一项交易是否存在法律形式的滥用及其经济实质如何。无论是税务机关还是纳税人都应当负担这一事实查明之责,在反避税调查程序中是否有举证责任规范介入之必要,如何解决系争交易安排的证据资料偏在于纳税人的难题,同样是实施有效的反避税管理的重要问题。本书第二篇"反避税调查程序中的事实调查机制"分别对反避税调查程序中的举证责任、纳税人协力义务和第三方信息提供等问题进行研究。

在反避税调查程序中,基于职权调查税务机关应有必要提供证据证明被法律形式所掩盖的经济事实的存在,因此,并无主观举证责任在税务机关与纳税人之间进行分配的问题。但税务机关为事实调查,同样可能产生交易实质真伪不明的情况,应有必要对此风险进行预先的分配,此即客观举证责任。反避税调整规则的适用同样关涉税务机关征税权的成立,是使税务机关得以取回被纳税人套取的税收利益。因此,在这一程序中客观举证责任的分配与一般税收征管程序并无不同。基于纳税人权利保护的考量,税务机关应当对此避税安排的相关事实阐明承担举证责任,纳税人即便承担提供资料的协力义务,亦不因此而承担举证责任。税务机关唯有同时证明纳税人的交易不具有合理的商业目的,且不具有真实的经济实质,才能完成其证明义务。

然而,税收加诸市场交易活动,税务机关并未参与其间,能够掌握的课税资料远不及纳税人。课税资料事实的相关证据多在纳税人的管领和控制范围之内。一旦纳税人利用其证据优势妨碍反避税调查,税务机关所承担的证据提出责任便可能因此大受影响。税收为国家提供基本的财源,如因证据缺失而无法有效应对反避税,国家的税基将大受削弱。为贯彻公平与合法课税的目的,保证税务机关可以有效应对避税交易,税法上多课予纳税人于反避税调查程序中主动提供课税资料的协力义务,要求纳税人以“限定事案的解明”促进反避税调查程序的有效推进。第四章对纳税人在反避税调查中的这一协力义务进行全面的研究。

尽管税务机关与纳税人应为征税之共同体,但纳税人在信息提供方面若存有消极怠惰甚至抗拒,税务机关可能陷于事实查明的困难。因此,应有必要尽可能拓展税务机关证据资料调查和收集的方式和渠道。纳税人的应税活动为公开市场交易,相关信息在交易过程中也为其交易相对人或其他协助或促进交易发展的市场主体所保留。上述主体应有必要承担一定的信息提供义务,以协助税务机关实施反避税调查。为此,有必要构建税务机关从金融机构等第三方获取交易信息的渠道、确立其协助义务的履行,并明确税务机关获取信息的法律界限。但在拓展税务机关获取课税信息的渠道的同时,应当加强对第三人及相关纳税人信息权利的保护。第五章对协力反避税的第三方主体及其提供避税安排相关信息的问题予以研究。

反避税调查程序中以税务机关承担举证责任并辅之以纳税人的协力义务的制度安排,一方面,确保特别纳税调整的合法性;另一方面,减轻税务机关的事实调查困难、提高事实查明的效率。然而,一旦纳税人拒绝协力查明事实,如无必要的救济措施,税务机关承担举证责任这一事实便会成为纳税人以调查妨碍行为获取税收利益的最佳“庇护伞”。因此,应有必要构建一定的规则,确保在纳税人拒绝协力的情况下,税务机关可通过一定的救济措施进行事实的认定。本书第三篇以“反避税调查程序中的证明责任减轻机制”为题,对这一问题予以专门研究。

第六章主要研究纳税人违反特别纳税调整程序的协力义务及如何对其产生的调查妨碍予以救济的问题。当前税收协力义务的违反将直接产生税收核定这一证明程度减轻的法律后果,是立法和理论研究普遍存在的误区。这将导致纳税人本仅为课税事实阐明的合作者,却因这一法律后果的存在与承担举证责任无异,对纳税人过于严苛。税收核定不应成为税收协力义务违反的唯一法律后果。纳税人违反协力义务产生何种后果,应当以税务机关查明系争避税交易受到妨碍的程度作为判断基础,必须在个案中综合考虑纳税人的主观可归责性、未提供资料的可替代程度以及由此造成的调查困难程度等因素,选择确定恰当的救济与制裁手段。

作为一种以经济生活中的典型事态经过替代因纳税人违反协力义务缺失的直接证据而推断税基的量化事实的特殊课税事实认定方式,税收核定在反避税调查程序中也被加以采用。然而,这一方法的采用尽管可以提高反避税调查的效率,却将造成“仅凭怀疑征税”的结果,更将造成征税的不公平,对纳税人的权利影响甚大。第七章对反避税调查程序中税收核定的扩大适用提出质疑,认为税收核定作为救济因纳税人拒不履行协力义务所造成的税务机关调查困难的方式应当有严格的限制。在调查过程中,只有在纳税人拒不履行协力义务导致税务机关发生调查不能或成本极为高昂的情况下,才能对合理的商业目的这一主观性要件以表见证明方式予以认定。

《税收征收管理法》第 35 条第 6 项允许税务机关对纳税人无正当理由而申报偏低的计税依据进行税额的核定。这一规定往往被认为是税收核定具有反避税功能的重要体现。第八章从“瑞成公司案”和“德发公司案”入手,对税收核定是否能够作为反避税的方法予以研究。然而,本源意义上的税收核定是在纳税人违反协力义务的情况下由税务机关以一定的经验法则替代其未提供的课税资料而对其税基金额予以估算的方式。一项可能构成避税安排的交易已在课征程序中公开、充分地进行了申报,是不满足税收核定的适用条件的。而税收核定作为一种表见证明的税基量化事实的简化认定机制,实际上难以实现反避税对于经济实质的认定目标。更重要的是,以税收核定重新对税基进行量化,目前仍缺少相应的程序规则,极易造成随意调增应纳税额的结果。对纳税人无正当理由而计税依据偏低进行税收核定,实际上是税收核定的扩张适用,是有违税收核定的制度初衷的。

避税行为造成了国家税收的流失,更实际上形成了纳税人之间的差别待遇,大大削弱了税法的刚性,一旦认定,纳税人将面临税额调整的法律后果。与此同时,一方面,该行为是否有必要施以进一步的惩罚;另一方面,纳税人如对此决定有异议,其权利如何寻求救济,同样值得关注。本书第四篇“避税行为的惩罚与救济机制”,对被施以反避税调整的纳税人的消极法律后果以及相关司法审查问题展开详细的探讨。

鉴于避税行为对一国财政运作的消极影响却又难以提前预防,越来越多的国家对此行为施以处罚,惩罚力度也不断加强,以鼓励税法的自愿遵从。我国是否有必要效仿这一做法,日渐受到关注。然而,从上述国家对避税者的制裁效果来看,不仅难以形成对潜在避税者的真正威慑和阻吓,以罚款补偿因避税造成的税收流失,反而造成新的不公平的结果。对避税行为是否有必要予以制裁,关键在于该行为是否具有可罚性。避税行为侵蚀国家税基,损害的是国家对未来特定金额的税收收入的期待状态,社会危害性相对较弱。仅因不符合税收立法宗旨或目的,难以将符合税法字面含义的避税行为认定为违法。不仅如此,由于避税规则的复杂性和不确定性,纳税人很难准确地认识税法条文的规范目的和宗旨并加以遵守,以法律形式的滥用获取税收利益未必是建立在税法的敌对意识之上的。要求纳税人在纳税申报时主动如实揭示交易的经济实质、与税务机关持完全一致的法律见解也不具有可能性。因此,避税行为的归责基础相当薄弱,对其予以制裁在一定程度上是违反责任主义的。

由于反避税规则本身的不确定,再加上调整后的税负增加,是否对一项交易施以反避税调整,一直是税务机关与纳税人之间争议频发的领域。然而,反避税条款中包含了大量的不确定的法律概念,司法机关常常以反避税调整的复杂性和技术性、尊重税务机关的专业裁量为由,对税务机关的反避税决定不予审查。司法诉讼是纳税人寻求权利保护的最终途径,法院作为防止国家征税权侵害纳税人财产与自由权的最后防线,不得因反避税条款的不确定概念以及固有的专业性判断而对税务机关的决定一味予以尊重。相反,应当通过提升法院的税法专业审判能力,对税务机关的特别纳税调整决定进行合法性审查,真正发挥法院钳制特别纳税调整权行使的功能。

三、研究方法与创新之处

(一)研究方法

(1)规范分析法:基于税收法定主义的要求,反避税规则是一般反避税管理的基础,因此,本书将首先对现行的一般反避税规则进行法解释论的研究。

(2)价值分析法:对一般反避税管理所奉行的基本理念等问题采取价值分析法。

(3)实证研究法:为保证理论研究不与实践相脱节,本书将收集反避税管理的相关案例以及调研一般反避税调查中存在的问题,进行实证的分析和研究。

此外,本书的研究还将采取法教义学方法、历史分析法和比较分析法。

(二)创新之处

1. 反避税制度价值评判标准的理论探讨

为提高反避税的灵活性和有效性,反避税条款多采用标准的形式,将避税安排的要件事实留由税务机关综合全案的事实与环境因素予以判断。在这一过程中往往需要由税务机关完成相应的价值补充。然而,税务机关是国库利益的代表,本身有其部门利益。维护国库收入又是反避税的制度初衷。在执行过程中,税务机关的价值补充难免有以国库保护为先的考量。为防止价值补充的主观性和片面性,本书对财税法的诸项价值及其冲突,包括实体法和程序法,给予一定研究,尤其是税法的形式与实质问题,形成相对中立和独立的价值评判标准,为税务机关在实施反避税过程中作出价值选择提供更为客观的基础。反避税的实施,不仅仅涉及反避税条款的适用,还关系相关税法条文的立法意图、规范目的或价值选择的评判。对税法价值评判标准的研究,对于提高反避税的有效性具有重要的意义。

2. 领域法学研究方法的引入与反避税制度的具体化

反避税制度具有专业性和技术性的特点,适用过程包含隶属于不同部门法体系下的法律关系,其适用过程往往横跨多个部门法,具有复杂性、多元性的特点。避税安排的认定和反避税措施的选择应当考量社会、经济和政治的因素。本书采用了近年来兴起的“领域法学”这一研究方法,对这种具有复合性的问题展开新的范式的研究。本书以反避税调查的全部现象作为研究对象,整合行政法、民事法、经济法的研究资源,融合经济学、政治学和社会学等多种研究范式为一体,进行整合性、交叉性、开放性、应用性和协同性的理论研究,在最大限度内利用传统部门法学研究的理论成果和制度建构,并在此基础上进行理论和制度的创新。

3. 法教义学研究方法的采用与补丁式立法模式的摒弃

反避税条款中包含大量的不确定法律概念。税务机关为实现不确定法律概念的具体化,制定了大量的裁量性规则,同时随着反避税实践的发展经常对其进行调整和修正,这导致纳税人面临犹如“政策”般频繁的调整和“立法突袭”,大大增加其税法的遵从成本。反避税的具体操作规则时常陷于“通知—补充通知—修改—再补充修改”的循环中。而学界和实务界更是疲于对这些频繁出台、修改的规范性文件提出应对之策,浪费诸多的立法资源和理论研究资源。

因此,本书的研究引入法教义学的研究方法。基于法教义学的研究方法,本书关注税法文本,坚持以我国现行税法规范为中心,致力于寻求税法作为规范体系的内部支持,主要通过法律解释维持反避税规则制度内部的稳定性和反避税制度与税法整体制度之间的逻辑性关联。为此,围绕反避税制度展开研究时,不是动辄主张现行反避税规则的修改,而是在存在争议的反避税条款实施的过程中,为税务机关或法院提供可言说、可交流、可检验的规则选择与法律论证机制。基于这一方法,本书主张反避税制度的内部体系、其在财税法乃至法律体系中的定位与逻辑应获得尊重。在这一前提下,以反避税条款所形成的价值共识作为前提,进行形式上的推理,通过对税收征收实践的准确把握与及时反馈,依照反避税条款和税法制度的内在逻辑和体系要求进行解释、应用、发展反避税条款并予以进一步的具体化,以确保由此进行的规则漏洞的填补和新的规则的制定更能够符合一致的价值判断,提出的解决方案也更切合实际,从而可以减少甚至避免新的规则冲突。

第一篇

一般反避税条款的适用及其限度

第一章
税法形式无价值之检讨
——兼论实质课税原则[*]的功能与定位[**]

“实质”通常为“形式”的对称，二者是对客观事物性质的一种揭示。形式与实质之争在刑法、民法等传统部门法领域早已备受关注，法律的形式主义与实证主义更是法理学争论不休的话题。税法领域亦无出其外。税收的课征以形式抑或实质为先的争论从未停歇。近年来，以课税公平和量能课税为价值追求的实质课税原则广受推崇，税法形式主义渐失其声，让人每每产生税法中形式无价值的错觉。但征税公平与量能课税既非税法唯一之价值，实质重于形式被绝对化甚至一般化都是值得商榷

---

* 除实质课税原则外，当前我国税法理论研究中还使用经济实质主义、实质重于形式原则或经济观察法等术语。其中，经济实质主义（Economic Substance Doctrine）或实质重于形式原则（Substance Over Form）形成于美国司法实践，而经济观察法则是源于德国税法理论和实践对形式与实质的关注。国内学者在使用上述术语时甚少对其加以区分，其内涵和外延仍有一定区别。本书一般采用实质课税原则，仅在提及各国相关理论发展时采用该国的特定用语。

** 本章内容以《形式与实质之争：税法视域的检讨》为题，发表于《中国法学》2018 年第 2 期，第 248～268 页，收入本书时略有增删。

的。税法之中，形式与实质，到底孰轻孰重？对此，首先应当对为何在税法领域中特别强调实质的价值，所受强调者为何者之"实质"以及如何确认形式之外的所谓之实质等问题，逐一予以考证。

一、纷纷扰扰的实质课税原则：形式与实质之争的三个面向

所谓"形式"是指事物呈现其外的有形或无形的表征或外观，而实质则指称符合实际的真正事实。法律的三段论包括抽象构成要件（大前提）、事实（小前提）以及法律后果。法律后果是事实涵摄于规则的结果，并无形式与实质之分。大前提和小前提均存在形式与实质之争。长期以来，以条文形式上呈现的文字用语确定法律的适用，还是追求"符合实质"的规则内涵，是法理学上一个重要的议题。实质课税原则的产生，即是为了解决税法领域的这一问题。德国学者E. 贝克尔（E. Becker）在起草《帝国税收通则法》时首次提出经济观察法，强调"税法解释依其经济目的"，即应采用取向于财政收入目的的解释方法。[1] 通过假定立法者的立法意图，以税法条文的实质解释得出对具体征税纠纷的"符合立法者本意"的解决方法，在美国也被认为是经济实质主义的题中应有之义。不少学者认为，这项在长期税收司法实践中形成的普通法原则对纳税人套取的税收利益的否定，并不是通过否定交易的法律形式而为重新定性，而是通过探求立法机关制定条文的意图确定其实质内容和适用范围以排除其适用来实现的，[2] 因此，是一种税法条文的目的性解释方法。[3] 我国

---

[1] 葛克昌：《实质课税与纳税人权利保障》，载葛克昌、贾绍华、吴德丰：《实质课税与纳税人权利保护》，台北，元照出版公司2012年版，第12~15页。

[2] David P. Hariton, "Sorting Out the Tangle of Economic Substance", *Tax Lawyer* 52, 1998, p. 244.

[3] Joseph Bankman, "The Economic Substance Doctrine", *Southern California Law Review* 74, p. 11; Alexandra M. Walsh, "Formally Legal Probably Wrong: Corporate Tax Shelters, Practical Reason and the New Textualism", *Stanford Law Review* 53, 2001, p. 1544; David A. Weisbach, "Ten Truths about Tax Shelters", *Tax Law Review* 55, 2002, p. 215. 但也有学者认为通过探求条文的目的性解释实施反避税的做法是不同于经济实质原则的一种方法，详细可参见 Shannon Weeks McCormack, "Tax Shelters and Statutory Interpretation: A Much Needed Purposive Approach", *University of Illinois Law Review* 3, 2009, p. 697。

不少学者，包括我国台湾地区的学者，亦肯认这一观点。[1] 我国台湾地区 2009 年增订“税捐稽征法”第 12 条也明确规定税法解释应当依各该规定之制定目的，衡酌经济上之意义及实质课税之公平原则。[2] 可以说，实质课税原则被认为是一种不受税法条文的字面含义的拘束，而基于立法目的探求条文的实质内容的税法解释与适用的方法。此时所争执的“实质”与“形式”，所指的是法律文本。实质课税原则强调的正是法律的实质内容，而非形式的法律文本，对纳税义务的确定具有决定性的意义。[3] 此即实质课税原则引发的税法的实质与形式之争的第一个面向。

经济观察法的倡导者贝克尔并未将须经济观察的对象局限于“税法条文”，而是进一步认为，征税事实“应不考虑当事人选择的法律形式及一切案件的法律包装”，而是应“依税收的经济意义予以把握”。[4] 德国提普克·朗格（Tipke Lang）教授虽然并不赞同经济观察法为税法的解释之法，却同样坚持认为这一方法为税法的适用之法。[5] 我国台湾地区学者多采德国观点。如陈清秀教授即认为，在课税要件事实的认定方面，应当把握表彰经济上给付能力的实际上的经济事实关系，而非以其单纯外观的法律形式为准。[6] 受此影响，我国台湾地区“税捐稽征法”第 12 条第 2 款肯定了税收构成要件事实的认定以实质经济事实关系及其所生实质利益之归属与享有为

---

〔1〕 张守文：《税法原理》，北京大学出版社 2007 年版，第 34 页；陈清秀：《税法总论》，台北，元照出版公司 2012 年版，第 188 页；黄茂荣：《税法总论——法学方法与现代税法》，台北，植根杂志社有限公司 2005 年版，第 371 页。

〔2〕 我国台湾地区“税捐稽征法”第 12 条规定：涉及租税事项之规定，其解释应本于税收法律主义之精神，依各该规定之制定目的，衡酌经济上之意义及实质课税之公平原则为之。稽征机关认定课征租税之构成要件事实时，应以实质经济事实关系及其所生实质利益之归属与享有为依据。

〔3〕 Allen D. Madison, The Tension between Textualism and Substance-over-form Doctrines in Tax Law, *Santa Clara Law Review* 43, 2003, p. 739.

〔4〕 葛克昌：《实质课税与纳税人权利保障》，载葛克昌、贾绍华、吴德丰：《实质课税与纳税人权利保护》，台北，元照出版公司 2012 年版，第 12 ~ 15 页。

〔5〕 Tipke Lang, Steuerrecht, 20 Aufl. 2010, S. 1308.

〔6〕 陈清秀：《税法总论》，台北，元照出版公司 2012 年版，第 188 页。

依据。[1] 在美国,经济实质主义作为一项反避税工具,主要用于对交易的形式与实质之间是否存在落差的判定,并于落差存在时以交易的经济实质作为税法适用的事实基础。[2] 我国多数学者亦认为实质课税原则为应税事实的认定[3]或解释[4]之法。尽管当前我国的税收基本法律[5]中并未直接确立这一原则,但国家税务总局在其制定的税收规范性文件中已明确采用"实质重于形式原则"的用语。如《关于确认企业所得税收入若干问题的通知》(国税函〔2008〕875 号)规定销售收入的确认应遵循这一原则。此外,在《特别纳税调整实施办法(试行)》(国税发〔2009〕2 号)、《一般反避税管理办法(试行)》(国家税务总局令第 32 号)也将其作为认定避税安排应当遵循的原则。在此实质课税原则强调的是,作为小前提的税收要件事实,应依经济的实质关系予以判定,纳税人选择的私法形式不作为税法适用的事实基础。这里所指的乃是应税事实的"实质"与"形式"。此为税法的形式与实质之争的第二个面向。

也有学者反对将实质课税原则作为税法解释和事实判定的方法,认为只能在具体的实体法中以个别立法把握蕴含纳税能力的经济事实,而不是外在的法律形式。[6] 日本学者吉良实肯定了这一原则在税收立法中的适用。[7] 持这一观点的学者认为,税收的课征与经济生活事实相联结,但其在私法上呈现出来的法律行为不能据以评断纳税人的税收负担能力,应当以

---

〔1〕 我国台湾地区"税捐稽征法"第 12 条规定:涉及租税事项之规定,其解释应本于税收法律主义之精神,依各该规定之制定目的,衡酌经济上之意义及实质课税之公平原则为之。稽征机关认定课征租税之构成要件事实时,应以实质经济事实关系及其所生实质利益之归属与享有为依据。

〔2〕 Yoram Keinan, "Rethinking the Role of the Judicial Step Transaction Principle and A Proposal for Codification", *Akron Tax Journal* 22, 2007, p. 52.

〔3〕 叶姗:《应税事实依据经济实质认定之稽征规则——基于台湾地区"税捐稽征法"第 12 条之 1 的研究》,载《法学家》2010 年第 1 期;贺燕:《实质课税原则的法理分析与立法研究——实质正义与税权的横向配置》,中国政法大学出版社 2015 年版,第 61 页。

〔4〕 闫海:《绳结与利剑:实质课税原则的事实解释功能》,载《法学家》2013 年第 3 期。

〔5〕 这里所指的基本税收法律,包括全国人大制定的《个人所得税法》等 9 部单行税种法和《税收征收管理法》以及国务院以暂行条例形式制定的《增值税暂行条例》等单行税种法。

〔6〕 刘剑文、熊伟:《税法基础理论》,北京大学出版社 2004 年版,第 160 ~ 164 页。

〔7〕 [日]吉良实:《实质课税主义》(上),郑俊仁译,载《财税研究》1987 年第 2 期。

经济上的事实经过、状态及活动作为纳税人税收负担能力的指标事实，确立抽象税收构成要件。[1] 日本《所得税法》第12条、《法人税法》第11条有关实质归属者课税之原则，即适其例。[2] 此时的经济实质原则，所要解决的形式与实质之争，在于确立抽象税收构成要件时用以评价经济给付能力的指标事实，是经济活动的法律形式抑或经济实质。此为税法的形式与实质之争的第三个面向。

围绕实质课税原则的三个面向的形式与实质之争各有不同，却息息相关。在立法层面关涉基于经济活动外观的法律形式还是最终实现的经济效果确立税收构成要件，是关于立法者以何者为基础征税最能实现量能课税所作的价值判断的争议；在对已制定的税法条文进行阐述、使之被理解和适用的方面，则争执条文的内容究竟以字面含义的解释为已足，还是尚须探究立法者的真实意图予以明确；在具体经济活动发生后，关注的是以该交易的法律形式还是经济实质进行税收构成要件符合性的判断，即在执法层面是否同样应为价值判断，还是只能进行合规的形式判断。尽管围绕实质课税原则的研究成果可谓汗牛充栋，但学者们大多基于不同的面向对实质课税原则展开研究，难以形成真正的对话与讨论，甚至存在不少误解与误读。本章拟分别从上述三个面向对当前税法学研究中普遍存在的实质判断应先于形式判断、税法形式无价值的观念展开反思性的检讨。

二、抽象税收构成要件确立的形式与实质

（一）基于有限建构性判准的实质重于形式？

在主张实质课税原则为应当遵循的税收立法原则的学者看来，由于量能课税是税法的精神或目标，因此，应当以经济利益的实质及其实际的依

---

〔1〕 黄茂荣：《税法总论——法学方法与现代税法》，台北，植根杂志社有限公司2005年版，第371页。

〔2〕 ［日］金子宏：《日本税法》，战宪斌、郑林根等译，法律出版社2004年版，第131页。

归,认识税收负担能力的有无及其归属,而不受限于形式,才能真正实现税收正义。[1] 只有在例外的情形,如基于税收效率的考量,才能以法律形式作为衡量的基准。[2] 当前我国并未在现行税法中将依经济实质征税确立为法律原则。学者力图通过对现有课税规则的"有限建构性诠释"来鉴别这一原则的努力值得肯定。[3] 根据德沃金的观点,要通过诠释性判准进行法律原则的识别,起点是必须能够确定既存法律的特定范围,以便特定原则能够加以符合与证立。[4] 但经学者辨别,认为内含或隐藏着实质课税原则的既存的法律规则,除去反避税规则能够形成相对普遍的共识之外,其他规则是否足以支持这一原则的存在,依然是存疑的。[5] 实质课税原则能否作为"道德上最佳的、能证成大部分颁发的现有法律规则""确定法律规则如何扩展和修正以及解决法律规则冲突"[6]的税法原则,关键在于基于经济实质确认税收负担在国民间的分配是否已形成普遍的"公共正当意识"。[7]

《证券投资基金法》第 8 条关于基金财产的投资行为归属于投资者承担纳税义务的规定,通常被认为是实质课税原则所证成的规则。在信托交易

---

〔1〕 黄茂荣:《税法总论——法学方法与现代税法》,台北,植根杂志社有限公司 2005 年版,第 375 ~ 379 页。

〔2〕 贺燕:《实质课税原则的法理分析与立法研究——实质正义与税权的横向配置》,中国政法大学出版社 2015 年版,第 125 页。

〔3〕 贺燕:《实质课税原则的法理分析与立法研究——实质正义与税权的横向配置》,中国政法大学出版社 2015 年版,第 218 ~ 219 页。

〔4〕 [英]H. L. A. 哈特:《法律的概念》,许家馨、李冠宜译,法律出版社 2012 年版,第 234 页。

〔5〕 如有学者认为,《营业税暂行条例实施细则》第 11 条规定的"单位以承包、承租、挂靠方式经营的,承包人、承租人、挂靠人(以下统称承包人)发生应税行为,承包人以发包人、出租人、被挂靠人(以下统称发包人)名义对外经营并由发包人承担相关法律责任的,以发包人为纳税人;否则以承包人为纳税人"体现了实质课税原则,(具体可参见贺燕:《实质课税原则的法理分析与立法研究——实质正义与税权的横向配置》,中国政法大学出版社 2015 年版,第 218 ~ 219 页。)但该条文的规定,恰恰强调的是在确定以承包人还是发包人为营业税的纳税人时,取决于以何者的名义对外缔结民事契约,而非实际上的真正经营者。因此,将该条规定作为实质课税原则的佐证未免有失牵强。

〔6〕 [美]安德雷·马默主编:《法律与解释》,张卓明、徐宗立等译,法律出版社 2006 年版,第 289 ~ 290 页。

〔7〕 [美]罗纳德·德沃金:《认真对待权利》,信春鹰、吴玉章译,上海三联书店 2008 年版,第 64 页。

中多数学者也认为应当遵循实质课税原则由受益人承担由此发生的纳税义务。[1] 然而,自1998年以来国家税务总局制定的有关基金运作的流转税规则,包括2016年“营改增”之后的增值税规则,却均将“以自己名义运营基金”的管理人,而非最终受益的投资者,作为流转税的纳税人。[2] 同样,在信贷资产证券化交易中,信托人基于信托合同将财产交付于受托人,构成财产转让而发生企业所得税的纳税义务。[3] 而有学者却基于实质课税原则而主张这一信托财产的交付行为应“形式移转不课税”。[4] 可以说,即使对特定经济活动,究竟以实质还是形式作为税收负担能力评价的基础确立抽象税收构成要件,并未有普遍共识的达成。

事实上,现行税法中存在大量的规则足以确证税收构成要件的确立是以形式为基础的。税法的制度设计固然以保证税收负担在国民间分配的公平为目标,但不同的税种建构机制各异,并不尽然要求对经济活动实质的探究。流转税,如增值税,作为间接税,其整体税制设计即是高度形式化的。为减少纳税申报单位、降低税收征纳成本,增值税有意将法律上的纳税人与实际负税人予以区隔,以“表面上的名义人”作为纳税人,即以自己的名义销售货物并使买受人取得处分权的主体作为纳税人,并不考虑此主体是否为交易经济成果的实际取得者。在应税事实的把握方面,亦仅关注创设销售标的物处分权这一“过程性”事实,而不关注该处分权的转让方和继受人是

---

〔1〕 刘继虎:《法律视角下的信托所得税制——以民事信托所得课税为中心》,北京大学出版社2012年版,第24页;郝琳琳:《信托所得课税法律问题研究》,法律出版社2013年版,第74页。

〔2〕 包括财政部、国家税务总局《关于证券投资基金税收问题的通知》(财税〔1998〕55号)、《关于开放式证券投资基金有关税收问题的通知》(财税〔2002〕128号)、《关于证券投资基金税收政策的通知》(财税〔2004〕78号)、《关于信贷资产证券化有关税收政策问题的通知》(财税〔2006〕5号)、《关于明确金融、房地产开发、教育辅助服务等增值税政策的通知》(财税〔2016〕140号)、《关于资管产品增值税政策有关问题的补充通知》(财税〔2017〕2号)、《关于资管产品增值税有关问题的通知》(财税〔2017〕56号文)、财政部税政司、国家税务总局货物和劳务司:《关于财税〔2016〕140号文件部分条款的政策解读》,资料来源:http://www.chinatax.gov.cn/n810341/n810760/c2431727/content.html,最后访问日期:2017年4月7日。

〔3〕 财政部、国家税务总局《关于信贷资产证券化有关税收政策问题的通知》(财税〔2006〕5号)。

〔4〕 刘继虎:《论形式移转不课税原则》,载《法学家》2008年第2期。

否为经济上的所有权人。[1] 为确保增值税抵扣机制的实施,进项税额的抵扣也是高度形式化的,将主张抵扣的主体严格限定于商品销售或劳务提供合同的当事人,并以取得记载与民事合同相符的交易内容的合法抵扣凭证为形式要件。未能满足这一形式要件,即使实际负担进项税额或虽为实际买受人但非凭证记载的交易后手,亦不得主张税额的抵扣。[2] 这一高度形式化的抵扣要件,正是保证增值税负得以层层转嫁而不至于发生高昂的征管成本的制度安排。

尽管大多学者基于所得税为直接税和属人税的性质,认为为确保量能负担,其抽象构成要件的确立应有必要遵循实质课税原则,即以经济活动的实际状况和最终经济利益的归属衡量税收负担能力并确定纳税人。[3] 但经济上相当而法律形式不同的经济活动被课以不同的所得税的情形亦不在少数。[4] 市场主体从事同一经济活动承担个人所得税抑或企业所得税,取决于其选择的经济组织体的形式,并直接决定投资者将负担单一层面的所得税或是面临重复征税。[5] 在分类所得税下,基于不同的合同安排从事经济活动产生的收益分别被课以不同的税收,如提供劳务的行为基于劳动合同还是劳务合同发生,所取得的收益的税收负担存在巨大差异。

德国法中关于违反强行法和公序良俗、无效或虚伪行为以及滥用民法形成自由的行为不影响税收课征的规定,一直被认为是税法中实质重于形

---

〔1〕 陈清秀:《税法各论》,法律出版社2016年版,第449~451页;黄茂荣:《销售当事人之认定》,载《植根杂志》2010年第3期。

〔2〕 黄源浩:《论进项税额抵扣权之成立及行使》,载《月旦法学杂志》2005年第3期。

〔3〕 葛克昌:《所得税与宪法》(第3版),台北,翰芦图书出版有限公司2009年版,第3页。

〔4〕 David A. Weisbach, "An Efficiency Analysis of Line Drawing in the Tax Law", *The Journal of Legal Studies* 29, 2000, p. 71.

〔5〕 如个人投资者选择以合伙企业或公司的形式从事经济活动,前者由其合伙人缴纳个人所得税,后者除在公司层面缴纳企业所得税外,其投资者还需就分配的股息缴纳个人所得税。

式的有力佐证。〔1〕以无效合同为例,税法无视经济活动的法律外观无效之事实,而以当事人使之发生并维持存在的经济后果认定税收构成要件的满足,被认为是依经济实质课税的典范。〔2〕此种观点实际上将“当事人选择的契约形式”等同于“经私法调整后确立的权利义务归属所呈现的法律外观形式”。当事人缔结的合约为无效,包括绝对无效和相对无效两种情形。如合同存在相对无效的事由,是否最终发生合同无效的法律后果须经当事人请求、法院的裁判予以认定。此时该合同的不生效只是一种可能于未来发生的状态,却仍存在生效的可能性。如当事人认为继续履行对其有利可以不主张合同无效,该合同的法律效力仍将得以维持。〔3〕即使合同存有违反强行法的无效事由,如当事人在缔结合约时已明知此事由的存在,嗣后因合同有效对其不利而主张合同无效,可能被认定为恶意抗辩而不受支持。〔4〕在上述两种情况下,交易经此合同确立的权利义务与其经济后果仍为一致,依然是基于经私法调整后的权利义务及其归属所呈现的法律外观进行课税。即使合同已被宣告无效,如当事人未将已发生的财产给付恢复原状,则双方当事人之间的财产给付,与当事人缔结的无效契约无关,而是依不当得利债权债务关系而发生。也就是说,即使合同具有法定无效的情形,其法律效力虽有疑问,但实际上不过是欠缺请求权基础而已。若当事人未争执而为履行,私法并不否定其履行行为的效力。〔5〕在此情况下,作为征税基础的事实仍为经民商法调整后的财产归属,不存在无视法律外观而径行以经济后果

〔1〕《德国税收通则法》第39~42条。我国财政部、国家税务总局2006年1月发布的《关于加强教育劳务营业税征收管理有关问题的通知》(财税〔2006〕3号)中关于择校费课征营业税的规定也被学者认为在立法上确立了对非法或无效行为“实质”课税的做法。详细可参见刘映春:《实质课税原则的相关法律问题》,载《中国青年政治学院学报》2012年第1期。

〔2〕陈清秀:《税法总论》,台北,元照出版公司2012年版,第201页。

〔3〕王利明:《关于无效合同确认的若干问题》,载《法制与社会发展》2002年第5期。

〔4〕崔建远主编:《合同法》(第5版),法律出版社2014年版,第102页。

〔5〕Wolfgang Schön, Die Zivilrechtlichen Voraussetzungen Steuerlicher Leistungsfähigkeit, Stu W, 2005, S. 251.

进行征税的问题。以此作为税法上遵循实质课税原则确立税收构成要件的佐证,同样是值得商榷的。

如果遵循以有限的既存规则建构性诠释“实质课税原则”的方法,那么,从上述规则出发同样不难辨识“形式重于实质”这一完全与之冲突的原则。如果说法律原则的制度支持越多,其分量就越重,〔1〕那么,要权衡“实质课税原则”还是“形式重于实质”两者的分量孰轻孰重,恐怕穷尽所有税制安排也难分轩轾。因此,仅以有限范围的现行规则得出抽象税收构成要件的确立遵循实质课税的结论是值得商榷的。

(二)与民商法调整后果相联结的抽象税收构成要件

主张以实质为基础确立税收构成要件的学者鲜少提及何为一项经济活动的实质。〔2〕一般仅仅简单地认为私法重视法律形式,因此,私法上真实未必为经济上真实。如以经济活动产生的回报、现金流或净利润等后果确定其实质,并据以衡量当事人因此交易发生的税收负担能力的改变,似乎又难以说明一项经济后果相同而法律形式或交易结构不同的经济活动,如转让有限责任公司的股权与转让上市公司的股票,〔3〕缘何被课以不同的税收。

为保证税法的实施效率,征税规范应当具有最大限度的反复并普遍适用的可能性。因此,税法规范必须选取社会经济生活中始终如一、具有普遍性的经济模式作为规范对象,以“能够说明某个特定交易活动的最为典型的情形”作为事实基础确立抽象税收构成要件。〔4〕税法固然关注纳税人因交

---

〔1〕[美]罗纳德·德沃金:《认真对待权利》,信春鹰、吴玉章译,上海三联书店2008年版,第65页。

〔2〕Alexandra M. Walsh, “Formally Legal Probably Wrong: Corporate Tax Shelters, Practical Reason and the New Textualism”, *Stanford Law Review* 53, 2001, p. 1544.

〔3〕两者的增值税税负差异明显。前者不属于征税事项,后者则构成“金融商品转让”按金融服务征税。

〔4〕[美]E. 博登海默:《法理学——法律哲学与法律方法》,邓正来译,中国政法大学出版社2004年版,第251页、第505页。

易而发生的给付能力的变化,但给付能力原则上由私法形成且表彰于外。[1] 不仅经济活动的发生必须通过一定的法律形式予以实现,最终收益的取得也必须以相应的法律权利为前提。就常态而言,私法行为所表彰的权利义务关系与税法所欲把握的经济实质互为表里,相互一致。两者的相互背离则为例外的少数情形。在通常情况下,以交易的法律形式及由此形成的权利义务归属即可以判定交易的经济后果,进而对税收负担能力予以评价。因此,立法者应当选择以典型的、与特定的经济实质互为表里的交易活动为基础确立抽象税收构成要件,而将形式与实质不符的情形作为例外予以规定,才能确保税法规范能够大量地、反复地平等适用。[2] “规则 + 例外”的规范形式,是符合经济活动通常属性的税法规则的建构模式。

完整的税法规范,应当描述特定的典型生活事实过程或利益状态,并赋予该事实构成相应的税收后果。[3] 应受税法评价的经济与社会生活事实多种多样,并处于不断发展中,无法穷尽。如果针对每一项事实制定特别的税法规范,税法规范的数量和范围将不断扩大到无法统计的程度。因此,税法必须形成对社会生活多种多样的现象和事件进行分类的专门观念和概念,将具有相同或共同要素的典型事实归于一定的类别,一般而抽象地确定法定的税收事实构成,并形成普遍的、一般化的税收负担能力的评价标准,确保税法规范的数量尽可能精简且具备条理性。任何主体必须利用民商法规定的法律形式从事经济或社会活动。首先,经私法确认经济活动的经济利益及其归属之后,其税收负担能力方才确定地发生改变,税法由此得以获得评价的基础。[4] 税收负担能力本在衡量“可支配所得”的多寡,其具体表征乃为“现金或财物的价值”,须根据私法规定才能予以掌握和计算。其次,经

---

[1] 黄士洲:《税法对私法的承接与调整》,台湾大学法律研究所2007年博士学位论文,第123页。

[2] [日]金子宏:《日本税法》,战宪斌、郑林根等译,法律出版社2004年版,第25页。

[3] [德]伯恩·魏德士:《法理学》,丁晓春、吴越译,法律出版社2013年版,第59页。

[4] 黄茂荣:《税法总论——法学方法与现代税法》,台北,植根杂志社有限公司2005年版,第580页。

济结果的判断也应当依循私法途径为之。[1] 社会经济生活同受私法和税法的调整,这决定了税法有必要处理税收与市场经济秩序及其法律上的表现,即私法秩序的协调关系。[2] 因此,税法不可能是独立存在的自我封闭的系统。在对社会经济生活事实进行评价时,税法与私法之间不仅内容上应当相互联系,且对同一经济活动的评价不能出现明显的矛盾,以确保“法律秩序的统一性”。作为税收负担能力评价基础的交易活动及其经济后果首先属于民商法规范的范围。对经济活动的高度抽象和无差异的概念化描述首先在私法的层面上完成。私法对具有成熟性和典型性的法律事实和关系予以区分,从而形成了不同的法律形式和相关的概念。那么,有意承接私法确立的各种高度抽象化的交易形式进行应税事实要件的描述,分别衡量不同契约形式之下当事人在交易前后的税收负担能力的变化,考量不同的法律形式的采用所耗用的公共物品或服务的差异,从而分别确立其税收后果,无疑可以在最大限度上实现税收立法成本的最小化。加上私法概念通常含有特定用语的一般性意涵以及概念理解的预设判断,借用民法概念描述抽象税收构成要件亦能够实现在“集体约定”的词义的基础上使纳税人更易于理解并适用税法。[3] 在这一以价值为导向的系统化思维之下,纳税人选择以特定私法形式从事经济活动,基于私法形式与商业交易的意义关联,即可预见此法律形式所附带的税收后果,从而在税法的实施过程中尽可能地减少税法与私法规则之间的协调成本。

税法原则上基于交易的法律形式确立课税要件,一定程度上也是基于税收征管效率的考量。[4] 基于税收法定主义,税务机关依职权调查主义对

---

〔1〕 Wolfgang Schön, Die Zivilrechtlichen Voraussetzungen Steuerlicher Leistungsfähigkeit, Stu W, 2005, S. 251.

〔2〕 [日]金子宏:《日本税法》,战宪斌、郑林根等译,法律出版社2004年版,第24页。

〔3〕 Wolfgang Schön, Die Zivilrechtlichen Voraussetzungen Steuerlicher Leistungsfähigkeit, Stu W, 2005, S. 254.

〔4〕 [日]金子宏:《日本税法》,战宪斌、郑林根等译,法律出版社2004年版,第24~25页。

应税事实负有查明之责。但税法所须掌握的经济活动事实复杂而多变。某些经济事实,其内容仅为纳税人所知悉和掌握,加上税法案件本身的大量性、重复性和技术性的特点,如所确立的税收构成要件须完全考虑纳税人的特殊情况,须深入无数纳税人的主观、实质的关系中考虑其具体、特殊的情况才能确定税法的适用,税法的实施成本势必极为高昂,甚至造成税收无法及时征收入库。税收的课征必须保证及时支应政府运作,这决定了税法在一定程度上不得不着眼于交易的外观形式规定课税要件,以确保征税的及时性。可以说,税法的形式性正是以实质分配正义的适度牺牲确保税法的实施效率。

与任何部门法的规则一样,税法规则同样包括“事实要件”和“法律后果”的结构形式。由于税法与民法往往具有同一规范对象,为保证“法统一秩序”,税法承接私法确立的法律形式描述并确立税法上的“事实要件”。但税法必须基于自身独有的价值判断和规范目的对这一行为作出量能或量益的评价,这决定了不仅税法把握这一行为的事实核心与私法有所不同,也独立于私法作出价值评价,而非严格受私法后果的拘束。如票据贴现在法律形式上表现为票据的背书转让,但经税法评价,此行为具有短期贷款提供的经济实质,因此,在增值税课征时,将此行为作为“贷款服务”确定其税收后果。[1] 正因如此,才会形成税法在“私法形式”之外重新把握“实质”,确立税收后果的错觉。而这种不同于私法的事实核心的把握恰恰是税法实现其独有的价值追求和规范目的的题中应有之义和必然要求。因此,强调“私法形式”与税法所关注的“实质”存有落差实际上并无必要。相反,过度关注两者差异的逻辑前提却恰恰是严格将私法后果作为确立抽象税收构成要件的事实基础。

税法与私法对同一经济活动的规范视角、价值评价与规范目的等各有

---

〔1〕《营业税改征增值税试点实施办法——销售服务、无形资产、不动产注释》。

不同,两者对同一经济活动的事实核心的把握及由此确立的法律后果必然有所不同。但这并不意味着税法是完全与私法无涉的价值体系。相反,民法调整的在先性在一定程度上决定了税收构成要件的确立以法律形式为基础,能够在最大限度地节约税法规则的制定和实施成本的前提下实现"法统一秩序"。因此,税法通常严格地区分法律形式不同但经济后果相似的经济活动,分别对其课以不同的税收。[1] 税法的庞杂也正是源于对各种不同形式的交易进行区分,基于经济活动的法律形式确立不同的税收构成要件。[2] 就抽象税收构成要件的确立而言,以法律形式为事实基础是为常态,对交易实质的考察仅为例外。

三、税法文本解释的形式与实质

由于税收的课征必然在一定程度上形成对人民的基本权利的限制,各国税法基本上都采取了成文法的形式,构建繁杂的规则体系明确从事一项经济活动的税收负担。与其他部门法的成文规则一样,税法同样采用一定的语词表述向纳税人传递国家将对何种事项、按照何种标准征税的决定。借助于此种明示的语言表述传递征税的一般化标准固然更加清楚、可靠和稳定,但对征纳行为的指引仍是有限的。[3] 税法规则同样不可避免采用模糊化程度不同的一般性概念词,不仅其适用发生歧见,更可能由此形成法律的漏洞,创造税收套利的机会。[4] 那么,在解释和适用税法时,应当坚持某一特定条文的字面含义还是应当基于立法目的和意图确定税法意欲规范的

---

〔1〕 David A. Weisbach, "An Efficiency Analysis of Line Drawing in the Tax Law", *The Journal of Legal Studies* 29, 2000, p. 71.

〔2〕 Michael L. Schler, "Ten More Truths about Tax Shelters: the Problem, Possible Solutions, and A Replay to Professor Weisbach", *Tax Law Review* 55, 2002, p. 327.

〔3〕 [英]H. L. A. 哈特:《法律的概念》,许家馨、李冠宜译,法律出版社2012年版,第115页。

〔4〕 [美]安德瑞·马默:《解释与法律理论》,程朝阳译,中国政法大学出版社2012年版,第176页。

实际内容,不可避免成为各方争议的焦点。[1]

(一)避税压力下的税法形式解释之殇

高度复杂化、成千上万的形式各异的经济生活决定了税法的复杂性和高度的抽象化。采取一般而抽象的表述本身决定了税法必然需要解释。对于税法的解释与适用,文本主义与实质课税原则代表了完全相反的两极,即税法应当以文本的字面含义进行解释还是允许基于经济原则或纳税人的动机忽视税法文本而探求符合立法意图的真实含义以确定税法规则的适用。[2]

不独在税法领域,坚持文义解释的法律形式主义与信奉基于立法意图和规范目的确定法律内涵的目的主义之间的论战从未停歇。法律规则本身固有的僵化、语义含糊和界限不明等开放式结构在税法中表现得尤其明显。这使坚持以条文的用语作为确定其含义的唯一合法来源的税法形式解释饱受批评。[3]

如前所述,税法是以交易形式为基础进行规则建构的。不同条文适用范围内的交易形式的税收负担差别明显。这决定了交易形式的细微改变便可能造成税收负担的巨大差异,从而形成规则的非融贯性。[4] 因此,确定一项交易是否涵摄于某一特定税法规则甚为关键。由规则采取一般化语言表述的形式所决定,其适用范围不可避免具有开放性。社会与经济生活具有无限种类的形式,不同形式的多种要素亦可重新组合与变化,并呈现逐步演变的过程。语言的丰富和精妙程度远不足以反映交易形式的细微差异并囊括所有异常和不规则的情形。税法所型构的概念通常只能涵盖极端和典型

---

〔1〕 Daniel J. Glassman, "'It's not A Lie If You Believe It': Tax Shelters and the Economic Substance Doctrine", *Florida Law Review* 58, 2006, p. 673.

〔2〕 Allen D. Madison, "The Tension between Textualism and Substance-over-form Doctrines in Tax Law", *Santa Clara Law Review* 43, 2003, p. 701.

〔3〕 [英]H. L. A. 哈特:《法律的概念》,许家馨、李冠宜译,法律出版社2012年版,第114页。

〔4〕 David A. Weisbach, Formalism in the Tax Law, *The University of Chicago Law Review* 66, 1999, p. 867.

的生活事实过程或利益状态,而留下大量难以确定的两可情形。随着社会生活形式的创造,概念的边界将被进一步突破,从而在概念的核心领域周围形成大片模糊不清的区域。[1] 在概念的核心领域,将一项交易归属于某一特定概念相对而言是可以确定的,但在尚未被明确限定的模糊领域之内往往发生诸多的争议。再则,由于立法者不可能预知未来可能发生的所有交易形式,必然无法将其涵盖于已制定的规则,从而形成税法规制的空白领域。

税法规则的适用范围具有开放性,而其适用结果具有非融贯性。这为纳税人利用法律形式选择税法条文的适用以获取税收利益提供了更大空间。税收与工资、租金一样,都是企业重要的经营成本。[2] 税收的课征将直接减少企业的税后收益。作为经济的理性人,纳税人固有通过经济生活的有效安排减轻其税收负担的冲动。这也被视为纳税人的基本权利。[3] 通过交易形式的精巧设计,纳税人可以在不实质改变其经济后果的前提下,利用条文的漏洞和模糊性,技术性地满足依照相关税法条文的字面含义确立的抽象要件事实获取税收利益。[4] 但此种税收利益的取得不在立法机关明确期待的范围之内,因此被认为是无效率的、将造成国家税收收入的流失,有必要加以规制,不允许其主张该税法条文的适用以获取税收利益。[5] 这种税收套利的行为本身就是规则形式上僵化、表达含糊和界限不明的结果,严

---

〔1〕 如税法在型构股权性投资和债权性投资两种不同的投资形式时,仅仅考虑了最为典型的股权投资和债权投资,却并未考虑可转换公司债、可交换公司债、永久债券、次级债以及其他混合投资形式。参见[美]E. 博登海默:《法理学:法律哲学与法律方法》,邓正来译,中国政法大学出版社2004年版,第505页。

〔2〕 Daniel J. Glassman, "'It's not A Lie If You Believe It': Tax Shelters and the Economic Substance Doctrine", *Florida Law Review* 58, 2006, p. 668.

〔3〕 David A. Weisbach, "Formalism in the Tax Law", *The University of Chicago Law Review* 66, 1999, p. 885.

〔4〕 Shannon Weeks McCormack, "Tax Shelters and Statutory Interpretation: A Much Needed Purposive Approach", *University of Illinois Law Review* 3, 2009, p. 706.

〔5〕 David A. Weisbach, "Formalism in the Tax Law", *The University of Chicago Law Review* 66, 1999, p. 860.

格遵照字面含义适用税法规则显然不足以遏制税法规则的选择适用。由于税法规则制定在先且具有相对的稳定性和连续性，纳税人可以对规则的漏洞与模糊性加以利用套取税收利益。如果一种交易形式可以通过满足税法条文的字面含义确立的要求获取税收利益，极可能被复制、反复利用，直至逐渐泛滥。即使立法机关嗣后颁布新的立法纠正这一缺陷，纳税人仍可能利用新的规则漏洞进行全新的交易安排，获取新的税收利益。尽管税法精密细致且修改频繁，形成了庞杂的税法体系，亦无法避免此种问题的发生。〔1〕 实质课税原则，通过税法的实质解释，即探求符合立法意图和规范目的的条文的"本意"，限制或排除仅满足字面含义的交易适用该规则，从而遏制税法规则的选择适用，因此备受强调，并渐有普遍化的趋势。

实质课税原则强调的是，由于语言表达的有限性，税法条文未能精确地表述立法者所欲涵盖的适用范围和行为指示，对其进行解释，应当确定立法者制定这一税法条文所欲实现的规范目的和意图，"确定立法者在设计税法规则时是否将其涵盖在内"，〔2〕才能真正确定条文的真实含义，从而排除形式上满足税法条文但不在立法者期待范围之内的交易的适用。实质课税原则所要求的税法的实质解释，实际上就是要求以立法者的立法意图确定税法的真实内容，依法律目的及意旨、经济上的意义加以解释。即使文本的用语是明确的，也应当保证解释与立法意图相一致。文义相同的概念，其内涵也可以因规范目的的差异而有所不同。税法中的借用概念，也必须遵从税法的目的进行解释。〔3〕

"目的是一切法的缔造者"，〔4〕任何税法条文必定体现立法者对国家征税的特定目的或目标。因此，税法规范的适用范围，也就是立法者所期待的

---

〔1〕 [美]理查德·A. 波斯纳：《法理学问题》，苏力译，中国政法大学出版社 2002 年版，第 72 页。

〔2〕 David A. Weisbach, "Formalism in the Tax Law", *The University of Chicago Law Review* 66, 1999, p. 880.

〔3〕 陈清秀：《税法之基本原理》，台北，三民书局 1994 年版，第 205 ~ 213 页。

〔4〕 [德]伯恩·魏德士：《法理学》，丁晓春、吴越译，法律出版社 2013 年版，第 67 页。

实施界限,应当取决于其追求的规范目的。[1] 因语言表述的有限性未能尽述的“言外之意”,基于立法规范目的重新解释予以明晰,显然更能使规则的适用最大限度地接近立法者的真实意图。基于规范目的的税法实质解释因此备受推崇。

(二)税法真意之探求与遵从:基于目的的实质解释真的可行?

既然要以规范目的确定特定条文的适用范围,其关键在于规范目的或立法意图的识别。如果规范目的无法识别,目的性解释便毫无作为。[2] 税法作为“人为创造”的组织性规则和构成性规则的特性决定了,每一项税法规则都是人为精巧设计的结果,以确保国家征税权与国民基本权利保障之间的适度平衡。然而,特定的规范目的固然支配着税法的规则设计,却犹如灵魂隐身于形式的法律文本之中,甚至可能不可明言,其识别本身充满了争议。[3]

以税法确立税收课征的“国民同意”,与其他任何立法一样都是“合众为一”的集体决策的结果。在这一过程中,个体立法者对通过特定规则确立国家与纳税人之间的财产利益分配的多元价值判断与追求被逐步整合,并通过非人格或机械化的立法运作过程以税法文本的标准形式予以确立。那么,在税法文本之外是否还存在与之相分离的单个立法者乃至立法机关整体的意图,不无疑问。[4] 更何况,税收立法多采用整体审议的方式表决通过。而税法所欲追求的特定规范目的,如财政收入目的、社会经济政策目的或效率与简化的目的等,则是分别通过单个或复数的规则达成的。要从整体审议的结果中分离出立法机关对特定条款的价值判断,即使可能,也是非

---

〔1〕[德]伯恩·魏德士:《法理学》,丁晓春、吴越译,法律出版社2013年版,第310页。

〔2〕[美]理查德·A.波斯纳:《法理学问题》,苏力译,中国政法大学出版社2002年版,第350页。

〔3〕[美]安德瑞·马默:《解释与法律理论》,程朝阳译,中国政法大学出版社2012年版,第192页、第198页。

〔4〕[美]安德雷·马默主编:《法律与解释》,张卓明、徐宗立等译,法律出版社2006年版,第437页。

常困难的。事实上,就专业性和技术性极强的税法规则而言,每个立法者乃至整个立法机关是否以及有能力真正审查每个税法条款的用语并确定其已体现所欲追求的规范目的,依然备受质疑。[1]

除了已在税法文本中明确的支配税法规则制定的规范目的,未被立法机关宣之于口、隐身于规则背后的目的,都尚待识别、发现甚至"想象"或"推测"。如果这种目的在作为其载体的税法条文中完全未得到反映,就不得不依靠可资利用的各种外部资料加以确定。这些外部资料可以是税法文本起草者的立法说明、立法准备资料、听证会或辩论会的资料、各种委员会表达的意见、参与法案起草的官员和专家的意图等,但也仅仅是据以推断立法意图或规范目的的间接证据。一则这些资料未必存在或被公开,即使存在也未必包含对特定条文的规范目的的说明;二则税法制定到特定条文的适用发生争议可能间隔较长的时间,多年前的立法资料已经陈旧、过时;三则这些资料对特定条文的规范目的或立法意图的揭示可能是不充分、不完整的。更重要的是,新型交易事项可能发生于税法制定之后,立法者在制定税法时由于认识能力的有限性根本不可能预见此事项的发生,因此不可能存在是否将此交易纳入适用范围的立法意图。可以说,立法机关的立法意图并不总是明确和可以确定的。[2] 在大多数采取目的性解释的场合,解释者只是将自己置于立法者的地位,设身处地地推断立法者在创设规则时如已意识或面对这种情形将会做出何种决定。[3] 这意味着对特定的税法条款的立法意图的判断必然具有主观性,不同主体所作的判定可能各有不同。不同的税务机关可能赋予同一税法条文两个不同的目的,或在同一条文包含复数

[1] Shannon Weeks McCormack, "Tax Shelters and Statutory Interpretation: A Much Needed Purposive Approach", *University of Illinois Law Review* 3, 2009, p. 729.

[2] Michael L. Schler, "Ten More Truths about Tax Shelters: the Problem, Possible Solutions, and A Replay to Professor Weisbach", *Tax Law Review* 55, 2002, pp. 333 – 334.

[3] [德]阿图尔·考夫曼:《法律获取的程序——一种理性的分析》,雷磊译,中国政法大学出版社2015年版,第173页。

的规范目的的情况下随机、偶然地选择其中之一加以解释,甚至有意选择对国库有利的目的确定条文的内容,从而导致税法条文的不一致的解释。[1]这也决定了对税法规则所作的目的性解释和适用可能存在巨大差异。

基于实质课税原则的目的性解释意味着,对于纳税人而言,为确定其交易的税收后果,不仅应当确定交易是否满足税法文本形式用语规定的条件,还必须确认是否符合此条文背后的规范目的。[2] 然而,税法条文的规范目的和借以确定此目的的外部资料都是不透明的,了解、查明并遵从此种税法的规范目的以及由此确定的规范内容,难度显而易见。如果所有税法规则的内容须依规范目的予以实质解释,纳税人税法遵从的成本将会非常高昂。更何况,如果规范目的仅是基于外部资料主观推导的结果,纳税人所为之判断未必一定与税务机关保持一致。一旦存有偏差,纳税人基于税法规则预测税收后果所作的经济生活安排可能即告失败,所为的税法遵从行为也可能遭到否定性评价,甚至被追究相应的法律责任,对纳税人甚为不利。

税法授予税务机关的征税权,是具有优越性和强制执行力的金钱给付请求权,如不加以约束,极易造成对纳税人财产权利的侵害。这也是税法往往以严格规则的规范形式制定成文法的原因之所在。在我国,税务机关不仅仅是税法的执行者,同时承担了部分的立法职能。[3] 在执行税法的过程中,税务机关对税法的解释权自不待言,这是由其作为税收这一专业和技术问题的解决者的身份决定的,《立法法》对此也予以肯定。[4] 然而,如果允许税务机关通过确定税法规则的目的指明哪些问题与该规则的调整相一致,税法条文的用语与其本应有的含义可能形成偏差,内容可能因规范目的

〔1〕 Alexandra M. Walsh, "Formally Legal Probably Wrong: Corporate Tax Shelters, Practical Reason and the New Textualism", *Stanford Law Review* 53, 2001, pp. 1541 – 1579.

〔2〕 Jason Quinn, "Being Punished for Obeying the Rules: Corporate Tax Planning and Overly Broad Economic Substance Doctrine", *Geo. Mason Law Review* 15, 2008, p. 1041.

〔3〕 当前"营改增"改革的相关实施规则实际上都是以转授权的方式由国家税务总局直接制定的。

〔4〕 税务机关对税法规范性文件的解释权,《立法法》、全国人民代表大会常务委员会《关于加强法律解释工作的决议》、国务院《关于行政法规解释权限和程序问题的通知》等均有所规定。

的确定方法不同而有所差异。[1] 甚至可以说，税务机关基于其判定的规范目的对税法条文所作的实质解释，实际上将在税法用语明确表达的要求之外附加额外的例外或限制条件。这完全可能是超越税法文本的字面含义的，甚至与税法文本相背离。[2] 借助税法条文的实质解释，税务机关完全可以重塑规则内容，代之以新的规则。然而，税法的实质解释的主张往往是单向的，纳税人主张特定条文的目的性解释以取得特定的税收利益，一般难以获得支持。[3] 相反，税务机关却采取这一解释方法否定纳税人依照税法的字面含义主张的、但不在立法者期待范围内的税收后果（往往是对征税权行使不利的后果）。[4] 尤其在特定税法规则包含复数的规范目的时，很难避免税务机关过分强调目的之一以实现符合其偏好的税收后果。这在税收法治现状之下是极为危险的。由于进入行政诉讼程序的涉税争议极为有限，税务机关对税法所作的解释和适用很少会受到司法机关的审查。司法机关也极少对税法条文予以解释。[5] 税务机关成为税法最主要的解释者，解释权限几乎不受限制。当拒绝税法文本表面甚至最明显的含义，而主张基于规范目的对条文进行实质解释时，税务机关实际上已经取代立法机关作出价值判断或者是政策选择，难免存在背离税法文本滥行征税权、加剧纳税人弱势地位的隐忧。以法律保留防止征税权的滥用便可能成为一纸空文。

实质课税原则所要求的基于立法意图或规范目的对税法条文进行实质

---

〔1〕 David A. Weisbach, "Ten Truths about Tax Shelters", *Tax Law Review* 55, 2002, p. 217.

〔2〕 Noël B. Cunningham & James R. Repetti, Textualism and Tax Shelters, *Virginia Tax Review* 24, 2004, p. 26; Alexandra M. Walsh, "Formally Legal Probably Wrong: Corporate Tax Shelters, Practical Reason and the New Textualism", *Stanford Law Review* 53, 2001, pp. 1541 – 1579.

〔3〕 但也有学者认为，纳税人同样可以提出适用实质课税原则的主张。详细可参见滕祥志：《实质课税的中立性及其与税收法定原则的关系》，载《国际税收》2015 年第 10 期。

〔4〕 David A. Weisbach, "Formalism in the Tax Law", *The University of Chicago Law Review* 66, 1999, p. 877.

〔5〕 根据学者对税务行政案件的统计，税务诉讼的数量从 20 世纪 90 年代至 2014 年呈现明显的逐渐下降的趋势，2007 年甚至下降到 300 件，而近年来则大致保持在每年 400 件。详细可参见崔威：《中国税务行政诉讼实证研究》，载《清华法学》2015 年第 3 期。

解释的结果必然是使客观规则主观化。纳税人遵守税法的字面要求进行经济生活的安排,能否取得预期的税收后果将是不确定的,因为尚须确定深藏背后的规范目的。而这一目的的判定是模糊和主观的,无法轻易获得。[1] 一旦要求将税法的实质解释普遍化,税法规则的内容只能依赖于税务机关事后的、主观的判定。由于税法条文的客观含义完全可能由于立法意图的判定而被忽视,只有在税务机关对其作出进一步的目的性解释或等待其确定立法意图后,纳税人才能确定最终的纳税义务。可以说,基于规范目的的实质解释将导致税法规则作为课税标准指引税收征纳行为的规范性大为弱化,从而严重侵蚀税法的确定性和可预测性的价值。

(三)税收法定主义之下的实质解释之限度:可以信赖的税法文本

为限制政府的征税权而逐步在各国确立的税收法定主义不仅仅意味着税收的立法保留。税收普遍、平等的课征意味着人人都是纳税人,税法的遵从是国民生活中不可回避的重要事项。正因如此,税法的首要功能是对相关主体的税收征纳行为的规范与指引。[2] 这一功能的实现以纳税人能够知晓税法期望其如何履行纳税义务为前提。[3] 这就要求税法对于特定经济活动将产生的税收后果的规定必须是确定的,否则纳税人将无法据此实施相应的行为。[4] 由于税收是经济活动所附加的社会义务,将直接减少其税后收益。因此,任何欲追求和实现特定经济目标的主体都要求对税收后果的稳定预期,以便投入各种资源、对经济生活作出安排。税收法定主义在现代商业社会中的机能正是确保国民经济生活中税收负担的确定性和预测可能

---

〔1〕 Jason Quinn, "Being Punished for Obeying the Rules: Corporate Tax Planning and the overly Broad Economic Substance Doctrine", *Geo. Mason Law Review* 15, 2008, p. 1043.

〔2〕 [美]斯科特·夏皮罗:《合法性》,郑玉双、刘叶深译,中国法制出版社 2016 年版,第 358 页。

〔3〕 [美]安德雷·马默主编:《法律与解释》,张卓明、徐宗立等译,法律出版社 2006 年版,第 287 页。

〔4〕 [美]安德雷·马默主编:《法律与解释》,张卓明、徐宗立等译,法律出版社 2006 年版,第 289 页。

性,[1]纳税人安排经济生活或进行理性投资的能力与此直接相关。

一般而言,实现法的确定性和可预测性至少要求具备两个条件,即存在一种实际的、约定俗成的实践,赋予某一特定问题的解决办法以效力以及这一解决办法的相关内容能够为相关当事人轻易获取。[2] 税法选择成文法的形式,是因为通过一般的言辞表述可以明确税法规则的内容,无须寻求税务机关的权威指示。只要确认税法规则用语所包含的事项,将特定的事实“涵摄”在抽象构成要件下,纳税人就可以基本准确地预测这一事实将发生的税收后果。[3] 因此,税法应当是以客观规则为基础的,其内容事前已足够确定,才能为纳税人提供确定的纳税指引,从而减少税收后果的不确定性。[4] 纳税人应当有权利信赖事先确定的、形式上的客观税法规则并由此预测将产生的结果。

不仅如此,形式的税法文本应当作为客观规则予以尊重和解释。立法机关固然基于一定的意图和规范目的制定税法,但已通过非人格化的立法程序承认,最终生效的税法文本采用的语言表述所确立的征税标准最符合其立法意图,亦是最体现其真实意思的表达方式。[5] 因此,对税法规则真实含义的把握,“在绝大多数情形下确认文义就足够了”,“对文义的探究就可以把握立法者的真实意思”。[6] 同时,税法是以自然语言予以表述的。“语言的使用通常建立在对词义的集体约定的基础上”。税法文本中的概念和

---

[1] [日]金子宏:《日本税法》,战宪斌、郑林根等译,法律出版社 2004 年版,第 59 页。

[2] [美]安德瑞·马默:《解释与法律理论》,程朝阳译,中国政法大学出版社 2012 年版,第 137 页。

[3] Allen D. Madison, “The Tension between Textualism and Substance-over-form Doctrines in Tax Law”, *Santa Clara Law Review* 43, 2003, p. 716.

[4] David P. Hariton, “When and How Should the Economic Substance Doctrine Be Applied?”, *Tax Law Review* 60, 2006, p. 34.

[5] Allen D. Madison, “The Tension between Textualism and Substance-over-form Doctrines in Tax Law”, *Santa Clara Law Review*, 2003, p. 708.

[6] [德]阿图尔·考夫曼:《法律获取的程序——一种理性的分析》,雷磊译,中国政法大学出版社 2015 年版,第 174 页。

术语“在全部或大多数场合下应当保持一种语言符号的基本含义”,“使所有人都采用一致和确切的概念去使用语词”。[1] 税务机关无权随意背离税法文本对规则进行主观解释,无须总是诉诸立法意图决定税法规则的存在和内容。[2] 征纳双方应当“共享”同一套税法“语言”,才能保证纳税人不至于因无法正确解释规则的内容而面临税法风险。[3] 只有保证纳税人只要阅读税法文本就可以确定规则内容,对规则的掌握无须在税法文本之外费力地借助于任何其他外部资料,才能确保税法规则的确定性和可预测性。

尽管税法规则一般语言表述的特性决定了其开放式的结构,其核心的意义却是可以确定的。[4] 税法规则的适用范围和界限可能存有疑义,但这仅限于少数的边缘地带。税法条文的核心部分的确定意义足以为税务机关和纳税人实施税收征纳行为提供基本的标准。这一核心领域是无论如何不能任意忽视且应当为任何人尊重和接受的,不得恣意偏离,也不允许进行任何创造性的活动。只有税收征管活动在很大程度上尊重税法文本、接受税法客观规则的支配进行无可置疑的运作,税法才能树立真正的权威。

无可否认,税法文本以言辞构成的一般性规则对税收征纳行为的指引,即使遵循严格的形式解释,同样可能产生不确定性。这是由社会的多变性、语言表述的多义与模糊性以及对社会经济生活认知的有限性所决定的。税法文本总是不完备的,无法确保所有符合量能或量益评价的应税事项都被包含于相关规则的语言阐述之中,同时排除所有不应当隶属于该规则适用范围的事项。正因如此,税法的形式解释不能被绝对化。在规则的边缘地带,执法者仍有必要融入税法规则的价值判断明确其适用范围,基于立法目

---

〔1〕 [美]E. 博登海默:《法理学、法律哲学与法律方法》,邓正来译,中国政法大学出版社2004年版,第248页。

〔2〕 [美]斯科特·夏皮罗:《合法性》,郑玉双、刘叶深译,中国法制出版社2016年版,第358页。

〔3〕 蔡朝安:《实质课税原则内涵再探》,载葛克昌、贾绍华、吴德丰:《实质课税与纳税人权利保护》,台北,元照出版公司2012年版,第214页,注14。

〔4〕 [英]H. L. A. 哈特:《法律的概念》,许家馨、李冠宜译,法律出版社2012年版,第452页、第133页。

的明确税法条文中没有确定指涉的语词的内涵和外延。基于规范目的对税法规则的用语进行实质解释，对于税法的实施运作有着重要的意义。

然而，这种税法的实质解释应当以审慎、节制的方式实施，尤其在当前我国税务机关身兼税法制定者和适用者且其税法的解释适用行为几乎不受司法审查的情况下。税务机关对税法规则所作的实质解释不应当构成对税法规则的重大修改，不应当达致侵损税收规范的程度。只有在规则适用的模糊地带，即税法文本的用语无确定的一般含义或表面上看即是不明确的，以致某一事项能否涵摄于该规则还需要特别检验，或是如果严格依照这一规则的字面含义进行适用将会导致被绝大多数理性人斥责为完全不能接受或不合理的征税结果，税务机关才能基于规范目的对规则的含义进行实质解释。[1] 同时，这种解释方法应当仅限于规范目的或者在税法文本中已作明确规定，或者借助规则的用语、条文的结构及其实施、立法背景等可以客观地予以识别的场合。[2] 一旦规范目的无法客观地识别，这种解释方法即不应当采用。尤为重要的是，将目的性解释作为填补因社会发展形成的税法漏洞的方法应当更为审慎。基于规范目的衡量在税法条文制定时从未发生的、未纳入立法者考量范围的新型交易形式是否符合立法者制定该条文所持的价值判断，以确定该条文是否对此交易适用，这一方法实际上将产生类推适用的结果。[3] 一则，当规范调整的应税事实结构或整个法律秩序的评价标准发生改变时，必须检验立法时所欲追求的规范目的是否仍然具有重要意义。[4] 如果社会经济环境改变并由此造成价值取向、政策考量等较税法制定时已显著不同，税法规则本欲追求的规范目的和立法意图已经确

---

〔1〕 Noël B. Cunningham & James R. Repetti, "Textualism and Tax Shelters", *Virginia Tax Review* 24, 2004, p. 38.

〔2〕 Shannon Weeks McCormack, "Tax Shelters and Statutory Interpretation: A Much Needed Purposive Approach", *University of Illinois Law Review* 3, 2009, p. 730.

〔3〕 有学者认为，类推解释是一种本质上的实质解释。可参见陈兴良：《形式与实质的关系：刑法学的反思性检讨》，载《法学研究》2008 年第 6 期。

〔4〕 [德]伯恩·魏德士：《法理学》，丁晓春、吴越译，法律出版社 2013 年版，第 310 页。

定地无法实现或没有必要实现,则不应以此规范目的确定税法规则的适用范围。二则,税法的解释仅仅是“规则的一种表述对另一种表达的替代”,税法漏洞应是税法解释的穷尽之处,是不可能通过对税法条文的解释以另一语言表述予以弥合的。[1]

税法之为物,其主要价值在于以形式上明确存在的法律文本,提供征纳双方课税的标准,借以作为纳税人规划经济生活的指引以及税务机关课税的基础。税法应当具有形式主义的特征。如果课税的“完整”要件未以法律或法规命令加以“穷尽”地规定,征纳双方尚需在法律明文的规定之外寻求法律可能隐然包含的内涵与外延,则税法作为课税标准的工具目的性,显然无法有效地达成。[2] 强调探究立法意图以确定条文用语未能完全表达的真实含义的实质解释,实际上是要求纳税人遵守不透明甚至“隐而不见”的立法意图。而这一意图可能无法确定或虽可确定但具有主观性和随意性。税法实质解释的一般化将导致客观的税法规则沦为主观化,造成条文内容的不确定,不利于税收法治的实现。为克服税法规则的开放式结构所导致的僵化性、易于滥用等问题,税法规则的实质解释不可避免,却不宜绝对化。税法的实质解释不应是对形式解释的完全否定,而应在形式理性的基础上以及框架内追求实质理性。因此,税法的形式解释应当先于实质解释,仅在极其有限的范围内,才有实质解释之必要。

四、应税事实判断的形式抑或实质?

“法律适用的关键,实际上并不在于最后的涵摄阶段,而在于该涵摄阶段的先行评价,即该生活事实所具有的特征是否与该构成要件所指称者相

---

〔1〕 [美]安德雷·马默主编:《法律与解释》,张卓明、徐宗立等译,法律出版社2006年版,第84页。

〔2〕 蔡朝安:《实质课税原则内涵再探》,载葛克昌、贾绍华、吴德丰:《实质课税与纳税人权利保护》,台北,元照出版公司2012年版,第216页。

符”。[1] 经济活动发生后税务机关对税收构成要件符合性的判断，将直接决定税法的适用及其税收后果。自实质课税原则被提出以来，经济活动应当依实质而非法律形式予以判定，似乎已达成相当的共识。有学者因此将实质课税原则视为“税法内在的最原始、最本质、最典型的法律原则”。[2] 但既然纳税人必须利用民法形式从事经济或社会活动，才能根据民法的规定取得其经济或社会利益，为何在税法中却有必要忽视私法形式而探究隐藏其背后的“经济上事实关系及其产生的实质经济利益”，同样有必要予以关注。

（一）交易实质的探究：常态还是例外

尽管对于实质课税原则作为应税事实的认定方法在各国已有相当的共识，但这一方法的适用范围存在诸多的分歧。在美国，作为一项反避税工具，经济实质主义仅在经济交易的形式与实质存在背离且此种背离不具有合理的商业目的的情况下适用。在德国，首先提出经济观察法的贝克尔将这一原则作为应税事实判定的一般方法，而不仅仅适用于法律形式滥用的场合。日本学者对于实质课税存有“经济的实质主义”和“法的实质主义”的分歧，却不否认其在“形式与实质不一致的场合下”适用。[3] 我国台湾地区受德国的影响，不仅学界认为该原则应为事实认定的一般方法，[4] 在立法[5] 和司法实践中[6] 也均予以肯认。我国学者大多认同这一观点，[7] 但

---

[1] 黄茂荣：《法学方法与现代民法》，法律出版社 2007 年版，第 248 页。

[2] [日]北野弘久：《日本税法学原论》，郭美松、陈刚译，中国检察出版社 2008 年版，第 92 页。

[3] [日]金子宏：《日本税法》，战宪斌、郑林根等译，法律出版社 2004 年版，第 131 页。

[4] 陈清秀：《税法总论》，台北，元照出版公司 2012 年版，第 188 页；黄茂荣：《税法总论——法学方法与现代税法》，台北，植根杂志社有限公司 2005 年版，第 371 页；葛克昌：《实质课税与纳税人权利保障》，载葛克昌、贾绍华、吴德丰：《实质课税与纳税人权利保护》，台北，元照出版公司 2012 年版，第 12～15 页。

[5] 我国台湾地区“税捐稽征法”第 12 条第 1 款。

[6] 我国台湾地区“行政法院”1992 年判字第 2124 号判决：“然租税法所重视者，应为足以表征纳税能力之经济事实，而非其外观之法律行为，故在解释适用税法时，所应根据者为经济事实，不仅止于形式上之公平，应就实质上经济利益之享受者予以课税，始符合实质课税及公平课税之原则。”

[7] 闫海：《绳结与利剑：实质课税原则的事实解释功能论》，载《法学家》2013 年第 4 期；叶姗：《应税事实依据经济实质认定之稽征规则——基于台湾地区“税捐稽征法”第 12 条之 1 的研究》，载《法学家》2010 年第 1 期。

在论及实质课税原则之适用时却毫无例外地以避税安排为典型,鲜少提及除此以外的其他情形。[1] 我国在提及实质重于形式原则的税收规范性文件中似乎肯定了这一方法不仅适用于反避税的场合,[2]也适用于一般情形之下的事实判定。[3] 那么,实质课税原则究竟是作为应税事实的一般判定方法还是仅适用于以法律形式的滥用套取税收利益的场合,应有必要予以厘清。

实质课税原则中的"实质",指的是与纳税人的经济能力有关的"指标事实",即税收客体的"有无""实际数额的大小"与"事实上的归属"。[4] 是否有必要穿透私法形式而把握经济上的核心进行税收构成要件符合性的实质判断,问题的关键在于足以衡量税收负担能力的指标事实是否当然独立于作为实现手段的私法形式。如果答案是肯定的,立法者在确立抽象税收构成要件时,即应当以此种法律形式之外的经济利益归属评价税收负担能力,进而确立其税收后果。此时税法规则对事实要件的描述采用了私法的形式,但确立的税收后果则是考量经济核心事实的结果。如在信托交易中存在法律所有权与经济所有权相分离的事实,即受托人对信托财产享有管理权和处分权而受益人享有受益权,那么遵循量能课税原则的要求,可以确立以受益人为所得税纳税人的征税规则,受托人享有法律所有权的形式安排在税法上则予以忽视。如果一项交易形式与其经济实质的分离是为常态的话,形式被忽视、经济实质决定税收负担的结果应当以规则的形式予以确立,而不是留待税务机关在个案中分别作出判断。由此才能保证欲采取此种法律形式从事交易的纳税人可以预见这一结果,而不至于在交易完成后

---

〔1〕 贺燕:《实质课税原则的法理分析与立法研究——实质正义与税权的横向配置》,中国政法大学出版社 2015 年版,第 129 页;刘剑文、熊伟:《税法基础理论》,北京大学出版社 2004 年版,第 166 页。

〔2〕 如《特别纳税调整实施办法(试行)》(国税发〔2009〕2 号)、《一般反避税管理办法(试行)》(国家税务总局令 2014 年第 32 号)。

〔3〕《关于确认企业所得税收入若干问题的通知》(国税函〔2008〕875 号)。

〔4〕 黄茂荣:《税法总论——法学方法与现代税法》,台北,植根杂志社有限公司 2005 年版,第 371 页。

遭遇形式被忽视的执法突袭,也是保证“同案同判”的必然要求。此时,税务机关依然只需就该行为是否符合这一税收构成要件作形式上的判断,如判断此项交易构成信托安排,即发生税法所确立的受益人承担纳税义务的税收后果,并无就事实构成作实质判断之必要。

税务机关在个案中作出税收构成要件符合性的判断是否均有必要无视法律形式而独立判断经济核心的存在,才是争执焦点之所在。也就是说,在执法的层面,税务机关的这一判断是否同样应为价值判断与实质判断。实质课税原则的拥趸者一般坚持认为,由于经济活动的“事件过程、状态及作为外观表现的法律形式并无法合理地推论其给付能力”,因此,征税时必须探究“经济上的实然”。但不容否认的是,一项交易的经济核心并非总是未能通过其法律形式予以表征。可以说,某一法律形式及其法律后果通常产生特定的经济效果。形式与实质相当,应当为常态,而非仅为例外。大多数经济活动发生后,交易的形式与反映其真实的税收负担能力的经济实质相当。以法律形式或是透过形式以经济实质为事实基础判定税收构成要件,其结果并无不同。纳税人基于民法规范所形成的法律后果被推定为真实、有效,并足以据此作出税收构成要件符合性的判断,也是诚实推定权的应有之义。[1] 因此,要求税务机关事事审酌法律形式之外的经济实质的存在,甚无必要,反而是对诚实推定权的违反。

可以说,私法关于权利义务的归属,对于量能负担的税法规范目的而言,具有“法律上的真实性”,当事人所采取的私法措施应当作为探知税收负担能力的起点。[2] 只有在个案中,例外地发生在纳税人所采用的法律形式之外尚有未被形式真实反映的实际上的事实关系存在的情况下,税务机关

〔1〕 朱大旗、李帅:《纳税人诚信推定权的解析、溯源与构建——兼评〈税收征收管理法〉修订草案(征求意见稿)》,载《武汉大学学报》(哲学社会科学版)2015 年第 6 期。

〔2〕 Wolfgang Schön, Die Zivilrechtlichen Voraussetzungen Steuerlicher Leistungsfähigkeit, Stu W, 2005, S. 251.

透过法律形式重新把握经济核心才是必要的。税务机关首先必须确定交易的形式与实质存在落差,进而才有必要对经济实质予以把握。但据何标准判断交易发生形式与实质的背离、何为交易的实质,至今在各国的税法实务和理论研究中均未形成定论。[1] 美国司法实践强调,交易的经济实质应当“根据其自身的事实与环境因素”,在个案中予以判定。全面的事实探知与发现是经济实质判断的前提。税务机关只有获得充分的事实证据,才能忽视已被推定反映实质的私法形式,确定被隐藏的经济实质。[2]

然而,纳税人既是以私法上真实、有效的法律形式从事经济交易,表征交易发生的直接证据资料指向的恰恰是税法将不予尊重的法律形式。这意味着税务机关有必要在此之外收集充分的间接证据,才足以判定经济实质的存在。但作为大量行政的典型,税务机关必须一次或同时多次、大致相同且运用制式方法一再重复地行使征税权。[3] 要逐一审查成千上万反复发生的经济生活事件是否存在形式与实质的背离,税务机关的事实发现成本将是极为高昂的。正因如此,有学者认为,“从税务行政的见地来看”,判定经济实质“在实际上是困难重重的”。[4] 事实上,征税决定通常必须以迅捷的方式作出,以确保税款的征收及时支应当年度政府的财政运作。但要构建诸如司法诉讼中精细的证据规则和事实发现程序进行全面的事实调查,确认每一交易的形式与实质是否存有背离以及被隐藏的经济事实,在税收征管实践中实际上是难以实现的,事实的调查成本将极为高昂,更可能因此导

---

〔1〕 Alexandra M. Walsh, “Formally Legal Probably Wrong: Corporate Tax Shelters, Practical Reason and the New Textualism”, *Stanford Law Review* 53, 2001, pp. 1541 – 1579. 对于交易实质的判定,日本则存在“法的实质主义”和“经济的实质主义”的理论之争。详细可参见[日]金子宏:《日本税法》,战宪斌、郑林根等译,法律出版社2004年版,第131页。

〔2〕 有关避税、节税、虚伪表示等行为之间的区别,详细可参见葛克昌主编:《避税案件与“行政法院”判决》,台北,翰芦图书出版有限公司2010年版,第68页。

〔3〕 黄源浩:《税法上的类型化方法——以合宪性为中心》,台湾大学法律学研究所1999年硕士学位论文,第101页。

〔4〕 [日]金子宏:《日本税法》,战宪斌、郑林根等译,法律出版社2004年版,第131页。

致税收入库的延宕。

税收征管行为尽管为严格的拘束行政，但税务机关依然享有一定程度的自由裁量权，尤其是对应税事实的认定。[1] 税务机关将基于所取得的证据，依据经验法则和法律规范，对应税事实作出判定。如果说交易的法律形式尚有合同、账簿、凭证和当事人的义务履行行为等客观表征形式，独立于法律形式之外的经济实质应当基于哪些事实因素和标准加以判定，依然是模糊不清的。对应税事实的实质认定因此存在大量非理性、推测性和偶然性的因素。我国最高人民法院在“广州德发公司诉广州地方税务局案”中更是肯定了税务机关“基于国家税收利益的考虑”，在真实有效的民事行为之外判定交易的经济实质“具有较强的裁量性”，且“税务机关基于法定调查程序作出的专业认定”，一般应当予以尊重。[2] 可以说，税务机关就交易的经济实质的事实认定得为自由裁量，其裁量结果却几乎不受司法审查，成为一项实际上不受控制和无法控制的裁量权。如果说法律适用的重心不在最终的涵摄，而在于就案件事实的个别部分，判断其是否符合构成要件的各种要素，[3] 交易的实质判断常态化所扩展的应税事实的裁量权，将导致最终的征税决定具有更大的主观性和随意性。同一法律形式之下所认定的经济实质可能各有不同，交易的税收后果也因此无法预见。

由于交易的形式与实质的脱节并非常态，税务机关并无必要事事审查形式之外实质的存在。即使勉力为之，其事实调查成本之高昂与征税之延缓，必将延误国家机关的整体运作。更遑论此事实判断方法无法克服的主

[1] 对于税务行政裁量权的范围，《关于规范税务行政裁量权工作的指导意见》（国税发〔2012〕65号）并未加以规定，但就事实的认定税务机关享有裁量权则有一定的共识。德国《税收通则法》第88条则规定：“税务机关决定调查的方法及范围，税务机关不受当事人陈述及申请调查证据的拘束。”肯定税务机关裁量决定阐明事实的种类和范围。可参见陈敏：《德国租税通则》，中国台湾地区司法管理机构2013年版，第151~153条。

[2] 《广州德发房产建设有限公司与广东省广州市地方税务局第一稽查局再审行政判决书》[（2015）行提字第13号]。

[3] [德]卡尔·拉伦茨：《法学方法论》，陈爱娥译，商务印书馆2003年版，第165页。

观性和随意性,将直接导致税务机关在税法规则之外行使征税权的可能性大大增加。因此,实质课税不应当是事实判定的一般方法,而应有严格的适用范围,即仅在交易的形式与实质存有背离的情况下才有适用的余地。

(二)交易实质探究的前提——形式与实质的背离?

如前所述,强调以交易的实质进行税收构成要件符合性的判断,实际上只有在所采用的法律形式并未反映真实的经济实质的情况下才是有意义的。那么,关键的问题在于,是否一旦认定交易的经济实质与形式不符,其法律形式在税法上即无意义。避税安排为应依实质课税的交易,疏无争议。但避税安排是否涵盖所有形式与实质相背离的经济交易?如果不是,那么避税安排以外存在形式与实质落差的其他交易,是否与之作相同的税务处理?避税安排的法律形式之所以在税法中应当予以忽视,其原因在于纳税人精巧地设计"复杂而多重迂回且均属有效"的法律形式,目的仅在于套取未在立法者期待范围内的税收利益。如无此税收利益,交易根本不会发生或不会采取此种形式发生,税法因此可予以忽视。但如果纳税人基于税收以外的其他商业目的采取"异常的、重复迂回的法律形式",此法律形成是否同样应当予以忽视,则是问题关键之所在。实际上由于避税安排的认定标准尚且模糊不清,一项交易一旦被认定存在形式与实质的背离,无论"异常且复杂"的法律形式的采用是否存在合理的商业考量,均可能被视为避税安排而导致法律形式的忽视。这一问题因此更加扑朔迷离。

税收是纳税人特定私法行为及其经济后果附带的财产负担。这一经济后果及其归属首先必须经由私法确认其权属,但缘何在税法上有必要予以忽视,而另行作出事实的判定呢?对于这一问题,最高人民法院在"广州德发公司案"中虽然认为"有效的私法形式税务机关应予认可和尊重",但"保障国家税收的足额征收是税务机关的职责",有效的私法行为"并不能绝对地排除"税务机关对交易的经济后果的认定。"因涉及国家税收利益",有效的私法行为并非绝对不能质疑。"基于国家税收利益的考虑",也可以重新认定交易的经济后果。[1] 这一判决将国库利益作为税法是否尊重经济活动受私法调整的法律后果的决定因素，显然是值得商榷的。这意味着，一旦纳税人选择非典型的私法形式而产生不利于国库收入的结果，将导致这一形式不受尊重，须重新判定交易的实质作为征税的事实基础。其结果必然是在产生相同经济效果的诸类契约形式中，纳税人仅得选择对国库有利的形式，才能确保其税收负担的可预测性。在这种情况下，纳税人基于意思自治的经济安排自由将成为一纸空文，更可能产生扼杀市场经济活力的效果。

纳税人以合乎当事人真意的、私法上生效的法律行为从事经济活动，所取得的经济后果乃由此所生的法律后果，两者之间并无背离之说。所谓交易的形式与实质存在背离而应当依实质课税的潜在逻辑，实际上是纳税人的经济利益，本以通常应当采用的简单、直接、典型的法律安排即可实现，但实际采用的异常、复杂而迂回的法律形式与其相比显属多余且不必要。也就是说，纳税人所实现的经济后果与实现这一后果本可以且通常采用的典型法律形式存在背离。正是基于这一逻辑，税务机关所为的"忽视形式"而"实质课税"，实际上是"将纳税人选择的法律形式，纠正转换为通常使用的法律形式"，从而认定课税要件的满足。[2] 其结果是纳税人就交易所作的法律安排虽与实现同一经济利益本应通常采取的法律手段存在形式上的差异，在税法上仍作同一处理。为实现同一经济目标通常可以采取无限多种经济上相当的法律形式。纳税人采用的异常、迂回反复的法律形式所实现的经济后果，通常采用哪一种形式予以实现，并不具有必然性。税务机关认定哪一种是纳税人为实现其经济目的本应当采用却实际未采取的法律形式而确定税法规则的适用，将享有较大的自由裁量权，可能仅选择其中有利于

---

〔1〕 在该案中，最高人民法院并未将纳税人发生的拍卖行为认定为"滥用法律形式"避税交易。详细可参见《广州德发房产建设有限公司与广东省广州市地方税务局第一稽查局再审行政判决书》[(2015)行提字第13号]。

〔2〕 [日]金子宏：《日本税法》，战宪斌、郑林根译，法律出版社2004年版，第95页。

国家财政收入实现的形式或是随意而偶然地选择某一经济相当的交易形式予以课税。如前所述,税法是以形式为基础确立抽象税收构成要件的,形式不同的交易即使预期产生相同或类似的经济后果也有意以不同的方式征税。[1] 如果税务机关能够决定不同法律形式的交易具有相同的经济实质、承担相同的税负,则确立不同法律形式的不同税收后果的税法规则都将确定地无法予以信赖。纳税人将随时面临承担超出预期的税负的风险。纳税人将不得不以各种方法过度遵从税法,如改变其交易结构、承担过度的市场风险,不从事争议交易或只从事交易但不主张本可以享受的税收优惠,以税收利益的牺牲避免税法的不确定性。[2]

私法赋予个人设立、变更和废除法律行为的创设自由,即为了追求其目的而给予个人最宽泛的自由。[3] 为实现同一经济目标,纳税人有权在经济相当但权利义务安排各异的无限多种不同的法律形式中选择最符合其商业需求的交易形式。在不存在滥用的情况下,如果纳税人选择更加复杂、非正常形式的交易安排实现其经济目标,意味着当事人将不仅接受该交易所产生的现金流,也同时承受由此异常形式产生的额外交易成本、经济风险和法律义务。此选择可能与其特定商业目的的实现有着直接的关系。这一异常交易形式之下的权利义务配置和风险的承担可能与经济回报的取得并无直接的关系,却可能间接造成投资者未来收益机会的增加或风险的减弱,由此实质地改变纳税人在交易前后的经济地位,使交易因此具有独特的经济属性。如忽视这些因素、直接对交易的经济后果进行课税,该纳税人即可能因特殊的商业目的的追求而与滥用法律形式套取税收利益的避税安排平等地

---

〔1〕 David A. Weisbach, "An Efficiency Analysis of Line Drawing in the Tax Law", *The Journal of Legal Studies* 29, 2000, p. 71.

〔2〕 Kyle D. Logue, "Tax Law Uncertainty and the Role of Tax Insurance", *Virginia Tax Law* 25, 2006, p. 373.

〔3〕 [德]奥托·基尔克:《私法的社会任务——基尔克法学文选》,刘志阳、张小丹译,中国法制出版社 2017 年版,第 42 页。

受到税法的“惩罚”。如果无论是否以非税利益的追求为目标,无论是否构成形式的滥用,所采用的法律形式都将被忽视,均基于本应当采用但实际上未采用的交易形式进行课税,那么无论纳税人基于何种目的、选择何种法律形式在税法上均无任何意义,即纳税人交易形式的选择自由权在税法上并不获承认。这反而可能促使纳税人更多地利用法律形式进行税收套利。因此,对所有交易均按“实质”课税的努力将导致其对任何交易都无法适用。[1]

可以说,如果税务机关动辄以实质课税原则为由,否定纳税人基于商业考量所作的法律形式的安排,将破坏依法征税原则,使税收法定主义保护纳税人之功能形骸化。[2] 纳税人对交易所采取的法律形式经私法规范调整形成的权利义务关系已成为法律上真实的事实。税务机关应当尊重纳税人所作的法律形式的选择,根据这一法律事实进行税法的适用。若非构成税法上“滥用”法律形式的税收规避行为,税务机关应无任何权限,以纳税人从未选择的法律形式,认定纳税义务。[3] 纳税人采取的法律形式通常应当可以决定税法规则的适用。仅在法律形式被滥用以套取税收利益的场合,才发生以经济实质确定税法规则的涵摄的必要。

五、代结语:应受尊重的形式与实质课税之限度

近年来实质课税原则可谓备受重视和肯定,在税法领域中对于实质的追求因此渐有绝对化的趋势。然而,实质课税的“原则化”是值得怀疑的,完全脱离形式追求实质的理性,取得的只能是无法获得法治保障的个案的税收正义,其结果是偶然、随机的,无助于税收法治目标的实现。与其他任何

---

〔1〕 David P. Hariton, “When and How Should the Economic Substance Doctrine Be Applied?”, *Tax Law Review* 60, 2006, p. 34.

〔2〕 葛克昌主编:《避税案件与“行政法院”判决》,台北,翰芦图书出版有限公司2010年版,第106页。

〔3〕 葛克昌主编:《避税案件与“行政法院”判决》,台北,翰芦图书出版有限公司2010年版,第88页。

法律部门一样,税法的形式本身同样具有独立价值,这是税收法治的题中应有之义。在税法的形式主义之下才能确保税收征管机制犹如“具有技术合理性的机器”进行运作,并确保征纳双方在税收征管活动中,基于税法的规范意义,拥有最大限度的自由活动空间。只有在税法形式所提供的空间范围内,实质理性才有可能真正实现。这意味着,任何市场主体都应当有权信赖税法的文字含义并相应地预测和确定交易的税负。除非滥用,私法形式一般在税法上应当获得尊重。立法者在确立抽象税收构成要件时,尽管把握用以评价税收负担能力的经济活动的事实核心可以与私法有所不同,但确立“事实要件”却应当最大限度地承接私法形式,以确保“法统一秩序”的实现。实质课税原则应当仅作为判定一项交易是否构成避税安排的基础标准,即此法律形式的采用是否仅仅基于税收利益的套取。一旦认定不存在交易形式的滥用,实质课税原则即无适用的余地,税务机关无权再将交易转换成纳税人未采用的法律形式而进行税法的适用。

第二章 一般反避税条款适用要件的审思与确立*

近年来,各种形式的避税行为在我国层出不穷,引起了巨额的税收流失。以 2014 年为例,根据国家税务总局公布的数据,全国税务机关立案调查 272 件,补税入库 79 亿元。[1] 为应对日趋复杂化和多样化的避税活动,2008 年开始实施的《企业所得税法》专章对特别纳税调整予以规定。除具体规定转让定价、资本弱化、受控外国公司等特别反避税条款外,第 47 条引入“一般反避税条款”,为税务机关遏制税法尚未作出明确规定的新型避税活动提供了必要的法律基础。尽管《企业所得税法实

---

* 本章内容最初以论文《〈企业所得税法〉一般反避税条款适用要件的审思与确立——基于国外的经验与借鉴》发表于《现代法学》2012 年第 5 期。收入本书后,基于 2012 年以后一般反避税条款的相关立法和司法实践,对该部分进行了大幅度的修改。

〔1〕 仅 2014 年一年,反避税调查立案 272 件,结案 257 件,补税入库 79 亿元,平均个案补税金额 3068 万元,补税金额超千万元的案件 83 个,超亿元的案件 20 个。资料来源:http://www.chinatax.gov.cn/n810219/n810724/c1507274/content.html,最后访问日期:2018 年 10 月 16 日。

施条例》第 120 条以及随后国家税务总局颁布的《特别纳税调整实施办法(试行)》(国税发〔2009〕2 号)[1]第 10 章对一般反避税条款的具体适用作出进一步的规定,却并未对其中诸如"合理商业目的""实质""形式"等基本概念予以明确,导致该条款在实践中的适用存在极大的随意性。2014 年国家税务总局颁布了《一般反避税管理办法(试行)》(国家税务总局令第 32 号)专门对一般反避税的基本问题、立案、调查、结案以及争议处理予以规定。上述一般反避税的规定均仅适用于企业所得税领域。为了应对日渐增多的个人纳税人实施的避税交易,2018 年《个人所得税法》(2018 年全国人民代表大会常务委员会第五次会议第七次修改时,增设第 8 条第 1 款的反避税规定。除对转让定价、受控外国公司等避税行为作出具体规定外,该款第 3 项另行规定"个人实施其他不具有合理商业目的的安排而获取不当税收利益",作为个人所得税的一般反避税条款。这一规定基本延续了企业所得税一般反避税条款的立法思路,同样包含了诸多的不确定概念,而在《个人所得税法实施条例》中对于这些概念的具体认定并未予以规定,亦尚未形成相应的配套规范。尽管同属所得税这一直接税税种,立法技术和用语亦大同小异,但自然人与企业有着本质的区别,在认定避税安排时能否类推适用企业所得税的相关配套规定,显然是值得怀疑的。本书对一般反避税条款在适用中存在的模糊与争议的问题予以剖析,并探求其应对的方法。

一、《企业所得税法》一般反避税制度的规则冲突

根据我国《企业所得税法》第 47 条的规定,企业实施其他不具有合理商业目的的安排而减少其应纳税收入或者所得额的,税务机关有权按照合理方法调整。《企业所得税法实施条例》第 120 条进一步规定,不具有合理商

---

〔1〕 该实施办法第 4 章、第 5 章、第 11 章、第 12 章由《特别纳税调查调整及相互协商程序管理办法》(国家税务总局公告 2017 年第 6 号)宣告自 2017 年 5 月 1 日起失效,但第 10 章关于一般反避税管理的规定仍然有效。

业目的,是指以减少、免除或者推迟缴纳税款为主要目的。《特别纳税调整实施办法(试行)》第 93 条规定,税务机关可依据上述规定对存在不具有合理商业目的的安排的企业,启动一般反避税调查,按照实质重于形式的原则审核企业是否存在避税安排。《一般反避税管理办法(试行)》第 2 条则规定应当对企业实施的不具有合理商业目的而获取税收利益的避税安排实施特别纳税调整。《个人所得税法》第 8 条第 1 款第 3 项则规定"个人实施其他不具有合理商业目的的安排而获取不当税收利益",税务机关有权按照合理方法进行纳税调整。

一般反避税条款的引入对我国反避税实践无疑具有重要的积极意义。一方面,它避免了以特殊反避税条款应对形式多样的避税行为所造成的税法的庞杂性,有利于实现税法的简化。[1] 另一方面,作为认定避税行为的一般标准,能够有效地避免因税法的滞后而对新型避税行为的应对不能,增加了税务机关打击新型避税行为的可能性,并以此作为协调各个特别反避税条款的法律基础。与其他采用一般反避税条款的国家[2]一样,基于模糊的、不确定的标准认定一项行为是否构成避税行为,一般反避税条款的适用所产生的不确定性始终是无法回避的问题。不仅如此,我国对于一般反避税条款的规定更存在其独有的问题。

一般反避税条款以概括方式抽象出对所有避税安排普遍适用的法律规定,力图通过要件的描述,涵盖不正当获取税收利益的所有税收规避行为。因此,一般反避税条款采用更为抽象和概括的用语,以保证其条文的包容性与涵盖性,如"合理商业目的""实质重于形式"等。这种含糊的用语固然增加了条文适用的灵活性,但可预测性与确定性也随之大为削弱,税务机关获

---

〔1〕 David A. Weisbach, "Formalism in the Tax Law", *The University of Chicago Law Review* 66, 1999, p. 876.

〔2〕 当前规定一般反避税条款的国家和地区主要包括比利时、加拿大、法国、德国、爱尔兰、荷兰、新西兰、葡萄牙、新加坡、西班牙、瑞典、中国香港特别行政区等。

得巨大的自由裁量权以此为法律基础实施反避税调整,导致纳税人无法根据税法的规定直接判定其从事的经济交易是否构成避税行为。《个人所得税法》至今尚未对第 8 条的一般反避税条款的适用和具体操作制定相关的规范性文件,其实施过程中征纳双方的争议几乎是可以预见的。即使对《企业所得税法》第 47 条的适用,已形成了包括《企业所得税法实施条例》第 120 条、《特别纳税调整实施办法(试行)》第 92 ~ 97 条、《一般反避税管理办法(试行)》等配套规范体系,此种状态依然未得到根本的改变。何为"商业目的"、如何判定是否"合理"、如何认定交易的"主要目的"、如何判断"经济实质"等,在相应的配套规则中均无明晰的规定。含糊的用语无法以具体规则的形式获得更为确定的含义与外延,更无法提高其可操作性。

一项避税安排的一般构成要件,在当前的立法中是不清晰的。《企业所得税法》第 47 条的规定,如一项安排"不具有合理商业目的",税务机关可以进行调整。依照这一规定,一项交易只要不具有合理商业目的,无论是否存在经济实质或发生经济实质与法律形式的背离,都应当构成避税安排,即"商业目的"的存在将最终决定一项交易的属性及其税收负担。只要满足这一要件,税务机关可以作相应的调整。《一般反避税管理办法(试行)》第 2 条进一步发展了这一规定,须实施特别纳税调整的避税安排是"不具有合理商业目的而获取税收利益"的交易。然而,该办法第 4 条进一步强调,避税安排具有如下的特征:(1)以获取税收利益为唯一或主要目的;(2)以形式符合税法规定、但与其经济实质不符的方式获取税收利益。根据这一规定,交易必须同时满足不存在合理的商业目的和法律形式的滥用两个要件才构成一项避税安排。《个人所得税法》第 8 条第 3 项延续了上述规定,并进一步明确要求,纳税人由此获得的税收利益的"不当性"。《特别纳税调整实施办法(试行)》第 92 条、第 93 条的规定,却将"不具有合理商业目的"作为启动一般反避税调查的前提要件,而将"实质重于形式"作为审查交易是否为避税安排的核心标准,据此规定"经济实质"将决定一项交易是否构成避税的安排。同时,该办法第 75 条规定企业与关联企业所签署的成本分摊协议中自行分摊的成本不得税前扣除的要件之一为“不具有合理商业目的和经济实质”。如按照上述规定,似乎可以认为“经济实质”与“商业目的”应当是分别予以认定的两个独立标准,并不存在相互包含的关系。这意味着必须独立判断一项交易是否存在商业目的或/和经济实质。那么,所产生的问题在于,一项不具有商业目的的交易,能否主张具备经济实质而避免被认定为避税行为?

那么,“合理商业目的标准”与“实质重于形式原则”,何者将确定一项避税安排的存在,不无疑义。两者同属一个标准或是两个独立的标准?从法律位阶上看,“合理商业目的标准”由全国人大所制定的《企业所得税法》这一法律形式予以规定,其法律位阶明显高于由国家税务总局制定的《特别纳税调整实施办法(试行)》。《特别纳税调整实施办法(试行)》也明确规定,该办法根据《企业所得税法》而制定。[1] 那么,“实质重于形式原则”似乎应当是“合理商业目的标准”的内涵要件,是判断是否存在合理商业目的的标准,是“合理商业目的标准”的下位概念。如果单纯依据“实质重于形式”即可以认定避税安排,显然是违背“上位法优于下位法”的基本法理的。

因此,当前企业所得税的一般反避税条款的相关规定存在的不明确、相互矛盾与冲突之处决定了有必要对一般反避税条款实施的要件予以进一步的厘清。

二、作为认定避税安排构成要件的合理商业目的与经济实质

(一)合理商业目的与经济实质:一个要件还是两个要件

如前所述,在《企业所得税法》第 47 条和《特别纳税调整实施办法(试行)》第 93 条分别规定了判断避税安排的商业目的标准与经济实质标准,而

---

[1] 《特别纳税调整实施办法(试行)》第 1 条。

《一般反避税管理办法(试行)》第4条则同时规定了上述两个标准。然而,在认定非居民企业间接转让财产是否构成避税安排时,国家税务总局颁布的《关于非居民企业间接转让财产企业所得税若干问题的公告》(国家税务总局公告2015年第7号)第4条明确规定,"境外企业及直接或间接持有中国应税财产的下属企业虽在所在国家(地区)登记注册,以满足法律所要求的组织形式,但实际履行的功能及承担的风险有限,不足以证实其具有经济实质",可以直接认定该交易不具有合理商业目的。这一规定显然是将经济实质作为商业目的存在与否的客观表征,并不认为两者分别构成独立的要件。在税收征管和司法实践中,"不具有合理商业目的"和"不具有经济实质",究竟为应当同时具备的标准还是只需满足其中条件之一,同样是不明确的。如在"儿童投资主基金诉杭州市西湖区国家税务局案"中,税务机关认定的"(1)境外被转让的CFC公司和香港国汇公司仅在避税地或低税率地区注册,不从事制造、经销、管理等实质性经营活动;(2)股权转让价主要取决于对中国居民企业杭州国益路桥公司的估值;(3)股权受让方对外披露收购的实际标的为杭州国益路桥公司股权"三件事实,并据此认定儿童投资主基金间接转让杭州国益路桥公司股权"不具有合理商业目的"。在此,税务机关并未将"经济实质"与"合理商业目的"作为两个独立的事实予以单独认定,而是更多地考量两者之间的相关性。该案一审法院认可了税务机关的这一事实判定。[1] 二审法院也认可了上述三个事实,进而认定该交易中"涉案股权转让的所得实际来源于中国境内",却并未对该交易是否具有合理商业目的的事实予以单独认定。[2] 最高人民法院在再审中尽管也认可税务机关认定的三个事实,却认为上述事实是基于"股权交易的动机与目的"

---

〔1〕 浙江省杭州市中级人民法院《儿童投资主基金诉杭州市西湖区国家税务局一审行政判决书》[(2015)浙杭行初字第4号]。

〔2〕 浙江省高级人民法院《儿童投资主基金诉杭州市西湖区国家税务局二审行政判决书》[(2015)浙行终字第441号]。

等要素作出的判断，同样并未将商业目的与经济实质分别作为独立的要件事实。[1] 为确立避税安排的构成要件，首先应当解决两者之间的关系问题，即两者为两个独立的标准或是存在包容关系的一个标准。

商业目的或经济实质是否作为避税交易的构成要件，各国的规定差异巨大。如加拿大采用商业目的这一单一要件。根据加拿大《所得税法》第245条第2款[2]对一般反避税条款的规定，目的要件是区分不可接受的避税与税收筹划的基础。除非该项交易可以被合理地认为主要是为了取得税收利益以外的其他善意目的而发生的。如果一项交易或作为系列交易的组成部分的交易，直接或间接导致税收利益的获取，将构成避税交易。瑞典《反避税法案》的一般反避税条款只规定了以取得税收利益为目的这一要件，并未将经济实质作为认定避税交易的要件之一。[3] 在同时采用经济实质和商业目的作为判定标准的国家，两者之间的关系也存在巨大的差异。德国《税收通则法》第42条规定了"滥用法律之形成可能性"，即选择不相当的法律形式，致纳税人或第三人，相较于相当的法律形成，获有法律未预见之税收利益，构成一项避税安排。同时强调，如可证明该交易的法律形式的选择存在"重大的非税理由"，将免予认定为避税安排。[4] 依该法制定的《反滥用与技术性修正法案》规定的认定一项法律形式滥用安排的三个要件中也包括经济目的的要求。[5] 根据这一规定，商业目的应当为认定交易是

---

〔1〕 最高人民法院《儿童投资主基金诉杭州市西湖区国家税务局行政裁定书》[（2016）最高法行申1867号]。

〔2〕 Section 245, Income Tax Act (Canada). 另可详细参见 Brian J. Arnold, "The Canadian General Anti-Avoidance Rule", in Graeme S. Cooper. *Tax Avoidance and the Rule of Law*, Amsterdam, IBFD Publications, 1997, pp. 221 – 245。

〔3〕 但该条同时要求交易的形式不能与税收立法的目的存在冲突。The Tax Avoidance Act (Sweden), 1998. 另可详细参见 Leif Mutén, "The Swedish Experiment with A General Anti-Avoidance Rule", in Graeme S. Cooper, *Tax Avoidance and the Rule of Law*, Amsterdam, IBFD Publications, 1997, pp. 307 – 327。

〔4〕 可参见陈敏：《德国租税通则》，中国台湾地区司法管理机构2013年版，第42条。

〔5〕 Roy Rohatgi, *Basic International Taxation*, Kluwer law and Taxation Publishers and Martinus Nijhoff Publishers, 2002, p. 356.

否具备经济实质的要件之一，是实质课税原则的下位要件。澳大利亚《所得税法》第177D条的一般反避税条款，尽管并未直接采用经济实质或商业目的的用语，但规定如根据交易的方式、形式与实质、当事人与其他相关利害关系人的经济地位的改变以及其他后果能够推定纳税人以取得税收利益为目的，则构成避税交易。[1] 根据这一规定，经济实质是认定纳税人是否以税收利益为目的从事交易的客观表现，而非独立的成立要件。

在未明确规定一般反避税条款的国家，尤其是普通法系国家的司法实践中形成的避税活动的一般认定标准中，商业目的与经济实质是最为重要的两大标准。但两者构成单一标准还是双重标准，在司法实践的适用中同样差异巨大。以美国为例，在2010年经济实质主义成文化之前，大多数法院审理避税交易的案件往往将商业目的标准和经济实质标准作为两个独立的要件，对案件事实分别予以认定。也有少数法院认为，"商业目的和经济实质不过是相关的事实，都与虚假交易的调查相关"，"商业目的和经济实质并无真正意义上的区别"，"仅仅表明立法机关要求透过活动的形式而揭示其实质"，因此，两者并不构成"严格的双重要件的分析"。[2] 在美国最近将经济实质原则成文化的立法中，却要求必须同时满足商业目的和经济实质两个要件。[3]

各国立法与司法实践在避税交易的一般要件方面存在的差异，一方面，表明两者是判定避税安排的重要指标；另一方面，也凸显了两者在一定程度上相互关联与印证的关系。从逻辑上看，经济实质标准与商业目的标准具有一定的相关性。商业目的是对纳税人的思想状态与交易意图的判定，"思

---

〔1〕 Section 177D, Income Tax Act (Australia) 1997.

〔2〕 ACM Partnership, 157 F. 3d at 247.

〔3〕 H. R, 2520, 107th Cong. (1st Sess., July 17, 2001); America Competitiveness and Corporate Accountability Act of 2002, H. R. 5095, 107th Cong. (2d Sess. 2002); Jumpstart Our Business Strength (JOBS) Act. S. 1637, 108th Cong. (1st Sess., Nov. 7, 2003). Also see S. Rep. No. 108 – 192 (2003) (Reporting on JOBS Act).

想状态”显然是无法直接“阅读”的，在很大程度上依赖于客观的、外在的行为，此即一项交易的“实质”。两者分别从主观与客观方面对交易是否构成避税予以认定。但无论如何，合理商业目的是一项主观而非客观性的标准，只要求纳税人具有从事合法的商业活动的意图，却不要求其承担任何独有的经济风险，因此是无法包容经济实质的判断的。[1] 从实践来看，避税安排存在两种具体的形式。[2] 第一类的避税安排是纯粹的税收利益的套利工具，如无税收利益，纳税人不会从事该项安排。对于此类避税安排，既然不具有除税收套利以外的其他目的，交易安排可能是“虚假”或“虚拟”的，确定不具有商业目的的同时也可以认定不具有经济事实的存在。第二类的避税安排则目的在于从事真正的商业交易，但选择以特殊的方式完成交易以满足税法字面上的技术性要求，以享受相应的税收优惠。此类交易显然是具有合理的商业目的的，只是存在经济实质与法律形式之间的背离。实质与形式之间是否脱节并不能否定交易本身的合理商业目的。随着避税技术的发展，越来越多的避税安排采取这种模式。如果仅以商业目的或经济实质推断交易是否真实发生，显然是无法将此类避税安排纳入特别纳税调整的范围的。经济实质的确认是基于客观经济事实的，并不考虑纳税人从事交易的动机、目的和意图。交易目的的合理化在很大程度上足以证明纳税人并不存在利用税法漏洞、违背立法机关立法意图的考量，应当是认定避税交易的重要判断要素。因此，经济实质标准与商业目的标准是无法相互替代、相互包容的，共同构成认定是否存在避税安排的双重要件。

因此，我国立法仅将“不具有合理商业目的”作为避税安排的唯一要件

---

〔1〕 David P. Hariton, “When and How Should the Economic Substance Doctrine Be Applied?”, *Tax Law Review* 60, 2006, p. 53.

〔2〕 Michael L. Scheler, “Ten More Truths about Tax Shelters: The Problem, Possible Solutions, and a Reply to Professor Weisbach”, *Tax Law Review* 55, 2002, pp. 334 – 340. 有学者认为，避税安排还包括另一种形式，即从总体上看是具有盈利性的交易，但如税收从一般投资活动中分离出来，则不具有商业目的或经济实质，并同时认为这种类型的避税安排实质上与纯粹的套利工具相同。

是值得商榷的，应当有必要对《企业所得税法》第47条进行修改，将“不具有经济实质”同样作为避税安排的构成要件之一。

（二）合理商业目的与经济实质：择一要件还是并存要件

在确立了商业目的和经济实质作为认定避税安排的同一层级的构成要件后，两者为择一要件或是并存要件应有必要予以进一步的探讨。如为择一要件，只要交易缺乏经济实质或缺乏商业目的即应被认定为避税安排。反之，如为并存要件，一项交易只有同时缺乏经济实质和合理商业目的，才会构成避税安排。对商业目的和经济实质为避税安排的择一要件还是并存要件，美国各个法院在具体适用中存在巨大差异。根据学者对美国近年来涉及避税的司法判例的统计，〔1〕第6、7、8、9、10巡回法院、D. C巡回法院倾向于采用择一要件，认为即使具备合理商业目的的交易，如缺乏善意的经济实质，构成避税安排；反之亦然。〔2〕第2、3、4巡回法院则认为，必须同时证明该项交易缺乏经济实质且无合理的商业目的，该交易才会构成避税安排。〔3〕而第1巡回法院和第5巡回法院则尚无明确的倾向性。

美国司法机关在司法实践中将商业目的与经济实质作为避税安排的择一要件或是并存要件缺乏确定性的适用，被认为是当前美国打击避税行为效率低下的重要原因，从而引发了广泛争议。将商业目的与经济实质作为避税安排的择一要件或是并存要件，在实体上直接关系一项交易被认定为避税安排，进而决定纳税人最终承担的纳税义务和国库收入的取得，在程序上将决定承担举证责任的当事人的证明范围。因此，在择一要件与并存要

〔1〕 Zachary Nahass, "Codifing the Economic Substance Doctrine: A Proposal on the Doorstep of Usefulness". *Administrative Law Review* 58, 2006, pp. 258 – 260; Yoram Keinan, "The Many Faces of the Economic Substance's Two-Prong Test, Time for Reconciliation?", *NYU Journal of Law and Business* 1, 2005, pp. 392 – 394; Jeff Rector, "A Review of the Economic Substance Doctrine", *Stanford Journal of Law, Business & Finance* 10, 2005, pp. 179 – 183.

〔2〕 See Generally ASA Investerings, 201 F. 3d at 513; Saba P'ship, 271 F. 3d 1135.

〔3〕 Rice's Toyota World v. Comm'r, 752 F. 2d 89, 92 – 95 (4th Cir. 1985); ACM P'ship v. Comm'r, F. 3d at 231 (3d Cir. 1988).

件之间进行选择，首先，应当明确究竟以“有利于纳税人”或是“有利于国家”作为判定的基准。其次，在程序方面，应当考虑与举证责任分配制度之间的衔接。

与并存要件相比，将经济实质或商业目的作为认定避税交易的择一要件将使面临反避税调查的纳税人处于不利的地位。就纳税人的角度而言，由于只要不存在真正的经济实质或不具备合理商业目的，该交易即构成避税安排，依据择一要件所认定的避税安排的范围远远要比并存要件宽泛得多。这固然更有利于税务机关防范因避税交易而发生的国家税款的流失，保证税法获得公平的实施。这同时也意味着更多的经济交易被纳入反避税调查，更多的纳税人为此不得不承担繁重的资料提供义务、面临反避税调查所引发的税收成本不确定的风险。税收征管成本也将因反避税调查的广泛性而大幅提高。更为重要的是，一项交易如被认定为避税安排，税务机关即有权“按照经济实质对企业的避税安排重新定性，取消企业从避税安排获得的税收利益”，其结果是远高于预期的纳税义务，甚至滞纳金、利息和罚款等额外费用，交易的整体成本也随之增加，交易的盈利性可能由此丧失。为避免此种税收风险，纳税人不得不选择在税收上更为保守的交易形式，甚至不惜以其本可依法享受的税收优惠为代价，税收将因此成为扼杀新型交易形式的元凶，税收激励的政策效应也将由此无法达成。

就程序上而言，择一要件与并存要件对证明责任的范围的要求也各不相同。我国对于避税交易的举证责任分配并未作明确的规定。由于商业目的为主观要件，通常并无直接证据予以证明，而必须借助各种客观事实间接地予以判断，证明难度更大。因此，多数国家均规定纳税人对此应当负担提供证据协力查明的义务或直接承担举证责任。如《德国税收通则法》第 42 条第 2 款规定，如纳税人可以证明其选择的法律形式，具有在整体关联上为重大的非税理由，则不构成避税安排。我国《特别纳税调整实施办法（试行）》第 95 条规定了纳税人对交易的合理商业目的这一事实的协力查明义务,却要求其提供资料达到"证明安排具有合理商业目的"的程度,否则即面临"税务机关根据已掌握的信息实施纳税调整"的后果。在这种情况下,如适用择一要件,纳税人即使证明交易具有合理的商业目的,也难以避免因税务机关证明其交易不存在经济实质而认定构成一项避税安排。在并存要件的场合,纳税人只需证明其具有合理的商业目的,即可免予认定为避税交易。根据举证责任的规则,承担举证责任的一方如举证不能或举证不明,必须承担由此所产生的不利税收后果。举证责任范围越广,发生举证不能或举证不明的情况的可能性越大。将经济实质和商业目的作为认定避税安排的择一要件,纳税人更可能因提供的证据不足而面临反避税调整的后果。

避税安排的构成要件的设置应当在国库收入的保护与纳税人权利之间实现适度的平衡。否则,由一般反避税管理而增加的国库收入将可能因过于宽泛的反避税调查而导致的税源减少和税收管理成本的增加而消泯殆尽。从总体上说,商业目的与经济实质作为认定避税安排的择一要件,将使纳税人在反避税调查中处于更为不利的地位。因此,相较而言,将商业目的与经济实质作为认定避税安排必须同时满足的要件更能够实现一般反避税条款的价值追求。

三、合理商业目的要件的判定与适用

合理商业目的要件探求的是纳税人从事交易的主观意图。该要件强调的是纳税人必须具备除税收目的以外的有效的商业或经济目的。引入该标准的目的在于"审查促使纳税人投入资本的原因是否仅仅出于税收利益的考虑,或者是还包含了非税动机或合法的盈利动机……"[1]但何为"合理商业目的",我国立法中并未作出明确的规定,仅规定了"不合理的商业目的"是指以减少、免除或推迟缴纳税款为主要目的,即如以获得税收利益作为从

---

〔1〕 Donald L. Korb, *The Economic Substance Doctrine in the Current Tax Shelter Environment*. 转引自王宗涛:《一般反避税条款研究》,法律出版社 2016 年版,第 238 页。

事交易的主要目的,则不应视为主观要件的满足。但这一概念显然过于宽泛,可能导致任何以税收作为考量因素的交易,包括以取得税法规定的优惠税收待遇为目的的安排,均被囊括在内。既然要求纳税人必须提供资料证明其“具有合理的商业目的”,即有必要探求何为非税的“合理商业目的”。

(一)“商业目的”的判定

“商业目的”的判断包含了对纳税人从事交易的主观思想状态的判断,一直是税法实践的难题之一。各国极少在立法中直接对何为“商业目的”作出规定,而是在税收征管或司法实践中逐渐发展和确立判断的考量因素。在英国,法院一般基于案件事实和一般常识对交易是否具备商业目的进行判断。在美国,法院所认定的商业目的,主要存在两种形式。一种为文本形式上的商业目的,即要求纳税人采用交易形式的商业目的应当与条文所规定的目的一致;另一种则是纯粹的主观商业目的的判断,只要具有非税的目的,均认为构成商业目的。[1] 也有国家列举了认定交易目的所应考虑的诸项因素,如《澳大利亚商品与劳务税法》(1999)第165-15节。

我国立法中并未规定如何判断“合理商业目的”的存在,而仅规定交易“以减少、免除或推迟缴纳税款为主要目的”[2]或“以获取税收利益为唯一目的或主要目的”,[3]为“不具有合理商业目的”。但针对特定的交易活动,如间接转让财产、企业重组,则详细地列举了判定交易是否具有合理商业目的的考量因素,并要求“整体考虑与间接转让中国应税财产交易相关的所有安排”。[4] 在上述规范性文件中,国家税务总局肯定了不同的交易活动据以

---

[1] Allen D. Madison, “The Tension between Textualism and Substance-over-form Doctrine in Tax Law”, *Santa Clara Law Review* 43, 2003, p. 729.

[2] 《企业所得税法实施条例》第120条。

[3] 《一般反避税管理办法(试行)》第4条。

[4] 《关于非居民企业间接转让财产企业所得税若干问题的公告》(国家税务总局公告2015年第7号)、《国家税务总局关于企业重组企业业务企业所得税征收管理若干问题的公告》(国家税务总局公告2015年第48号)。

认定商业目的的考量因素各有不同。[1] 就字面含义而言,"商业目的"是对追求利润的经济活动所欲实现目标的判定,那么以"合理商业目的"作为判断个人是否存在避税安排的标准显然是不甚妥当的。个人从事经济活动,其经济生活安排是否构成避税,一般而言以商业目的予以判断并无不妥。但个人的税收待遇尚有部分与其社会、家庭身份或私人生活安排相关。以是否存在"商业目的"评价其家庭生活安排是否构成避税,并不符合一般经验法则。

一般而言,商业目的必须根据特定的经济行业与商业活动的属性、交易实施的经济环境等作出判断,必须考虑纳税人的动机和交易是否服务于有用的经济目的。目的并不仅仅意味着纳税人头脑中的主观动机或意图,而是交易客观结果的追求,[2]能够基于纳税人的行为等外部表征予以支持,且必须对纳税人的经济地位的改变或未来存续而言是有用的。[3] 商业目的可以根据纳税人在交易安排中的权利与义务予以衡量。权利义务的属性越接近纳税人的商业惯例及其持续经营,商业目的要件越能得到满足。[4] 作为一种主观的思想状态,商业目的应当根据纳税人实施的行为等外部事实予以客观的评价,如交易是否具有盈利的可能性、是否真正将资金投至交易中、各个交易步骤是否真正发生、交易涉及的主体是否相互独立且在交易前后从事合法的商业活动等。

从各国的经验来看,证明交易存在"商业目的",其中最为重要的是"非

---

〔1〕 如对于间接转让财产的"合理商业目的"的判断,应当考虑境外企业的股权价值来源、收入来源、投资透彻、股权结构等因素;而企业重组的判断,则主要考虑重组交易的方式、实质结果、交易各方的税务、财务状况变化等因素。

〔2〕 Smith's Potato Estates Ltd v Bolland HL 1948 3O TC 267(1948)AC 508(UK);IRC v Brebner (1967)2 AC 182(UK).

〔3〕 Christopher M. Pietruszkiewicz, "Economic Substance and the Standard of Review", *Alabama Law Review* 60,2009,p. 347.

〔4〕 Yoram Keinan, "The Many Faces of the Economic Substance's Two-Prong Test, Time for Reconciliation?", *NYU Journal of Law and Business* 1,2005,pp. 392 – 394.

税目的”的存在。一般而言作为交易主体,基于经济理性人的考虑,无论公司或个人,交易能否实现“利润最大化”无疑是首要的考量。因此,交易是否以追求利润为目的,往往被视为最重要的“商业目的”。如纳税人能够证明在交易时是以实现自身利益的追求为目的,以实现一定的利润为目标作出交易决策,具有“真正且诚实的利润目标”,应当可以成立“非税目的”。以实现利润以外的其他商业利益为目的,是否可以构成“商业目的”,不无疑问。在“儿童投资主基金诉杭州市西湖区国家税务局案”中,原告儿童投资主基金提出的CFC公司的设立主要目的是在境外发行债券进行融资、组织结构的安排具有合理的商业目的的主张,并未获得法院的支持。[1] 同样,在“广州德发公司案”中,原告广州德发公司关于拍卖房产是基于清偿债务、挽救公司的目的的主张同样未获支持。[2] 但在“新疆瑞成公司案”中,“因应其上级主管部门要求”“解决企业老职工住房困难,化解信访突出问题”,构成一项“让利20%的房屋销售行为的正当理由。[3] 在美国“TIFD III-E inc.案”[4]中,纳税人“缔结合伙协议以筹集资金,且更重要的是,向投资者、信用评级机构和其高级管理人员证明其可以筹集资金”,被法院认为构成“商业目的”。“履行除纳税义务以外的其他法定义务”可以认定为“非税的商业目的”,同样,法院在“Frank Lyon Co.案”中认为,满足监管义务应该构成一项商业目的。[5] 此外,以利益最大化为考量的其他商业动机,如反敌意收购、风险管理、股权的增值、有限责任的承担、公司治理结构的改善和经营架构的调整等,也可以认为构成商业目的。

由于个人生活安排并非完全以商业利益的追求为目标,判断个人是否

---

〔1〕 浙江省高级人民法院《儿童投资主基金诉杭州市西湖区国家税务局二审行政判决书》[(2015)浙行终字第441号]。

〔2〕《广州德发房产建设有限公司与广东省广州市地方税务局第一稽查局再审行政判决书》[(2015)行提字第13号行政判决书]。

〔3〕《疆维吾尔自治区乌鲁木齐市中级人民法院行政判决书》[(2014)乌中行终字第95号]。

〔4〕 TIFD III-E inc. ,342 F. Supp. 2d at 109.

〔5〕 Frank Lyon Co. ,435 U. S. at 583 - 584.

存在避税安排并不尽然应当作商业目的的判断。如夫妻离婚而享受第二套住房的贷款利息扣除的待遇，[1]就离婚这一行为而言，无论如何都不可能具有"商业目的"，不可能存在商业利润的追求等目的。因此，个人从事的经济活动是否构成避税安排，固然可以遵循上述标准予以判断，如个人进行投资、财产转让等，其家庭生活安排则应当判断其行为是否基于维护家庭和谐、亲情、血缘关系甚至道义的考量。如夫妻离婚即应当判断其是否具有追求婚姻自主、家庭幸福等目的。即使是经济活动，也应当对此有所考量，如由于其兄承担较多的父母赡养义务，而低于市场价格向其转让房产，即不应当认为"不具有商业目的"。

应当强调的是，"商业目的"要件并不意味着交易不应包括任何税收的考量。对公司而言，税收是一项成本，与工资、租金或利息并无实质的区别。[2] 在公司作出商业决策时，如何减轻税收负担也是其从事交易及选择形式的重要考虑因素之一。如由于税收待遇的差异选择进行债务融资而不是股权融资、基于工资加计扣除的税收优惠而雇用残疾人员等。即使此时减轻税负是其作出商业决策的主要甚至唯一目的，也不应当认为不构成"合理的商业目的"。要求交易具有"商业目的"，并不能将税收排除于商业考量的范围之外。取得税收利益也可以是善意的商业目的。[3] 税收目的是否构成"善意的商业目的"，取决于两个方面的判断。其一，该税收目的是否符合税法条文的立法意图，实施的交易是否为税法所欲鼓励的行为。其二，该税收目的是否指向善意的、追求利润的商业活动。只要满足上述要件，即使税收是其发生交易及其形式选择的主要目的，仍应当认为具备商业目的。

---

〔1〕 具体安排如下：夫妻双方已购入一套住房，可以享受首套住房贷款利息扣除。其欲购入第二套住房，为可享受同样的利息扣除，夫妻双方离婚。离婚后，第一套住房归妻一方，由其继续享受利息扣除。夫则以其名义购入新的住房，即可以主张利息扣除。

〔2〕 Daniel J. Glassman, "'It's not A Lie if You Believe It': Tax Shelters and The Economic Substance Doctrine", *Florida Law Review* 58, 2006, p. 668.

〔3〕 IRC v Plummer (1979) STC 793 (UK).

（二）何为"合理"？

根据《企业所得税法》第47条的规定，构成税法上有效的经济交易，不仅应当具有"商业目的"，该目的还应当具有合理性。在法律领域中，合理性的判断一直是最模糊的领地。在复杂的商业环境中，对商业目的的"合理性判断"更加困难。在我国，到目前为止，税务机关仍是适用一般反避税条款的最主要的主体，而税务机关工作人员显然并不必然是经营活动的专家。商业活动所欲达成的目标往往是在复杂且瞬息万变的市场环境下形成的，在很大程度上依赖经营者当时的直觉与判断。在交易完成后，再由税务机关对该目的的合理性进行事后评价，显然对企业是不公平的。更重要的是，交易目的合理性应当由市场进行评价。税务机关并非公司经营成果的裁决者，不能也无须过多地承担商业目的合理性判断的任务。税法是以评价经济负担能力为基础的，这也决定了税务机关只需判断交易目的的实现在促进纳税人的"经济负担能力"方面是否具有合理性。税务机关对商业目的的合理性判断，应当是最低标准的判断，即如作为与交易同行业或处于类似状况中的经济理性人在相同或类似的情况和环境下，当然认为该商业目的的实施无助于企业未来的发展，或显然与实现企业未来财产价值的增加或提供可获得利益的机会无关，才能认为该商业目的不具有合理性。为此，税务机关可以根据交易发生时的宏观市场环境、行业的商业惯例、企业的一般经营策略等进行判断。在个人生活领域，税务机关则可以根据风俗习惯、道义责任、家庭关系维护等判断其行为的目的是否合理。

商业目的的合理性判断还需解决的另一问题在于，商业目的合理性是基于交易整体还是以交易的各个环节或步骤进行判断。有学者认为，只要交易整体上的商业目的具有合理性，即使交易的某个方面或步骤不具有合理的商业目的，仍应当认为其满足商业目的的要件。[1] 但普通法系国家则

〔1〕 Michael L. Scheler, "Ten More Truths about Tax Shelters: The Problem, Possible Solutions, and a Reply to Professor Weisbach", *Tax Law Review* 55, 2002, pp. 334 – 340.

认为应当分别审查交易的各个步骤是否具有合理性,如果组成交易的若干步骤欠缺合理性,则该步骤将被忽视,此即阶段交易原则(Step Transaction Doctrine)。纳税人固然可能采用迂回、复杂的多环节交易方式创造避税机会。但各个步骤是交易整体的组成部分,其本身并不具有完全独立于交易的商业目的,因而难以进行合理性的判断。如果单纯由于其不具有合理的商业目的,而否认该环节的税法意义,将在一定程度上剥夺纳税人实现整体商业目的的经济形式的选择权。就经济上而言,交易的商业目的的合理性,应当是立足于交易整体判断的合理性,而非针对各个阶段或步骤分别探讨。如根据所在行业的商业实践,某个环节或步骤为实践交易的整体目的所必要、服务于交易最终利益的实现,即使该环节本身并无独立的商业目的,仍应当认为满足合理性的要求。

四、经济实质要件的基本判断

如何判断交易是否存在真实的经济实质或经济实质与法律形式是否一致,同样是一般反避税条款适用的难题。到目前为止,各国无论司法机关还是理论界都尚未就何为“实质”形成客观、明确的一致的判断标准。[1] 尽管与商业目的要件相比,经济实质要件是对交易的经济效果的客观评价,但透过“法律形式”探求实质,对交易的不同事实与环境的把握,同样可能产生不同的结论。对于经济实质的判断,所应把握的是,在纳税人采用的合法、真实有效的法律形式之外,是否缺乏经济实质或是存在与之明显不符的经济实质。构成任何其中情形之一,均可以认为经济实质要件被满足。

如果一项交易的发生,并未产生任何的经济后果,即使具有真实有效且满足了税法条文规定要件的法律形式,由于缺乏税收负担能力的评价基础,无论如何不能认定具有经济实质。当前各国的司法实践和理论探讨中,确

---

〔1〕 Alexandra M. Walsh, “Formally Legal Probably Wrong: Corporate Tax Shelters, Practical Reason and the New Textualism”, *Stanford Law Review* 53, 2001, p. 1545.

定经济实质存在的方法主要包括商业利益法、可比交易法、经济地位改变法等。少数国家的司法机关也采用机会成本法。

基于经济理性人的假设，市场主体从事真实的经济交易必须关注取得税前收益的可能性。因此，商业利益法被认为是确定交易是否存在经济实质的重要方法之一。根据商业利益法，如果一项交易产生经济回报，即应当认为具有真实的经济实质。为此，纳税人必须证明交易预期产生的经济回报将足以弥补可能发生的交易成本。但考虑到市场的风险因素，并不要求交易产生真正的经济回报，只要求在缔结交易时，根据交易条件和经济环境可以预期交易的结果将产生合理的收益即可。但对经济回报的认定，存在狭义和广义两种认定方式。有些法院认为，只要为纳税人带来经济收益，无论该收益能否量化，都能满足该要件。[1] 有些法院则认为，交易具有客观经济实质，不仅要存在可预期的经济收益，该收益还必须是能够量化的经营利润。[2] 商业利益法倍受诟病之处，在于“合理的收益”的确定，即多大数额的商业利益足以使交易具有经济实质？在美国早期司法判决中，只要产生积极的经济回报，即认为满足该要件。[3] 这意味着，即使非常微小的回报也足以使交易具有经济实质，相反非常微小的损失的发生却将导致交易经济实质的缺失。[4] 随后，法院采取了最低税前回报率判定经济回报是否合理。在“Carol W. Hilton 案”中，法院强调交易只有取得超过6%的经济回报，才足以认定交易具有经济实质。但该案判决并未具体说明6%回报率的确定方式。这使具备经济实质所须达到的最低税前回报率的确定似乎是随意而主观的。有学者则认为，如果系争交易不能预期产生高于无风险或低风险

---

〔1〕 *Bail Bonds by Marvin Nelson, Inc.*, 820 F. 2d at 1549; *Winn-Dixie Stores, Inc.*, 113 T. C. at 285.

〔2〕 *Johnson v. United States*, 32 Fed. C1. 709, 716 – 717(1995).

〔3〕 *Goldstein v. Commissioner* 66 – 2 USTC ¶ 9561, 364 F. 2d 734(CA – 2); *Barnett v. Commissioner*, 66 – 2 USTC ¶ 9563, F. 2d 742(CA – 2), aff' g CCH Dec. 27, 414, 44 TC 261(1965); *Rothschild v. United States* 69 – 1 69 – 1 USTC ¶ 9224, 407 F. 2d 404(Ct. Ci.).

〔4〕 Alvin C. Warren, "The Requirement of Economic Profit in Tax Motivated Transactions", *The Tax Magazine* 11, 1981, p. 987.

投资的潜在收益，纳税人只需从事无风险的投资，而无必要实施此项交易。因此，应当以低风险或无风险投资的回报率作为判断的标准。[1] 无风险或低风险的投资回报率实际上只是代表了货币本身固有的时间价值，即使取得相当于无风险投资的回报，亦不意味着纳税人因交易而取得额外的经济机会而增加自有财产的价值。因此，如要求交易必须取得最低税前回报率才能具备经济实质，一方面，对于缔结交易而无法预期最低利润数额或可能产生潜在损失的纳税人是不公平的。一项交易，即使本身可能发生损失，也可能为纳税人创造新的交易机会或对改变相关财产的价值有着直接且实质的关系，[2] 如避险交易，单纯因发生亏损的预期而否认其经济价值的存在，显然是不恰当的。另一方面，最低回报水平的设定，也可能导致纳税人为保证交易的经济回报满足最低收益预期的要求而无效率地承担额外的风险。[3] 此外，商业利益法无法对以非正常方式取得显著税收利益但同时实现真正盈利的交易予以有效的评价。[4] 正因如此，美国在将经济实质标准成文化时，强调在判定交易是否具有经济实质时不得考虑该交易获利的可能性。除非该交易产生的合理预期的税前利润的现值与该交易预期产生的税收利益的现值二者之间具有相当的关系。[5]

由于商业利益法所存在的问题，可比交易法逐渐在司法实践中被采用。所谓可比交易法，即将系争交易与在善意商业环境下本应发生的交易进行比较。[6] 具有经济理性的纳税人不会利用避税工具获得与经济上相当的市

---

〔1〕 Joseph Bankman, "The Economic Substance Doctrine", *Southern California Law Review* 74, 2000, p. 25.

〔2〕 David P. Hariton, "Sorting out the Tangle of Economic Substance", *Tax Lawyer* 52, 1999, p. 251.

〔3〕 Charlene D. Luke, "Risk, Return, and Objective Economic Substance", *Virginia Tax Review* 27, 2007, p. 796.

〔4〕 Michael L. Scheler, "Ten More Truths about Tax Shelters: The Problem, Possible Solutions, and a Reply to Professor Weisbach", *Tax Law Review* 55, 2002, pp. 334 – 340.

〔5〕 Section 7701(o)(2) of I. R. C of U. S.

〔6〕 Merryman v. Comm'r, 873 F. 2d 879, 881 (5th Cir. 1999); CM Holding, Inc., 254 B. R. at 600; CM Holding, F. 3d at 108; Andantech L. L. C. v. Comm'r, 83 T. C. M. (CCH) 1476, 1505 (2002).

场交易相同的收益,尤其是在考虑税务诉讼风险的情况下。[1] 因此,如果系争交易产生的税后回报与可比交易的实质相当,该交易具有经济实质。反之,如系争交易产生的税后回报明显高于可比交易,则不认为具有经济实质。适用可比交易法的逻辑前提在于该项交易已取得积极的税后回报,同样无法回避上述商业利益法无法评价存在亏损预期或无盈利但取得税收利益的交易的问题。加上可比交易法是基于实际发生的税后收益的比较,所取得的收益不仅取决于交易条件,更受到复杂的市场因素的影响。可比交易法对相似环境下的相同或类似交易的依赖同样也将大大弱化其评价结果的客观性。在复杂的商业环境中,完全相同甚至类似的交易实际上是难以取得的,即使对非决定性因素的适当调整可能保证其可比性,但在实际的交易中,合约条件的细微差异可能对纳税人经济地位具有决定意义。[2] 因此,可比交易法不仅无法解决商业利益法所存在的问题,反而使本应是客观事实判断的经济实质要件具有更强的主观色彩。

无论是商业利益法还是可比交易法都是以完备市场假设为前提的,即不存在任何市场交易成本的情况下对交易的实质予以判断。在现实的不完备市场中,市场存在各种摩擦力,任何企业从事任何经营活动都将面临不同程度的风险。财产价值在一项真实的交易中不可避免面临价值增加或减损的不确定性。因此,经济收益机会与价值减损的风险成为任何一项交易的一体两翼,缺一不可。两者之间更存在直接的正相关的关系。高风险意味

[1] Yoram Keinan, "The Many Faces of the Economic Substance's Two-Prong Test, Time for Reconciliation?", *NYU Journal of Law and Business* 1, 2005, pp. 392 - 394.

[2] 如 ASA Investerings Partnership v. Commissioner、Saba Partnership v. Commissioner 以及 Boca Investerings Partnership v. Uinited States 三个案件中 CINS 交易,但在具体交易条件上存在细微的差异,仍可能导致其经济实质上的差异。具体可参见 ASA Investerings Partnership v. Commissioner, 201 F. 3d 505 (D. C. Cir. 2000); Saba Partnership v. Commissioner, 273 F. 3d 1135 (D. C. Cir. 2001); Boca Investerings Partnership v. Uinited States, 314 F. 3d 625 (D. C. Cir. 2003)。另可参见 Jason Quinn, "Being Punished for Obeying the Rules: Corporate Tax Planning and the Overly Broad Economic Substance Doctrine", *Geo. Mason Law Review* 15, 2008, pp. 1054 - 1059。

着高回报,交易条件的安排更是直接决定未来收益与损失风险的预期。如果纳税人愿意承担与预期收益相当的风险暴露,意味着纳税人以未来财产价值减损的可能性换取收益的取得,则交易具有经济实质。[1] 一项只有预期收益而缺乏任何经济风险或收益的取得与所承担经济风险之间显失比例的交易,是违背市场的基本规律的,必然是虚假或人为创造的结果,不应认为具有真实的经济实质。

无可否认的是,任何市场主体以利润的追求作为最终目标,这一目标却未必直接体现在任何一项交易中。市场主体可能从事一项并不产生直接收益,而是间接服务于未来收益机会增加或风险减弱的交易,如表决权或控制权的取得、反收购、购买保险计划、竞争地位的改善等。这些交易的发生,并无量化的利润的产生,甚至仅仅造成资源的耗费,但对企业未来的市场发展却具有积极的经济效果,其经济实质不容否定。

不难发现,未来收益预期、风险的承担或消除风险的努力、法律权利的取得与义务承担以及非货币商业利益等,将在不同程度上实质地改变或影响纳税人在交易前后的经济地位,代表着纳税人未来直接收益或潜在收益机会的取得或财产减损风险的改变,将使纳税人财产价值发生或将会发生一定程度的改变。因此,一项交易是否足以实质性地改变纳税人交易前后的经济地位,应当成为判定交易是否具备经济实质的标准。这一标准是包括商业利益在内的广泛标准,更能够实现对复杂商业经营环境下形式各异的交易经济后果的正确评价,其涵盖面显然比商业利益法或可比交易法更广,对交易的经济实质的判定也更具有科学性。根据这一标准,只要纳税人以任何方法实质性地改变交易前后的经济地位,即应当认为交易具有经济实质。如一项纯获税收利益的交易,可以预期纳税人交易前后的经济地位不会发生任何变化。如一项投资活动的完成,使纳税人所处经济地位与资

---

〔1〕 David P. Hariton, "When and How Should the Economic Substance Doctrine Be Applied?", *Tax Law Review* 53, 2006, p. 29.

金留存于银行并无任何差异，该交易不具有经济实质。这一认定标准也经美国《医疗保健与教育协调法案》[1]在美国《国内收入法典》第 7701(o)条予以确立，要求只有当交易有意义地改变纳税人的经济地位，而不只是改变纳税人的应纳税额的情况下才具有经济实质。

然而，一项使纳税人取得利润或经济地位显著改变的交易并不必然不构成避税安排。在追求预定的经济目标时，纳税人仍可能通过复杂的安排技术性地满足税法条文的要求而套取税收利益。如在“印度沃达丰税案”中，香港和记电信有限公司向沃达丰国际控股集团转让了位于开曼群岛的 CGP 公司的股权，使后者间接取得了位于印度的印度和记艾莎电信公司 67% 的股权。就该案是否构成一项避税安排，税务机关与纳税人之间就股权转让交易的发生并无争议，所行之争议乃是此项已实际发生的交易所转让之标的，究竟是形式上的 CGP 公司的股权还是实质上的印度和记公司的股权。由于交易实际发生，纳税人所欲追求的经济目标已然实现，经济地位较交易发生前已发生显著的改变。因此，上述商业利益法、经济地位改变法或可比交易法等方法实际上并无适用之余地。在此类案件中，税务机关所须确认的是在形式之外是否有独立的、未被真实反映的经济事实关系的存在、该经济事实是否无法满足本来依交易形式已经满足的税收构成要件。但这一事实为纳税人所采用的真实、有效的法律形式所掩盖，即纳税人采取了“符合税法规定但与其经济实质不符的形式”从事交易，交易的法律形式与实质存在背离。

德国《税收通则法》第 42 条以“滥用法律的形成可能性”认定一项交易是否存在形式与实质不符的情形。如纳税人选择不相当的法律形成，致使纳税人或第三人，相较于相当的法律形成，获得法律未预见的税收利益时，可以认定形式滥用的存在。纳税人所采用的法律形式是否适当、是否存在

---

[1] Health Care and Education Reconciliation Act of 2010, H. R. 4872.

滥用,应当以所采用的法律形式与所欲追求的经济目的之间是否具有相当性作为评价的标准。如果经济理性的纳税人,就一经济事件,尤其就其所欲达成的经济目的,通常认为不合适而不予选择的法律形式,为不相当的法律形式。[1] 欧洲法院在其判决中也基本持此种观点,即纳税人通过“不自然的手段”满足取得一项税收利益所必要的条件以取得税法规定的利益,构成法律形式的滥用。一般而言,异常的、迂回曲折的、复杂的、多重反复的、不切实际的法律形式,即属此种“不自然的手段”,[2] 如安排成立复数的协议,使其经济后果全部或部分互相抵消,以至于难以察觉其经济效果已经达成。但仍须注意的是,纳税人采取不常见或不习惯的法律形式,并不能直接认定为此种“不自然的手段”。

五、结语

一般反避税条款在《企业所得税法》和《个人所得税法》的采用,被认为是所得税制度创新之一,是以标准性规范应对未来可能产生的复杂且形式更加多样化的避税交易的重要制度。一般反避税条款因此成为纳税人头上时刻高悬的“达摩克利斯之剑”,对避税行为的阻吓作用自是不言而喻的。然而,在一般反避税条款适用不明的情况下,纳税人将不得不慎之又慎地作出经营决策,以免面临不确定的税负成本和高昂的调查成本。在当前高度简化的立法状况下,税务机关适用一般反避税条款具有极大的自由裁量权,不难预见大量的税务争议将由此产生。因此,如何将一般反避税条款所确立的“标准”具体化和明晰化,将是未来税收立法与实践的重要任务之一。

---

〔1〕 陈敏:《德国租税通则》,中国台湾地区司法管理机构 2013 年版,第 69 页。

〔2〕 See ECJ’s Judgement of 14 December 2000, Case 110/99.

第二篇

反避税调查程序中的事实调查机制

第三章
反避税调查程序的举证责任分配：现行法的厘清与建构*

由于避税安排对国家税基的侵蚀，近年来各国的反避税之战可谓是愈演愈烈。避税与反避税有如征纳双方之间一场“道高一尺魔高一丈”的较量。一项以减轻税负为目标的交易，在征纳双方之间难免形成节税抑或避税的分歧。受到反避税调整的纳税人往往面临税额的巨额调增，对纳税人权利影响甚巨。不仅如此，反避税规则本身包含了大量的不确定概念和巨大的自由裁量权，犹如高悬的“达摩克利斯之剑”，从事经济生活安排的纳税人为免遭反避税调整，不得不战战兢兢，如履薄冰。尽管各国立法设定了诸多的程序规则，拘束税务机关从事实调查到法律适用乃至决定做出的全过程，却依然无法消解交易从依“形式”到“实质”课税调整的不确定性。否定真实、合法有效且

---

* 本章内容以《反避税调查程序中的举证责任分配：现行法的厘清与建构》为题，发表于《税务与经济》2018年第5期。

已为诚实申报的法律形式,发掘被隐藏的经济实质并据以课税,税务机关应为事实之查明程度如何或虽为事实之调查却难为形与实之辨又当如何,当前规则或者语焉不详,或者言语含糊,税务机关这一应税事实认定的裁量权限亦因此越发不受拘束。在实践中,对反避税调查程序中有关举证责任存否的争议颇多,又与纳税人提供证据资料的协力义务纠葛不清,实有进一步阐明之必要。

一、"形似"的反避税调查举证责任规则:现行法的误读

在税收行政程序中有关应税事实的举证责任,现行立法,包括《税收征收管理法》和各个单行税种法,未见明确的规定。[1] 在反避税的众多规范性文件中却有不少条文包含"提供资料""证明"等用语。如《特别纳税调整实施办法(试行)》第84条规定:"中国居民企业股东能够提供资料证明其控制的外国企业满足如下条件之一的,可免于将外国企业不作分配或少分配的利润视同股息分配额,计入中国居民企业股东的当期所得……"此类规则因此被冠以举证责任规范之名。如有学者认为,《特别纳税调整实施办法(试行)》第95条即属纳税人应对经济安排具有合理商业目的这一事实要件承担举证责任的规定。

从外形上看,举证责任固然包含了"提供资料""证明"的要求,但是否设定了"提供资料""证明"义务的规范均属于举证责任的范畴,不无疑问。那么,不妨对现行立法中疑似举证责任规范的条文作逐一的梳理,以考察其是否真正涉及举证责任分配的问题。

在现有反避税规则中,多个条文均规定了纳税人负有就特定事项向税务机关提供法定类型的资料的义务。除上文提及的条文外,《企业所得税法》第43条、《特别纳税调整实施办法(试行)》第89条、《一般反避税管理办

[1] 在税收行政复议和诉讼程序中应税事实的查明适用行政复议与行政诉讼的一般举证责任规则。

法(试行)》第11条、《特别纳税调查调整及相互协商程序管理办法》第7条亦有所规定。从外形上看,纳税人提供资料以证明特定事项,与“就争执之事实,竭尽所能地提出所主张的证据”[1]的主观举证责任具有高度的相似性。不少学者正是基于纳税人根据上述规则有义务实施证据提出的活动而认定上述规则构成举证责任规范。[2]

然而,将一项证据提出义务等同于主观举证责任显然是值得商榷的。原则上举证责任与主张责任是一致的,在收集和提出证据之前应当有确实具体的事实主张的提出,提出证据资料的目的在于说服裁决者承认将产生当事人所期望的法律后果的小前提(要件事实)。[3] 两者实际上是一个问题的两个方面。[4] 因此,一方当事人所承担的主观举证责任,应当是针对能够使其请求正当化的事实进行证据的提出,即当事人提出的事实主张,而这些主张含有或表明有利于该方当事人的法律规范的(抽象性)前提条件。[5] 主观证明责任与主张责任是完全相适应的概念,其对象和范围基本上是相同的。

纳税人依照现行反避税规则提供相关资料,却不以其提出任何确切、具体的事实主张为前提。如根据《企业所得税法》第43条第2款的规定,纳税人提供相关的资料,并不以其提出具体的“事实主张”为前提,亦不以证明其主张为目的,仅须根据税法的规定或税务机关的指定提供账簿、凭证等课税资料或提交纳税申报表,以陈述说明其从事的与纳税义务发生有关的经济

---

〔1〕 骆家永:《民事举证责任论》,台北,“商务印书馆”1978年版,第69页。

〔2〕 任超:《我国一般反避税举证责任规则的构建》,载《兰州学刊》2017年第1期。

〔3〕 [德]普维庭:《现代证明责任问题》,吴越译,法律出版社2006年版,第66页。

〔4〕 [德]莱奥·罗森贝克:《证明责任论》(第5版),庄敬华译,中国法制出版社2018年版,第51页。

〔5〕 [德]莱奥·罗森贝克:《证明责任论》(第5版),庄敬华译,中国法制出版社2018年版,第46页。

活动和事实的真实状态。〔1〕 其提供的证据资料可能对自己有利，也可能有利于税务机关。但只要纳税人提供其控制的、足以证明其经济活动发生状态的资料或向税务机关提供可据以实施进一步调查的证据方法，即使争议事实未能因此获得全面阐明，亦应认定其已履行了这一资料提供义务。因此，单纯纳税人提供相关资料的义务并不构成举证责任的承担。

但也有学者认为纳税人在反避税调查程序中仅是针对特定事项提供资料，因而此项义务构成主观举证责任。〔2〕 这显然是将基于主张的举证责任与限定事项的解明义务混为一谈。任何进入反避税调查程序的经济交易，在一般税款确定程序中已全面、充分地履行了课税资料的提供义务，〔3〕所提供的资料包括与应税事实的发生及其金额相关的合同、财务会计报表、协议书、凭证等，是为“一般事案解明义务”。在进入反避税调查程序后，为免资料的重复提供，纳税人承担的资料提供义务有所限定化，不仅局限于特定交易，也仅限于该交易安排是否存在法律形式的滥用及其真实的经济实质等争议事项。就此限定提供资料说明的特定事项，适用于同一类型的案件，并非在具体个案中为适用对其有利规范而主张的事实。因此，限定事项的解明义务依然不能等同于主观举证责任。

现行反避税规则在规定纳税人资料提供义务的同时规定了该义务未履行所应承担的法律后果。这是不少学者认为这些规定完成了客观举证责任分配的原因之所在。如纳税人未在规定期限内提供资料，可以由税务机关在证据缺失、尚不足以形成完整的证据链条作出避税安排认定的情况下，“核定应纳税所得额”〔4〕或“根据已有信息实施纳税调整”。〔5〕 由于是在证

---

〔1〕 罗子武：《租税稽征程序举证责任之研究》，中兴大学法律学研究所 1998 年硕士学位论文，第 94 ~95 页。

〔2〕 任超：《我国一般反避税举证责任规则的构建》，载《兰州学刊》2017 年第 1 期。

〔3〕 如在这一程序中纳税人未按规定提供税法要求的课税资料，税务机关可以根据《税收征收管理法》第 35 条进行税收核定，确定其应纳税额，并无进入反避税调查程序的必要。

〔4〕 《企业所得税法》第 44 条。

〔5〕 《特别纳税调整实施办法（试行）》第 95 条。

据缺失的情况下所作的事实判断,最终纳税调整的结果便可能与真实的经济实质及其发生额有所偏差,作为纳税人因其不提供或未提供完整的合格资料所承担的不利后果。

将此种与实际发生情况可能存有偏差的调整结果视为基于客观举证责任的"败诉风险",同样是值得怀疑的。所谓客观举证责任是指在经过各方的举证,在程序结束时相关事实仍然真伪不明的情况下,应当由哪一方主体承担不利的后果。而"真伪不明"一词,指的是在程序结束时,当所有能够释明事实真相的措施都已经采用,但争议事实仍不清楚的状态。[1] 无论是税收核定还是在已有资料的基础上进行事实经验性推断,都是帮助税务机关最终确认税额的手段,由此税务机关在反避税调查程序开始时那种心证模糊的状态可以在事实调查过程中被克服。这种模糊不清是进行税收核定或事实经验性推断的前提条件,并在事实调查过程中存在,与作为证明责任判决基础的"真伪不明"有着严格的区别。[2]

因此,尽管不少反避税规则均规定在特别纳税调整程序中证据资料的提供以及未提供的法律后果,却并非真正意义上的举证责任规范。可以说,在穷尽一切调查手段而交易的经济实质仍然真伪不明的情况下,税务机关如何做出最终的决定,依然无明确的规定。此种立法上的空白究竟是立法者的疏忽,还是在这一行政程序中并无举证责任规范介入的必要,即有必要予以考察。

二、反避税调查程序下的举证责任存否之争及其射程范围的限定

证明责任一向被视为诉讼的脊梁。在涉税争讼案件中,如有疑问的事实情况不能得到确认,举证责任规则同样具有决定性的意义。税法并未对涉税争讼案件规定特殊的举证责任规则,而是适用《行政复议法》和《行政诉

---

〔1〕 [德]普维庭:《现代证明责任问题》,吴越译,法律出版社 2006 年版,第 21 页。
〔2〕 [德]普维庭:《现代证明责任问题》,吴越译,法律出版社 2006 年版,第 23 页。

讼法》的一般规定。[1] 税务行政程序中是否也有举证责任作用的余地，由于当前行政程序法的缺失，《税收征收管理法》中亦无明文，在实践中每每有所争议。这一问题在反避税调查程序之下同样存在。

(一)基于税务机关的职权调查的举证责任存否之争

证明责任对一项诉讼的重要性不言而喻，但是否仅对“诉讼”具有重要意义，学界存在颇多的争议。诉讼是一项解决争议的活动。在这一活动之下，除发生争议的两方当事人外，与纠纷双方不存在任何利害关系的司法机关通过各种方法查明争议事实的发生，以确定规范中抽象表述的要件是否已成事实。但税收征管显然并非一种“诉讼”活动，而是税务机关在实施税收征管行为时所应当遵循的方式、步骤、时限等连续的过程。[2] 在这一过程中并不存在独立的争议裁决者，只有征纳双方当事人。税务机关既是一方当事人，又是最终的决定者和法律适用者。更重要的是，在这一过程中并不必然存在征纳双方对事实认定的认识分歧。征纳双方的目标仅在于在查明应税事实的基础上进行税法的适用，以实现征管权。那么，在既无诉讼又无争议的税收征管程序中是否有必要引入举证责任规则，有必要予以讨论。

当前主张税务行政程序中同样存在举证问题的学者对此大多语焉不详。解决这一问题，需要回到最初的原点，即证明责任规范的价值何在。法律抽象表述的要件为规则调整的出发点，当这一抽象要件变成具体的事实，将产生相应的法律后果。因此，一项法律后果的产生，由被法律规定为前提条件的事实情况是否发生来决定。然而，受限于认识手段和能力，事实的查明并非总能尽如人意。作为法律适用小前提的事实不可能在每一个细节上均得到澄清。即便如此，法官却不能因为此种事实问题存有疑问而拒绝作

[1] 《〈税收征收管理法〉修改草案(征求意见稿)》第130条对税务行政复议中的举证责任作出了规定。

[2] 姜明安主编:《行政法与行政诉讼法》(第6版)，高等教育出版社、北京大学出版社2015年版，第50页。

出相应的裁决。只要判决的诉讼条件基本具备，法官必须作出有利于一方当事人的判决。证明责任规范的本质和价值在于，在重要的事实主张的真实性不能被认定的情况下，引导法官如何作出判决。[1] 证明责任规范的任务恰恰是避免因事实主张的不确定性而使判决成为不可能，其核心不是对当事人诉讼活动形成压力，而是指示法官，在重要的事实主张没有得到证明的情况下，如何决定其判决的内容。

实际上，这一问题在任何一个将抽象的法规范适用于具体的案件事实的过程中均要求得到回答，不仅是在适用言辞辩论原则的程序中。[2] 税务机关行使征税权的过程同样是法律适用的过程。基于税收法定主义的要求，税收债务在税法规定的抽象构成要件实现时才告发生。因此，税收债务以课税事实的发生为前提，因此有必要调查完全正确的应税事实，才能实现税法的适用。[3] 但在税务机关进行课税事实调查的过程中同样可能面临作为税法适用前提的课税事实既不能确定已经发生，也不能确定没有发生的情形。由于税收乃是国家最重要的财源收入，直接关系国家机关的运作与公共服务的及时、有效提供，征税权的行使本身固有效率的要求，税务机关不仅应当能够基于税法行使征税权，而且应当能够以迅捷的方式予以实现。如在此情况下税务机关因课税事实的发生与否存有怀疑而无法做出决定，征税权的行使便可能有所延宕甚至无法行使。因此，同样必须设定一定的规范，指引税务机关在此种情况下如何做出征或不征的决定，“适当的、明智的证明责任分配属于法律制度最为必要或最值得追求的内容”。[4]

就证明责任而言，包含了两个层次，即主观证明责任和客观证明责任。

---

〔1〕 [德]莱奥·罗森贝克：《证明责任论》(第5版)，庄敬华译，中国法制出版社2018年版，第2页、第15页。

〔2〕 [德]莱奥·罗森贝克：《证明责任论》(第5版)，庄敬华译，中国法制出版社2018年版，第83页。

〔3〕 陈清秀：《税法总论》，台北，元照出版公司2012年版，第450页。

〔4〕 [德]莱奥·罗森贝克：《证明责任论》(第5版)，庄敬华译，中国法制出版社2018年版，第97页。

所谓主观证明责任是针对当事人的证明活动,决定何方当事人就事实主张应当提出证据,又称为行为责任。客观证明责任则是决定何方当事人在主要事实真伪不明的情况下承担败诉的风险,即结果风险。[1] 证明责任理论一般认为,当事人的主观证明责任,只有在以辩论原则为基础的诉讼中,如民事诉讼,才发挥作用。[2] 那么,在税收征管活动中的证明责任的分配是否同时包括这两个层次,同样值得关注。

基于税收的课征关涉人民基本权利保障的公共利益,税务机关在税收征管程序中居于主导地位,应采取一切必要的措施,运用一切手段获取必要且可取得的事实材料,主动调查并完整阐明与所有课税要件相关的一切事实。此即职权调查主义。[3] 税务机关为此负有"概括的调查义务",即凡与税款征收相关而有查明的必要与可能的事实,无论对纳税人有利或不利,均应当予以调查。[4] 无论纳税人是否提供形式上的证据材料,税务机关都应当就应税事实的发生及其具体状况展开调查,不可能如同在以辩论原则为基础的诉讼中,使提供证据的义务随着税收征管程序的进展、因应需证明的待证事实的改变而在税务机关与纳税人之间发生转移。正因如此,德国学者也大多认为在税收征管程序中纳税人并不负有证据提出的主观举证责任。[5] 实际上,主观证明责任是典型的"责任"概念,是当事人为了避免败诉的不利后果而积极举证的必要或负担,与不利后果有必然的联系。[6] 但

---

[1] 肖建国、包建华:《证明责任:事实判断的辅助方法》,北京大学出版社2012年版,第12页。

[2] [德]莱奥·罗森贝克:《证明责任论》(第5版),庄敬华译,中国法制出版社2018年版,第97页。

[3] 由于我国并无"行政程序法",作为基本税收程序法的《税收征收管理法》亦未规定采用职权调查主义。但从现有行政法律来看,如《行政处罚法》《行政许可法》等均遵循这一原则,要求行政机关应当"全面、客观、公正地调查、收集有关证据;必要时,依照法律、法规的规定,可以进行检查"。详细可参见陈清秀:《税法总论》,台北,元照出版公司2012年版,第47页。

[4] 吴金柱:《所得税法之理论与实用》(上),台北,五南图书出版股份有限公司2008年版,第538页。

[5] 陈清秀:《税法总论》,台北,元照出版公司2012年版,第457页。

[6] 肖建国、包建华:《证明责任:事实判断的辅助方法》,北京大学出版社2012年版,第39页。

在税收征管活动之中,纳税人提供证据往往并非意在避免纳税义务的发生或税额的增加,反而恰恰在于促使税务机关准确地查明应税事实的真实样态,进而准确地认定其税收负担。因此,纳税人提供证据或就应税事实所作的陈述仅为税务机关职权调查的方式之一,乃作为税务机关查明应税事实辅助手段的协力义务,而非主观证明责任的承担。

与此不同的是,客观举证责任尽管同样名为"责任",却并非真正意义上的"责任"概念,而是一种法律风险的预先分担。应税事实同样是以证据材料的形式呈现在税务机关面前的。受到调查方式、认知水平和征管技术等限制,税务机关同样可能在穷尽证明评价的各种手段后仍无法形成应税事实存在或不存在的确定心证。然而,税务机关仍有必要作出征税或不征税的最终决定。"仅是不确定性这一事实本身就使得所谓的客观证明责任规范的干预成为必要,而与诉讼的方式无关。"[1]因此,客观举证责任是作为辅助税务机关进行税法适用的操作规范,目的是对应税事实真伪不明的风险进行预先分担。但与诉讼程序下的客观举证责任由法院负担不同的是,税收征管程序下的客观举证责任只能在征纳双方之间进行分配,指引的是税务机关在争议事实真伪不明的情况下如何作出最终的征税决定。

因此,基于职权调查,税务机关对于应税事实的查明负有证据的收集和提出的义务,这一义务并不随着征管进程而发生转移。在税收征管程序中固然有举证责任规范介入的必要,但需要在征纳双方之间进行分配的仅为客观举证责任,并不包括主观举证责任。

(二)反避税调查程序中的争议属性与举证责任的射程范围

作为特殊的税收行政程序,以职权调查为主导的反避税调查程序中在事实真伪不明的情况下税务机关同样必须作出是否施以特别纳税调整的决定,因此,应当有证明责任及其分配的问题。但这并不意味着这一过程中发

---

〔1〕 [德]莱奥·罗森贝克:《证明责任论》(第5版),庄敬华译,中国法制出版社2018年版,第16页。

生的任何争议问题都可以借助于举证责任规范作出最终的裁决。就税法适用的三段论中,抽象的税法规范构成大前提,而被认定为真实的具体应税事实构成小前提。证明责任的问题仅存在于税法演绎推理的小前提之中,且只有对拟裁决案件事实的真实性审核,属于证明责任规范的适用范围。[1]相反,如果是对税法的内容或是具体的法律评价等法律问题存有疑义,税务机关则不得借助举证责任规范作出对任何一方不利的最终裁决。

因此,既然证明责任规范的使命只在于消除事实方面的疑问,那么,确定反避税调查中征纳双方争议问题的性质便尤为重要,即为实施反避税调整所需查明的问题是事实问题抑或法律问题。理论上对于反避税的法律性质的争议,使这一问题更加扑朔迷离。事实拟制说以德国《税收通则法》第42条第1款的规定为依据,[2]认为避税交易的认定争议乃在于课税基础事实为依民事法成立的法律事实还是被该形式所掩盖的经济事实关系,应属事实认定上的问题。那么,如作为课税基础的法律关系如何存在或对有疑问的法律概念的适用十分重要的事实情况有争议且仍有疑问的情况下,应当有举证责任规范作用的余地。类推适用说则认为,此时征纳双方对于交易之事实并无争议,只是如依税法条文的字面解释进行税收构成要件的涵摄将产生与量能课税不符的结果,对此交易则应当涵摄于符合税法规范目的的课税要件。[3] 因此,避税的认定应当为税法的解释适用之法,所发生的争议为法律问题。如若其是,税务机关在对税法规范的解释或税法概念的内涵和外延存有怀疑时,将不得借助举证责任规范作出最终的裁决。

事实上,任何案件的法律与事实问题很难找到一个清晰而明确的标准

---

〔1〕 [德]莱奥·罗森贝克:《证明责任论》(第5版),庄敬华译,中国法制出版社2018年版,第7~11页。

〔2〕 德国《税收通则法》第42条第1款规定:"如有滥用情事,依与经济事件相当之法律形成,成立税收请求权。"

〔3〕 葛克昌主编:《避税案件与"行政法院"判决》,台北,翰芦图书出版有限公司2010年版,第23页;陈清秀:《税法总论》,台北,元照出版公司2012年版,第217页。

予以准确地区分。作为形成裁判结论前提的案件事实问题,绝非完全脱离法律的事实,而是高度法律化的事实,具有明显的法律属性。[1] 这一点在反避税调查案件中体现得尤为明显。

《特别纳税调整实施办法(试行)》第94条、《一般反避税管理办法(试行)》第5条均规定了税务机关在认定交易构成避税安排的前提下对其重新定性后进行税法规则的适用。就此而言,我国反避税立法似采事实拟制说。[2] 那么,既然反避税调查的争议在于与法律形式背离的经济实质的存否及其具体状态如何,应属于事实问题,在无法查明时可以有举证责任规范的介入。然而,反避税案件并不仅涉及单一层面的争议。税务机关对交易的经济实质重新予以定性,必须以交易构成避税安排这一事实作为前提。根据《企业所得税法》第47条的规定,一项不具有合理商业目的的交易构成避税安排。国家税务总局2014年12月颁布的《一般反避税管理办法(试行)》第4条复又增加了"以形式符合税法规定、但与其经济实质不符的方式获取税收利益"作为认定避税安排的事实要件。无论是交易的商业目的还是交易形式是否存在滥用情事,应当都属于事实问题的范畴。但基于"交易安排与基础经济事实之间缺乏逻辑和连贯的对应性"这一事实的存在即认定一项交易构成税收的规避显然是不恰当的,毕竟以自身税负最小化的方式安排其经济活动乃属纳税人的经济自由。只有当此项形式上合法的交易所获取的税收利益并不符合税法规则的立法目的和意图时,即一项交易所取得的税收后果尽管形式上符合税法文义,实质上却是该条文禁止或未有期待的,才能将其认定为一项避税的安排。[3] 在认定法律形式与经济实质的脱节这一事实的基础上,还必须判断交易安排的适用是否符合税收规则

---

〔1〕 陈学权:《刑事陪审中法律问题与事实问题的区分》,载《中国法学》2017年第1期。

〔2〕 我国不少学者持此种观点。如叶姗:《应税事实依据经济实质认定之稽征规则——基于台湾地区"税捐稽征法"第12条之1的研究》,载《法学家》2010年第1期。

〔3〕 翁武耀:《避税概念的法律分析》,载《中外法学》2015年第12期。

的立法意图。因此,对于交易是否构成避税安排的认定,确定税收规则的规范目的便至关重要,尤其应当考虑税收规则对交易是否提供了激励以及此项激励的政策考量如何。[1] 正因如此,避税安排的认定往往被认为涉及税法的解释问题。[2]

因此,尽管当前立法明确规定反避税调查的目标是对被法律形式掩盖的真正体现纳税人税收负担能力的经济事件的查明与认定,但征纳双方之间的争议并非纯粹的事实问题。交易是否构成避税安排是高度法律化的事实。税务机关除须查明交易的商业目的、是否存在独立于法律形式的经济实质等事实要件,还必须审查这一交易安排是否符合立法机关制定该条文的立法意旨,[3]即此种安排的采用是否与规则漏洞相关。此种审查显然已经脱离了事实查明的范畴,而是基于交易的各项安排、当事人的意图等因素来判断是否存在法律欺诈的意思表示,税务机关不能将此纯粹的法律问题按事实问题进行处理,用证明责任规避来回避对这一纯法律问题的解决。

三、反避税调查程序的举证责任分配:基于法律要件分类说

(一)税收征管程序中举证责任分配的一般规则

尽管税法学界力图寻找一种抽象的、固定的规则明确客观举证责任在税收征管程序中的分配,却收效甚微。从当前有限的研究成果来看,一种类似于民事诉讼中的"谁主张,谁举证"的举证责任分配原则的观点逐渐占据

---

〔1〕 Violeta Ruiz Almendral, "Tax Avoidance and the European Court of Justice: What is at Stake for European General Anti-Avoidance Rules?", *Intertax* 33, 2013, p. 566.

〔2〕 Jonathan Vita, *General Theory of Anti-Avoidance Rules: Classification and (Re) definition*, Düsseldorf, LAP Lambert Academic Publishing, 2010, p. 42; Frans Vanistendael, "Taxation, Tax Avoidance and the Rule of Law", *Asia-Pacific Tax Bulletin* 3, 2010, p. 3.

〔3〕 Jason Quinn, "Being Punished for Obeying the Rules: Corporate Tax Planning and the Overly Broad Economic Substance Doctrine", *Geo. Mason Law Review* 15, 2008, p. 1075; David P. Hariton, "When and How Should the Economic Substance Doctrine Be Applied?", *Tax Law Review* 60, 2006, p. 34.

上风。如德国学者提普克·朗格认为税务机关应就课税要件、税收增加和偷逃漏税的事实要件的满足承担举证责任。我国台湾地区学者陈清秀教授所持观点大体相同，认为税务机关对于主张税捐债权的事实、撤回税收优惠的前提要件事实、更正补税规定的要件事实等，应负担客观举证责任，而被请求的纳税人则对于成立税收减免、优惠的事实，废弃或限缩税收债权的事实，负担客观举证责任。〔1〕 我国学者大多持相同的观点。〔2〕 但也有不少学者仅笼统地论及税务机关对要件事实的证明责任。〔3〕

“谁主张，谁举证”是建立在法律要件分类学说基础上的客观举证责任的基本规则。上述主张客观举证责任在税务机关和纳税人之间进行分配的学者，正是基于税收构成要件事实的不同类别而进行证明责任的分配。然而，罗森贝克所倡导的法律要件分类说本是欧陆各国民事诉讼中分配客观证明责任的主流学说，缘何可以在以职权调查主义为基础的税收征管程序中作为举证责任分配的原则，却鲜有更深入的探讨。

法律要件分类说的基本内涵是不适用特定的法规范其诉讼请求就不可能有结果的当事人，必须对法规范要素在真实的事件中得到实现这一事实承担主张责任和证明责任，即每一方当事人均必须主张和证明对自己有利的法规范适用的前提条件。〔4〕 罗森贝克进一步将民事实体法规范按照对立关系分为两大类，即权利发生规范和权利妨碍规范、权利消灭规范和权利受制规范等对立规范。主张权利存在的当事人应当对权利发生的法律要件存在的事实承担证明责任，否认权利存在的当事人应当对权利妨碍、消灭或限制的法律要件承担证明责任。〔5〕

---

〔1〕 陈清秀：《税法总论》，台北，元照出版公司2012年版，第458～459页。

〔2〕 详细可参见徐继敏：《税务行政程序证据规则研究》，载《税务研究》2010年第3期。

〔3〕 贺燕、周序中：《税法举证责任分配规则新议》，载《税务研究》2016年第6期。

〔4〕 ［德］莱奥·罗森贝克：《证明责任论》（第5版），庄敬华译，中国法制出版社2018年版，第104页。

〔5〕 ［德］莱奥·罗森贝克：《证明责任论》（第5版），庄敬华译，中国法制出版社2018年版，第106～107页。

罗森贝克的这一法律要件分类说实现了双方当事人之间举证负担的最大平衡,这正契合了民事诉讼之下当事人平等所要求的“武器平等”原则。那么,如果说这一客观证明责任在当事人平均分配的方法可以在税收征管程序中适用的话,追根溯源,无疑是建立在基于税收债权债务关系说构建的税务机关与纳税人之间平等地位的基础之上的。然而,税收虽为国民权利实现的成本,国家与纳税人在税收征纳关系的平等地位与民事法主体之间依然有着根本的不同。由于税收的保证关系国家机构的运作和国民基本权利的实现,税收债权的行使具有权力属性,是一种“事关毁灭”的“圈钱”的权力。纳税人与税务机关之间无论在实体上还是在程序上均处于不相当的地位。[1] 税务机关更可以采用众多调查课税事实和防止税收逃避的方法。因此,单纯就税收债权债务关系说推导出税务机关与纳税人之间亦应当进行客观举证责任的平等分配,是值得商榷的。

事实上,罗森贝克的规范说仅仅是基于法律要件分类说对民事实体要件的举证责任在当事人之间进行分配的分类方法之一,却非唯一的方法。基于法律要件分类说分配刑事证明责任的分类方法便与此迥然不同。[2] 根据法律要件分类说分配税收构成要件的举证责任的具体方法亦应当因应税收实体法与程序法的价值追求予以确立。

就私权剥夺的结果而言,税收债权与刑事请求权有着更大的相似性,前者意在私人财产权的侵夺与无偿让渡,后者则事关生命与自由的剥夺。因此,上述两种权力均不可在要件事实尚且存疑的情况下行使,并无疑义。换言之,当事实无法确实证明时,不能适用将使人民受到不利益后果的法律规范。此事实的证明责任应当由权力的行使主体承担。在税收法定主义之

---

〔1〕 黄士洲:《税务诉讼的举证责任》,北京大学出版社2004年版,第58页。

〔2〕 在罗森贝克看来,只有当能够确定具备了全部主客观要件,且不存在阻却责任或阻却刑罚要素,或者不存在排除责任或者排除刑罚要素时,国家的刑罚权才可行使。详细可参见[德]莱奥·罗森贝克:《证明责任论》(第5版),庄敬华译,中国法制出版社2018年版,第36页。

下，经济活动的合要件性为举证责任的核心问题。如果合于抽象税收构成要件的事实是否存在尚且真伪不明，税务机关如即作出征税与否的决定，将难以确保其行为的合法性。因此，在税收征管程序中应当采取一种将绝大部分法律要件事实的证明责任分配给税务机关承担的具体分类方法。

在法学上将一定的法律效果的发生而在法律上所须具备的事实要件的总体称为“法律构成要件”。根据罗森贝克的法律要件分类说理论，“不适用特定的法规范其诉讼请求就不可能有结果的当事人，必须对法规范要素在真实的事件中得到实现承担主张责任和证明责任”，“每一方当事人均必须主张和证明对自己有利的法规范的条件”。基于税收法定主义，税收债权在税法规定的抽象构成要件实现时才告发生。税务机关欲主张基于特定税法规范成立的征税权，即有必要证明符合这一税收构成要件的事实已经发生。税收债权的发生及其最终金额的确定往往是数个要件事实综合作用的结果。那么，无论特定的要件事实适用的税法规范的结果对哪一方当事人有利，只要关系最终应税金额的确定，均应当由税务机关承担举证责任。如虽然商品的销售或劳务的提供决定了纳税义务的发生，但纳税人最终的应纳税额实际上还取决于其为生产商品或提供劳务购进商品或劳务并负担增值税税款的事实。尽管这一事实为最终的纳税金额的减项，税务机关同样负有查明的义务，并在事实真伪不明的情况下负担不利的结果。

（二）特别纳税调整程序下真的需要“特殊”的举证责任规范？

特别纳税调整程序下税务机关为保证其行为的合法性同样负有职权调查之责，这与一般税收征管程序并无不同。然而，仍有不少学者认为，在这一特殊程序之下，举证责任应有必要发生倒置，即由纳税人承担特定要件事实的客观举证责任。如有学者认为，纳税人应当对其交易是否具有合理商业目的这一事实承担客观举证责任。[1] 也有学者认为，在反避税调查程序

〔1〕 任超：《我国一般反避税举证责任规则的构建》，载《兰州学刊》2017年第1期。

中由纳税人承担举证责任乃是国际经验,有必要予以借鉴。[1] 那么,为探求被法律形式所掩藏的经济实质,以真正实现量能课税为目标的反避税调查程序是否有必要在税务机关与纳税人之间确立特殊的举证责任分配方法,深得探究。

尽管多有学者论及反避税调查中纳税人应承担一定的举证责任,却鲜少对其具体的理由加以深入的分析。但从有限的论点观之,纳税人刻意隐藏交易实质所造成的证据偏在与税法欺诈意图的证明困难,是秉持这一论断的学者们较为共通的逻辑起点。但证据偏在并非反避税案件所独有。在当前立法之下,被施以反避税调查的纳税人不仅在一般税收征管程序中已尽提供课税资料的协力义务,还须就交易是否具有合理商业目的、是否构成避税安排负担"限定事案解明义务"。这在一定程度上缓解了此类案件中可能产生的证据进一步偏在于纳税人的困境。交易意图的证明困难在任何类型的案件中并无不同。这即使在民事诉讼中也从未被作为一项要件事实的举证责任有必要发生倒置的理由。相反,将反避税调整的全部或部分法律要件的举证责任倒置由纳税人承担极可能对纳税人产生实体上不公平的结果。

在一般税收确定程序中,基于诚实推定权,如无据以怀疑其内容真实性的证据,纳税人向税务机关提供的课税资料将被推定为真实和完整。[2] 交易的法律形式既已有充分、合法且被推定为真实、有效的证据的支撑,税务机关也只有在掌握的证据足以否定上述事实的情况下,才能使其改以交易的经济实质重新确定应纳税额的主张得以成立,以确保征税行为的合法性。

然而,与司法程序中法院作为中立的裁判者认定案件事实不同的是,在

---

〔1〕 鲍灵光:《反避税过程中举证责任问题探析》,载《税收经济研究》2012 年第 4 期;吴德丰:《商业实质与税捐举证责任》,载葛克昌、刘剑文、吴德丰:《税捐证据法制探讨暨台湾 2012 最佳税法判决》,台北,元照出版公司 2013 年版,第 150 ~ 152 页。

〔2〕 朱大旗、李帅:《纳税人诚信推定权的解析、溯源与构建——兼评〈税收征管法〉修订草案(征求意见稿)》,载《武汉大学学报》(哲学社会科学版)2015 年第 6 期。

反避税调查程序中只存在税务机关和纳税人两方当事人。税务机关乃是对交易的事实属性存疑而启动调查程序者,同时又为证据的认定者和最终裁判者,是纳税人说服的对象。[1] 这意味着税务机关实际上同时为当事人和裁决者。作为国家行使征税权的代表机关,本已有作出对国库有利的征税决策的先天倾向,改变税务机关已形成的偏见,对纳税人而言,难度显而易见。即使纳税人已竭力提供其控制范围内、与交易发生相关的证据资料,交易事实是否存在真伪不明的状态、是否有必要实施反避税调整,最终仍由税务机关自行判定。如果由纳税人对全部或部分要件承担客观举证责任,由税务机关承担证据提出的主观举证责任将是毫无意义的。由于交易是否构成避税安排这一事实最终未能获得阐明的不利后果无须由其承担,税务机关是否收集证据、收集何种证据、收集证据达到何种程度将缺乏必要的约束,反避税调查的实施将可能流于随意甚至怠于调查。而纳税人为免事实陷于真伪不明的境地,即使不负担证据提出责任,仍不得不多方收集证据,而不仅仅提供其控制范围内的证据资料。作为反避税调查程序的主导者和证据的最终采信者,税务机关是纳税人提供证据“说服”的对象,却也恰恰是对交易的形式与实质存疑的反避税调查的启动者,对应税交易的属性一般已有先入为主的主观判断。纳税人即使疲于举证,也未必可以避免纳税调整的厄运。加上税法的繁复性和技术性,一般纳税人根本无从与具有税法专业知识的税务机关相抗衡。[2] 可以说,由纳税人承担客观举证责任的结果,必然是税务机关可以在证据尚有不足的情况下以事实真伪不明为由判定其提出的交易构成一项避税安排的主张成立,反避税调整将彻底沦为一项不受拘束的权力。纳税人将因此不得不面临税额的随意调增,不公平的结果显而易见。这与诚实推定权也是根本相悖的。

---

〔1〕 吴金柱:《所得税法之理论与实用》(上),台北,五南图书出版股份有限公司 2008 年版,第 554 页。

〔2〕 黄士洲:《税务诉讼的举证责任》,北京大学出版社 2004 年版,第 58 页。

在反避税调查程序中,税务机关提出交易的属性依其经济实质而非法律形式认定的事实主张,以否定对纳税人有利(税收利益)的税法规则的适用,转而适用对其有利(国库保护)的税法规范。税务机关同样有必要证明这一规范适用的前提要件事实的存在,即其一,交易构成避税安排;其二,被隐藏的交易的经济实质。这两个层面的事实均需在有充分证据证明的情况下,税务机关才可以作出交易的法律形式被忽视,改为以经济实质适用税法规则,从而确定应税数额的决定。就此而言,税务机关主张适用的为关系征税权成立的税法规则,这与一般税款确定程序并无不同。在反避税调查程序和一般税款确定程序中,税务机关的目标均在于以特定税法规范的适用主张征税权的成立,只在将交易与客观税法规范相联系以确定发生哪一法律后果时,是以交易的法律形式还是经济实质作为事实基础这一问题上有所区别。这一法规范适用的结果,同样是使税务机关享有要求纳税人为一定金钱给付的请求权,取回本为纳税人套取的税收利益。就征税合法性和税收构成要件合致性而言,举证责任并无必要在税务机关与纳税人之间重作分配。也只有由税务机关对此承担举证责任,才能防止其在特别纳税调整程序中怠于调查或在证据不够充分的情况下作出随意调增应纳税额的决定。

因此,在税收征管活动中,无论在一般税款确定程序还是特别纳税调整程序,基于法律要件分类说,税务机关应当就征税权成立的法规范适用的事实前提承担客观举证责任。尽管经济实质是否被刻意隐藏与交易的合理商业目的存在与否等事实存在一定程度的证明困难,但这并不足以成为反避税案件的全部或部分事实要件的举证责任倒置由纳税人承担的正当性基础。相反,唯有反避税案件中税务机关承担客观举证责任,才能真正有效地约束其特别纳税调整权的行使。

四、税务机关证明"避税安排"之程度

税务机关既然在反避税调查程序中承担举证责任,那么,与之相关的问

题是,税务机关应当提供证据对案件事实加以证明要达到何种程度,此即证明标准的问题。证明标准是指“履行证明责任必须达到的范围或者程度……证据必须在事实裁判者头脑中形成的确定性或盖然性程度,是承担举证责任的当事人在有权赢得诉讼之前使事实裁判者形成确信的标准”。[1]也就是说,税务机关在最终作出是否实施纳税调整决定时应提供达到质和量的要求的证据。证明标准越低,税务机关提供证据对交易构成避税安排这一事实加以证明的责任越容易完成,越容易做出纳税调整的决定。反之,证明标准越高,因为事实不明而适用举证责任分配规则作出决定的可能性就越高。

在反避税调查程序中税务机关调查、收集的证据应当达到何种程度和要求,才可以通过心证作出判断,当前立法中并未予以规定。《一般反避税管理办法(试行)》第16条仅规定,“主管税务机关根据调查过程中获得的相关资料……形成案件不予调整或初步调整方案的意见和理由……”但“获得的相关资料”的“质”与“量”如何,却未作任何要求。这导致在反避税调查实践中,无论税务机关实施调查的程度如何,只要取得了一定的证据,都可以做出合法的纳税调整的决定。在“儿童投资主基金间接股权转让案”中即是如此。[2] 在该案中,税务机关共收集了7项证据证明儿童投资主基金间接转让杭州国益路桥公司的股权,“属于其他不具有合理商业目的的安排而减少其应纳税的收入或所得额”。然而,在上述7项证据中,2份原告购买CFC公司的股权认购协议仅足以认定投资主基金购入股权的成本,与认定交易是否“具有合理商业目的”这一事实之间不具有相关性。而证据(七)仅证明该主体知悉税法规定的情况,却不足以认定其规避的意图。同样,证据(二)证明的事实为投资主基金交易架构的安排,且设立CFC的目的是“在中国境

〔1〕 高家伟:《行政诉讼证据的理论与实践》,工商出版社1998年版,第3页。

〔2〕 浙江省杭州市中级人民法院《儿童投资主基金诉杭州市西湖区国家税务局一审行政判决书》[(2015)浙杭行初字第4号]。

外筹集资金为杭州国益路桥公司成立和经营提供资金”,税务机关对此并未予以否定。证据(四)CFC公司发债说明书恰恰证明了CFC公司公开发行债券因此承担了到期还本付息的实质性风险。证据(一)、证据(三)则均为证明香港国汇公司收入来源的证据。可以说,税务机关提供的用以证明投资主基金的间接股权转让不具有合理商业目的这一事实的7项证据中,仅有(一)、(三)项证据与这一事实存在间接的相关性。但这是否已达到作出避税安排认定所要求的证据的质与量,是值得怀疑的。相反,投资主基金提供的证据在交易是否具有合理的商业目的这一事实方面却形成了如下的疑点:(1)在当时的法律和投资环境下,TCI公司无法直接投资于杭州国益公司的杭州绕城高速公路的经营权益项目,只能通过香港国汇公司来完成。根据2005年10月10日国家发改委(发改交云〔2006〕1948号、1949号)对杭州绕城高速公路经营权益转让项目的批复,香港国汇和浙江国叶合资注册的项目公司为杭州绕城高速公路的经营权益的受让方。TCI公司无法直接取代香港国汇公司直接投资于杭州国益公司;否则,将导致《杭州绕城高速高速公路北东南线收费权益转让合同》《杭州绕城高速公路西线收费权益转让合同》无效,杭州国益公司的投资项目可能因此作废。(2)CFC公司的设立,目的在于通过发行债券为香港国汇公司投资于杭州国益公司提供必要的资金。根据《证券法》第16条的规定,2004年杭州国益公司设立时并不具备在大陆境内公开发行公司债券的资格,加上公开发行债券筹集的资金不得用于非生产性支出,这就使香港国汇公司只能通过境外融资满足项目投资的资金要求。由于香港公司无法进行境外债券的公开发行,这迫使TCI通过设立CFC公司并由该公司以其净资产为基础对外公开发行债券为香港国汇公司筹集资金。因此,TCI设立并持有CFC公司的股权是为了解决杭州国益和香港国汇公司在境内外的融资困难。上述事实的存在,在一定程度上是足以动摇税务机关认定的该股权结构安排以“减少、推迟或免除企业所得税为主要目的”这一结论的。而税务机关却未能提供任何证据足以否认或推翻上述事实。可以说,在这一案件中,税务机关作出避税安排的认定并施以纳税调整的证据基础是极为薄弱的,难以保证其结论的唯一性。最高人民法院在该案的再审判决中却仅仅简单地认定,“从行政诉讼证据的客观性、关联性、合法性的角度看,税务机关在原审中所提供的证据的证明力更强,具有相对优势”,进而认定税务机关的纳税调整决定合法。〔1〕

因此,单纯要求税务机关提出证据并在事实真伪不明时承担不利后果,而不设定其提供证据应达到的质和量的要求,是没有任何意义的。税务机关本身同时为决定者和证据提供者,在不存在证明标准约束的情况下,税务机关可以提供任何证据而作出决定,却不至于遭到否定性的评价,职权调查主义和客观举证责任将形同虚设。

在税收征管活动中,税务机关对有关税收要件事实的证明应达到何种程度,在当前立法中并无明确的规定。根据《行政诉讼法》第 69 条的规定,“行政行为证据确凿”,是认定行政行为合法的重要条件之一。但何为“证据确凿”,却并不明晰。如依最高人民法院对“儿童投资基金主案”的判决,似乎认为,只要形成证据上的“相对优势”,即可满足“证据确凿”。从行为发生的顺序来看,先有行政程序,后有行政诉讼程序;从源与流来看,行政诉讼中的证据来自于行政程序,因而可以说行政诉讼的证明标准也来自行政程序,只是在作为司法救济的诉讼阶段的证明标准更加严格而已。〔2〕 德国多数学说认为,税收征管活动中有关税收要件事实的证明程度应与行政诉讼程序采取相同的标准。〔3〕 如果说在行政诉讼程序中对反避税案件的证据要求达到“相对优势”,那么,在反避税调查程序中,税务机关提供证据应当达到的证明标准是“相对优势”或者是更低的标准?如前所述,特别纳税调整将直

---

〔1〕 最高人民法院《儿童投资主基金诉杭州市西湖区国家税务局行政裁定书》[(2016)最高法行申 1867 号]。

〔2〕 胡秀玲、张静:《浅析我国行政程序中的证明标准》,载《成都行政学院学报》2011 年第 6 期。

〔3〕 陈清秀:《税法总论》,台北,元照出版公司 2012 年版,第 466 页。

接导致纳税人负担更高的税收负担,对其财产权和经营权将产生重要的影响。在这一类型的案件中,"相对优势"或更低的证明标准是否恰当,值得关注。[1]

与其他法领域相同,反避税案件中的待证事实的真实性和可信度,存在两种可能的极端状态:一是税务机关未提出任何证据,无法证明任何案件事实,该事实不具有任何可信性;二是税务机关提供了非常充分的证据,证据之间彼此印证,排除了任何合理的矛盾和疑问,有关待证事实得到了充分的证明,对该事实的真实性达到了"确信无疑"的程度。然而,在实践中争议交易的证明往往只能达到某种中间状态。也就是说,税务机关提供的证据尽管达到了一定的真实程度,但又不是达到了100%的确信。待证事实是否存在,既形成了一定程度的确信,又存在不同程度的怀疑。受制于人的认识能力的有限性,要求所有的案件都在审查了全部证据之后达到100%确信的程度,在实践中基本上难以实现。因此,必须设定"一种量的规定",在促使裁决者形成确信的证据达到一定的质量以上时,即可判定事实的存在。这种确信标准往往根据证明对象的不同而有所区别。因此,形成了刑事诉讼、民事诉讼各自不同的证明标准,即刑事诉讼中的排除合理怀疑标准和民事诉讼的明显优势证据标准。

尽管大陆法系和英美法系在设定证明标准方面存在一定的差异,但都是以盖然性为尺度的法律真实的标准。也就是说,只要证明达到了一定程度的可能性(盖然性),即可认为此项事实构成法律意义上的真实。[2] 同时,依据诉讼的性质、所涉及的诉讼利益和案件处理程序的不同设定了不同的证明标准。[3] 在刑事案件中,由于涉及人的生命、重大的财产利益及名誉

[1] 多数学者均认为,行政程序适用的证明标准高低应当与行政行为的具体性质和严重程度相关。详细可参见万鄂湘:《用证据说话——行政证据的收集、保存、提交》,人民法院出版社2005年版,第349页。

[2] 周士逵、冯之东:《行政证据制度的证明标准》,载《甘肃政法学院学报》2008年第1期。

[3] 陈瑞华:《刑事诉讼中的证明标准》,载《苏州大学学报》2013年第8期。

等,案件性质最严重,所以证明标准最高,要求达到高度的盖然性,即排除合理怀疑。而在民事案件中,只要一方当事人的证据证明力强于对方,即占优势的盖然性,便可赢得诉讼。最高人民法院在“儿童投资基金主案”中即遵循了这一标准。

然而,在反避税调查程序中采用与民事诉讼程序相同的证明标准,是值得商榷的。如前所述,证明标准的设定与案件的性质以及冲突的利益直接相关。而民事诉讼是当事人由于私权的争执引起的,多指向财产性权益。即使涉及人身纠纷,也不至于造成自由或生命的剥夺。民事诉讼主要在于保证权利人正当的经济或身份利益获得满足,如果设定的证明标准过高,收集、取得证据的投入超过或等于权利人可能获得的利益,权利人的诉讼便毫无意义可言。因此,民事诉讼要求在保障一定程度的公正性的前提下尽快结束程序。加上诉讼中双方当事人的诉讼能力大体相当,这也决定了民事诉讼的证明标准不能太高,达到占优势的盖然性即可。

然而,作为行政程序之一的税收征管程序显然与此有所不同。征税权是一种事关“圈钱”的权力,行使的结果是纳税人可实际支配的财产的减少。税法为保障国库的实现,更赋予税务机关诸多的强制权力。为防止征税权的滥用,税收法定主义所要求的依法征税,必然要求征税行为必须存在法律和事实依据,以免对私人财产权利的侵害。尤其在当前税务机关对纳税人几乎具有压倒性优势的情况下,设定过低的证明标准极易造成对纳税人权利的侵害。

不仅如此,在税收征管程序中,税务机关居于举证的优势地位。这种优势地位不仅源于其多种获取证据资料的法定方式和渠道,更源于其“形式上的说服责任”。[1] 在税务机关承担举证责任的情况下,税务机关身兼证据提供者和被说服者的双重身份,说服责任往往表现为自我说服。加之,税务机

〔1〕 肖萍:《论行政程序中证明责任的分配规则》,载《法学论坛》2010 年第 2 期。

关就避税安排的认定及相应的纳税调整为具体行政行为,具有公定力,纳税人并无直接对抗税务机关的权利。税务机关的说服责任仅限于形式内容,即只要能够满足证据的形式要件,即可形成有关应税交易发生的确信。如所设定的证明标准过低,税务机关将极易使“形式上的说服责任”获得满足,从而做出反避税调整的决定,税务机关征税权的行使难免过于随意,必将大大降低纳税人对税法的信赖。因此,不仅应当规定税收征管活动中税务机关认定应税事实应当达到的证明标准,且这一确认征税权的证明标准应当高于解决民事纠纷的证明标准。

那么,是否有必要要求税务机关在征管程序中对案件事实的证明达到刑事诉讼的证明标准?如有我国台湾地区学者认为,在德国税收征管活动中,对于税收要件事实的存在,税务机关确信某一特定的事实关系为真实,应当达到相当高度的盖然性,使任何有理性的、熟悉生活事实关系之人并不产生任何怀疑的程度。[1] 也有学者认为,德国行政程序的证明标准是“达到一定程度的高度盖然性真实”,“且应达到排除合理怀疑的程度”。[2] 在刑事诉讼中有必要设置“排除合理怀疑”这一较高的证明标准,原因在于通过刑事审判国家要实现以严厉的手段对犯罪行为施以惩戒,其后果往往是对个人的人身自由、财产甚至生命的剥夺。因此,刑事诉讼必须设定较高的证明标准,以防止发生误判而产生权利侵害的严重后果。尽管税收征管程序最终导致纳税人财产权的剥夺,其严重程度仍不足以与刑事处罚的后果相比。加上税收的征收必须及时支应当年度的政府机关财政开支,而税务案件具有大量、反复的特性,征税权的行使固有迅捷性的要求。如果设置过高的证明标准,税务机关必须进行详尽的事实查明,将可能导致税务机关过于谨慎地行使征税权,导致税收收入无法及时征收入库。征税权及时、有效地获得行使,事关政府公共服务的提供和纳税人基本权利的实现。基于税收

[1] 陈清秀:《税法总论》,台北,元照出版公司2012年版,第466页。
[2] 高秦伟:《论行政诉讼的证明标准》,载《证据科学》2008年第4期。

行政效率的考量,税收征管程序的证明标准无须达到刑事诉讼的高度。

因此,包括税收征管在内的行政程序的证明标准原则上应当低于刑事诉讼而高于民事诉讼的证明标准。但多数学者也认为,行政程序具有一定的复杂性和多样性,不能完全适用统一的标准。尽管《德国联邦财政法院法》同样肯定了税务机关所确信的事实,应当是一定程度的高度盖然性,但此“高度盖然性标准”应当达到的程度,无论是司法实践还是理论研究都存在不同的见解:(1)高度盖然性。这一标准存在多种描述,如“没有一个理性的、清楚通晓生活事实的人会怀疑的高度盖然性”“根据生活经验,实际上相当于确实的高度盖然性”“在理性思考下,不会有不同看法的高度盖然性”。(2)实际生活可使用的确信度,此确信度可使怀疑者保持沉默,但并非毫无怀疑。(3)虽然无法完全排除怀疑,但在理性、客观评价事实的观察法下可以推翻、去除这种怀疑的确实程度。可以说,德国行政程序中所采用的并非单一的“排除合理怀疑”的标准。

具体就反避税调查程序而言,尽管与一般税收征收程序一样,该程序的目的同样在于确认征税权,但反避税调查更意在以被法律形式所掩盖的经济实质判定纳税人真实的税收负担能力。这意味着本已被推定为真实的课税资料所确立的交易事实将被推翻,而重新基于经济实质确认交易及由此发生的纳税义务。因此,反避税调查的目标在于发现最符合实际状况的经济后果。一旦认定,纳税人将面临应纳税额的调增,对其权利影响甚巨。如发生错误的判断,纳税人可能不得不承受远超过、甚至是数倍于本已确定的应纳税额。面临反避税调查的交易往往已依其法律形式确定并缴纳了税款,因此,该程序的实施并不受制于财政支出的压力,而是意在以被套取的税收利益的取回实现税法的公平。特别纳税调整决定的作出并无迅捷性的要求。相反,这一决定的作出,将推翻纳税人已在一般税款确定程序中提供的形式合法、申报内容被推定为真实的课税资料中记载的本应受尊重的私法形式,税务机关对相应事实的证明程度的要求应当高于一般征收程序。

因此,在反避税调查程序中应当确立的证明标准,应当低于刑事诉讼的“排除合理怀疑标准”而高于民事诉讼的“占优势盖然性标准”,即比较严格的占优势的盖然性标准,又称为清楚、明确和令人信服的标准。也就是说,税务机关对交易构成避税安排的事实的认定应当达到大致“80% ~90%”的程度。具体而言,该标准包括如下的内容:(1)税务机关用来定案的证据必须确实,证据之间不存在任何矛盾,相关证据必须能够证明相关案件事实。这是对证据本身个体“质”的要求;(2)税务机关认定案件事实的要点是明确清楚的;(3)证据和认定结论之间的证明关系是清楚的;(4)认定结论是可信的。尽管从相同的证据不只可以得出税务机关认定的结论,但从现有的证据中能够令人信服地得出税务机关认定的结论。与排除合理怀疑相比,该标准的特点是不排除其他合理的可能性;与占优势的盖然性相比,该标准的特点是税务机关认定的结论的可能性与其他可能性相比,必须具有明显的“差别”或“优势”。[1]

五、结语

由于避税交易对国家税基的侵蚀,反避税在当前税收征管实践中受到越来越多的关注。在反避税调查过程中发生事实真伪不明的情况下如何作出决定,也日渐受到重视。这一问题的解决方案众说纷纭,却多是对现行立法中涉及证据提供的规则的牵强附会,至今仍莫衷一是。

举证责任是对事实真伪不明的风险的事先分配。这种事实上的不确定性必须由主张适用特定法律规范对其有利的当事人负担。这种分配原则在反避税调查程序中同样有必要予以遵守。由于税务机关不仅是规则适用的主张者,更是最终的决定者,加上可以不受形式上确立的真实、有效的法律关系的拘束,综合考量“环境与事实因素”,对应税事实的属性作出判断,如

---

〔1〕 周士逵、冯之东:《行政证据制度的证明标准》,载《甘肃政法学院学报》2008 年第 1 期。

果任由税务机关在经济事实尚未查明的情况下主张对其有利的规范的适用,所作决定必然是主观而随意的。

纳税人为套取税收利益而以真实、有效的法律形式刻意隐藏交易的经济实质,税务机关欲查明真正反映税收负担能力的经济事实,便存在更多的调查困难。这也是诸多学者主张反避税调查程序应当采取不同于一般税收征管程序的举证责任分配规则的立论基础。然而,降低证明难度并非举证责任分配规范的价值诉求,单纯提供证据的困难也不足以决定举证责任的分配方式,因此,在一般税收征管程序中基于法律要件分配说确立的税务机关对于税收债权成立的要件事实承担举证责任的分配规则,在反避税调查程序中并无予以修正的必要。

被真实、有效的法律形式所掩盖的经济实质本身缺乏充分的直接证据的证明,而不得不求助于诸多间接证据予以推定。这一事实的认定过程本身包含了诸多的裁量。而一项交易的经济实质如何予以认定,当前的规定更是言之了了。反避税调整结果的不确定性正在不断增加。因此,维持一种程序上的确定性,即反避税调查程序将以符合规范性预期的方式直至结束,便具有更加深刻的意义。[1] 在税收法定主义之下税务机关既应保证其依法征税,在交易的法律形式或经济实质的认定尚且存疑的情况下,由其承担不得实施特别纳税调整权的风险,便属题中应有之义。

---

〔1〕 Jonathan Vita, *General Theory of Anti-Avoidance Rules: Classification and (Re) definition*, Düsseldorf, LAP Lambert Academic Publishing, 2010, p. 11.

第四章 反避税调查程序中的纳税人协力义务*

在特别纳税调整程序中，除税务机关实施事实调查外，现行反避税制度中还规定了纳税人诸多的证据和资料的提供义务。一旦未履行，纳税人即可能面临一定的不利法律后果。那么，此等证据和资料的提供义务性质为何？纳税人缘何需要在完成纳税申报的同时承担此项义务？这一义务的规定是否意味着纳税人在该程序中将对应税事实的查明承担举证责任？围绕这一义务的纷纷扰扰的诸多问题至今尚未明晰，在实践中也引发了诸多的争议。为此，有必要对当前制度下有关纳税人资料提供的规定进行逐一的梳理，在此基础上一一厘清相关的争议。

一、反避税调查程序中的纳税人证据提供及其属性之争

当前我国的反避税制度中关于纳税人证据资料提供的规定

---

* 本章部分内容以《纳税人协力义务研究——制度价值与规则建构》为题，发表于《中国税法评论》，中国税务出版社 2016 年版，第 1 ~ 29 页。

散见于《企业所得税法》第43条、《税收征收管理法实施细则》第51条、《一般反避税管理办法(试行)》(国家税务总局令第32号)第11条、《特别纳税调查调整及相互协商程序管理办法》(国家税务总局公告2017年第6号)第7条、《国家税务总局关于完善关联申报和同期资料管理有关事项的公告》(国家税务总局公告2016年第42号)等规定。具体而言,纳税人应当承担如下的资料提供义务:

1. 关联交易的自动报告义务

根据《企业所得税法》第43条第1款的规定,在企业与其关联方发生业务往来之后,应当在进行纳税申报时,附送年度关联业务往来报告表,进行关联申报。《国家税务总局关于完善关联申报和同期资料管理有关事项的公告》对纳税人的这一义务予以进一步的明确,要求纳税人按照纳税年度准备并按照税务机关要求提供其关联交易的同期资料。根据主体身份的不同,纳税人需要提供的关联交易申报的同期资料包括主体文档、本地文档和特殊事项文档。这里的关联申报实际上是企业纳税申报的组成部分。

2. 调查程序启动后的资料提供义务

除了关联申报外,在税务机关进行关联业务调查时,纳税人应当按照《企业所得税法》第43条第2款的规定报送相关资料。此时纳税人应为主动报送还是基于税务机关的请求为资料的提供,当前的规定似有一定的冲突。《特别纳税调查调整及相互协商程序管理办法》第7条规定纳税人基于税务机关的请求提供证据资料,而《一般反避税管理办法(试行)》第11条则规定,纳税人应当主动提供资料以证明其交易不属于避税安排。在这一阶段中,纳税人提供的主要是各种文书证据,尤其是证明其交易具有合理商业目的的文书资料,往往涉及从交易意向产生到最终合约履行的全过程中发生的文书资料。[1]

---

〔1〕 如《一般反避税管理办法(试行)》第11条规定,纳税人应当提供如下资料:(1)安排的背景资料;(2)安排的商业目的等说明文件;(3)安排的内部决策和管理资料,如董事会决议、备忘录、电子邮件等;(4)安排涉及的详细交易资料,如合同、补充协议、收付款凭证等;(5)与其他交易方的沟通信息;(6)可以证明其安排不属于避税安排的其他资料;(7)税务机关认为有必要提供的其他资料。

从上述规定不难看出,纳税人在反避税调查程序中承担了一定的证据资料提供义务。此种义务的性质如何却莫衷一是。尽管有学者认为此种义务与一般税收确定程序中纳税人承担的协力义务并无不同,但在一般税收确定程序下,纳税人应当提供的证据资料具有广泛性。纳税人一旦发生经济活动,便负有普遍性的义务保存与经济活动或者交易有关的证据材料,包括足以反映纳税人经营状况的所有信息,并不局限于某一特定的交易活动。而在当前反避税的诸多条文中却包含了"提供资料"以"证明"特定事项的用语,与一般税收确定程序中的"一般事案的解明义务"明显不同。纳税人一旦未能履行此种证据资料提供的义务更将承担一定的消极的、不利的法律后果。如《特别纳税调整实施办法(试行)》第 95 条规定,企业应当自收到税务机关《税务检查通知书》之日起 60 日内提供资料证明其安排具有合理的商业目的。企业如未在规定期限内提供资料,或提供资料不能证明安排具有合理商业目的的,税务机关可根据已掌握的信息实施纳税调整。《企业所得税法》第 44 条、《特别纳税调查调整及相互协商程序管理办法》第 14 条、《一般反避税管理办法(试行)》第 12 条规定企业拒绝提供同期资料等关联交易的相关资料,或者提供虚假、不完整资料,未能真实反映其关联业务往来情况的,主管税务机关可以进行核定,同时处以行政处罚。因此,此种资料的提供义务往往被认为构成纳税人举证责任的承担。[1]

从外形上看,纳税人提供资料以证明特定事项,与"就争执之事实,竭尽所能地提出所主张的证据"[2]的主观举证责任具有高度的相似性。在未能完成特定事项的证明即不得适用其主张的条文的后果而言,与客观举证责任之下"败诉风险"亦甚为一致。那么,在反避税程序之下纳税人的证据资料提供义务究竟是协力义务还是举证责任的承担,有必要予以进一步的明晰。

---

〔1〕 任超:《我国一般反避税举证责任规则的构建》,载《兰州学刊》2017 年第 1 期。

〔2〕 骆家永:《民事举证责任论》,台北,商务印书馆 1978 年版,第 69 页。

二、“征纳共同体”的形成——纳税人反避税调查证据提供之必要

（一）税务机关反避税调查之现实障碍

在税收征管活动中，应税事实相关的证据资料偏在于纳税人一方，不可避免在一定程度造成税务机关事实查明的困难。在反避税调查程序中，此种困难更明显。

在税收国家中，为确保人民的经济活动自由，纳税人与国家应当有所区隔。税务机关应尽量避免过多地侵入纳税人的私人领地。这决定了税务机关必然处于应税经济活动发生的历程之外，不可能直接掌握应税事实的信息源，无法直接取得必要的相关信息。相反，应税事实发生与否及其事实状态相关的信息源产生并存在于私人生活领域，纳税人是应税事实发生的一方当事人，是最了解各种情况，甚至可能为唯一知道该事实的人。应税事实的相关证据资料通常存在于纳税人的支配范围之内。这决定了，税务机关获取的课税信息不仅数量上远逊于纳税人，其真实性、准确性和完整性也远远不如纳税人。甚至税务机关获取的信息由两个或两个以上难以辨别真假的信息混合而成，真伪难以识别。税务机关获取课税信息也往往滞后于纳税人，这进一步加剧了其信息取得的劣势地位。根据不对称信息理论，在任何一种涉及不对称信息的交易中，由于交易双方存在目标冲突，有信息优势的一方（代理人）在谋求自身效用最大化时可能会作出损害信息劣势一方（委托人）利益的行为，这就是所谓的代理人的道德风险。税务机关要么难以获得必要的信息，即使获取众多的信息，也受限于认知能力，难辨真伪，无法有效地对应税事实予以判定。正是为缓解此种信息不对称所造成的应税事实查明的困境，《税收征收管理法》及各单行税种法中多有关于纳税人提供课税资料的规定。

在反避税调查程序中，税务机关与纳税人之间的信息不对称更明显。税务机关对纳税人所构建的真实有效的交易形式之外是否尚有“被掩盖的

足以反映真实税收负担能力的经济事实关系”的存在存有怀疑而启动反避税调查程序。反避税调查的目的在于发现交易的法律形式与经济实质相背离的事实,发现被法律形式掩盖的经济实质以确定纳税人真实的税收负担能力。那么,被税收构成要件所涵摄的交易的法律形式可能仅仅是障眼之法,被掩盖的、不在税法涵摄范围之内的经济后果才是真正的交易事实。表征交易发生的直接证据资料所指向的恰恰是税法将不予尊重的法律形式。无论民事交易合同、交易往来凭证、账簿登记等均反映的是形式上的交易活动。交易的经济实质及其所涉金额既然已被纳税人刻意安排的真实有效的法律形式所掩盖,取得直接证据予以证明确定已无可能,足以证明纳税人的“真实经济事实关系”的间接证据资料以更加隐蔽、零散的方式为纳税人所管领和控制。记录或表征交易发生的载体形式由于受到交易习惯、行业规范、市场行情、当地习俗和经验法则等因素的影响而更加多样化。用以证明纳税人所从事的经济活动是否存在形式与实质的脱节以及真实的经济实质如何的证据资料,缺乏固定的形式,在不同的案件中各有不同,即使同一形式的证明资料对上述事实的证明力在不同的案件中也有所不同。这都决定了要查明交易的实质状态,单纯依靠税务机关的调查是远远难以企及的。

(二)纳税人提供系争交易事实的课税资料之必要

税收程序设置的目的,不仅在于保障人民的权益不受税务机关的侵害,更在于达成有效的税收征管,避免消耗过度的征税资源,确保纳税人依法让渡的私人财产最大限度地转化为税收收入。在私人财产以税收的形式转化为公共财产的过程中,首先发生的价值损耗即为征税成本。在税收征管活动中,税收效率表现为税收收入与征纳成本之间的比例关系。在其他条件固定的前提下,税收征管效率与实际税收收入正相关,与征管成本和遵从成本负相关。一项优良的征管制度应当能够以最小化的征纳成本充分实现税收收入,并实现二者的平衡。

进入反避税调查程序后,税务机关欲查明的是能够表彰纳税人经济给付能力的实际发生的经济事实关系。在一般税收征收程序中税务机关已经获取的证据资料未能如实地证明该事实关系的存在，相反可能被上述证据已确立的交易形式所掩盖。但与这一事实关系有关的证据资料处于纳税人的管领之下，税务机关可能面临调查困难的状态并不因进入反避税调查程序而有所改变。有些证据甚至可能根本无法取得。

基于私法自治和契约自由，纳税人对法律享有形成的自由，于法律未禁止的范围内，自由安排其商业活动。在应税经济活动发生后，征纳双方通过一定的途径和方法收集取得相关合法、有效的证据，本已可据以确认应税事实及由此发生的纳税义务。只有税务机关形成对此项交易存在法律形式的滥用的合理怀疑的情况下，才能启动反避税调查；只有获取充分的事实证据，才能否定在一般税收征管程序中已然取得的合法有效的证据资料及由此确立的应税事实。税务机关实施反避税调查的目的，在于查明纳税人是否以“形式上符合税法的规定，但与其经济实质不符的方式”套取了税收利益，进而以纳税调整取回被纳税人所套取的税收利益。因此，交易一旦被认定为避税安排，纳税人便将面临税额增加的结果，对其权利影响甚巨。因此，在特别纳税调整程序中，应税事实的查明具有更重要的意义。税务机关必须在一般税收征收程序已然取得的证据之外另行收集更加充分、全面的间接证据，才足以判定经济实质的存在。为此，税务机关将不得不付出更多的时间和金钱成本，以发现更多的应税事实的线索、发掘必要的调查渠道和途径、获取更多的信息进行比对，以掌握被掩盖于法律形式之下的真正的事实关系。可以说，税务机关在特别纳税调整程序中的事实调查成本将是极为高昂的，远远高于其他税收征管程序，是这一阶段中最主要的成本。

为缓解税务机关在反避税调查中面临的事实查明的困局，确定应税事实信息的获取渠道和方式应当充分考虑各方主体提供信息的可能性，即提供应税事实的能力。这应当充分考虑：其一，此类课税信息或证据资料应当或事实上为哪一方当事人所掌控;其二,哪一方当事人提供信息的困难最小且成本最低。既然应税事实发生与否及其事实状态有关的信息源存在于私人生活领域之中,如经济与市场交易方式和状况、持有财产以及财产流向等信息,均处于纳税人的管领与控制范围之内,纳税人更接近证据资料。因此,由纳税人承担一定的应税事实的证据资料的提供,即由纳税人在反避税调查程序中对应税事实的法律形式与经济实质进行陈述或提出其知悉的证据或证据方法,对减轻税务机关调查的难度,拓宽税务机关获取信息的渠道,具有重要意义。纳税人处于信息提供的主动地位,自行保存、提供其掌握范围之内的证据资料,应税事实查明的效率将大为提高。税务机关也得以免予以积极作为强行介入纳税人的私人经济、生活空间实施反避税调查,纳税人的日常经济生活得以免受侵扰,从而保留其生活空间的完整性和经济生活安排的自主性。正因如此,包括我国在内的绝大多数国家均明确规定了纳税人在反避税调查程序中承担一定的证据资料的提供义务,且渐有加强的趋势。

三、反避税调查程序中纳税人证据提供义务的法理解析

(一)纳税人的证据提供:法律属性之辨析

如前所述,纳税人在反避税调查程序中承担证据资料提供的义务并不构成举证责任的承担。[1] 那么,这一义务的法律属性如何,应有必要予以探讨。

1. 纳税人非为证人之证据提供

在学理上,有一种观点认为,纳税人在反避税调查程序中的证据提供为其承担的公法义务,与作为证人的义务相同,服务于税务机关调查事实真相的需要,为证据方法之一。另一种观点虽然也赞同公法说,但坚持有限公法

[1] 对这一问题的讨论,详细可参见本书第三章第一部分的讨论。

说,认为证据提供是纳税人或第三人对国家应尽的公法义务,应属于一种有限度的公法义务。该项义务仅限于法律规定的情形,而不像作证那样系公民的一般性义务。

尽管纳税人承担以提供与应税事实相关的证据或证据方法为内容的法定义务,却非证人义务。证人为法定证据方法之一,为人证的一种,是指就已体验的事实向有权机关报告的当事人及法定代理人以外的第三人。证人提供证据之用,在于就自己观察具体事实所得的结果向有权机关作陈述,使其得以确定事实。[1] 证人仅就其体验的事实结果向法院报告,证言义务或陈述义务乃是证人义务的核心。尽管当事人与证人均知晓事实的具体经过,但当事人与证人属于两种独立的证据方法。证人必为当事人以外的第三人。然而,纳税人提供与应税事实的相关资料作为税务机关查明应税事实的证据方法之一,显然包含比"事实报告的观念表示"这一证据方法更为宽泛的内涵。此项义务的最重要主体为纳税人,提示文件或备询、设置账簿是最为重要的义务内容。就此而言,纳税人提供的是以物证为主要形式的证据资料,所包含的人证不仅包括证人证言,[2]也包括当事人陈述的证据形式。因此,纳税人提供的证据资料包含了形式广泛的证据获取方式,而非单一的人证方式。

2. 纳税人证据提供的"辅助性"

纳税人提供课税资料的目的在于协助税务机关进行应税事实的查明。由于纳税人知悉应税事实发生的经过,为提高税务机关查明案件事实的效率,由此主体在可期待的能力范围之内,对应税事实负有陈述(说明)义务、提出相关证据材料或者忍受勘验的义务。

尽管纳税人在反避税调查程序中应为账簿、凭证等文书资料的提供,但此义务是纳税人向税务机关提供证据方法或以本人作为证据方法以协助税

---

〔1〕 占善刚:《证据协力义务之比较法研究》,中国社会科学出版社2009年版,第143页。

〔2〕 如纳税人的交易对方当事人就与当事人的交易安排进行事实的陈述,即为证人证言。

务机关进行证据调查的义务,其目的在于陈述和说明其从事的导致纳税义务发生的经济活动的真实状态,因此不过是税务机关调查、收集证据的方法,是使纳税人在可期待的能力范围内分担税务机关阐明事实的责任。当事人提供证据或证据资料,只是数种证据方法之一。[1] 税务机关并不因纳税人承担提供证据的义务而免除事实调查的职责。纳税人在信息提供上仅处于协助或辅助的地位,是在税收征管活动中由纳税人在其可陈述事实、提供相应证据的可期待的能力范围内给予税务机关就应税事实查明的协助。

与证据协力义务[2]一般发生于诉讼阶段不同的是,税收协力义务发生于税务诉讼之前的税收征管阶段。税收协力义务的设定乃是缘于就应税事实的发生而享有税收债权的这一事实主张,税务机关与纳税人在相关证据资料的获取与控制能力强弱上出现明显差距,从而对此实体权利的实现造成较为明显的损益差异。由于负有查明应税事实义务的税务机关处于待澄清事实的发生历程之外,不可能期待其知悉、掌握具体事实及其证据,就事实、证据的无法提出不具有可归责性,反而不负应税事实查明义务的纳税人知悉事件的发生经过,且可期待其陈述事实、提出证据,因此使纳税人在征管程序中承担相应的协力义务。纳税人提供的信息资料,主要用来证明应税事实的状态,与税务机关的税收债权的有无以及具体金额直接相关。税收协力义务对应税务机关的课税资料请求权,在功能上主要表现为辅助性及验证性,主要指向税收债权这一请求权的实现。基于这种权利,税务机关不仅可要求纳税人进行陈述说明或者提出账簿文书,还包括令其容忍的义

[1] 陈清秀:《税法总论》,台北,元照出版公司 2012 年版,第 457 页。

[2] 所谓证据协力义务,是指各国民诉法为配合法院践行证据调查程序以便法院能顺利地实施证据调查这一诉讼行为而设立,目的在于确保法院能够基于证据调查的结果作出公正且适当的裁判。详细可参见占善刚:《证据协力义务之比较法研究》,中国社会科学出版社 2009 年版,第 15 页。

务。[1] 这种义务的设定是为了推进税收征管程序的适时进行，尽可能地提高税收征管效率，以达到降低税收征管成本的目的。从机能上来看，纳税人或第三人以自己的行为积极协助税务机关进行事实调查，保障税务机关能够在正当程序之下发现合目的的调查路径。因此，税收协力义务应当被认为是纳税人为实现税务机关的实体权益所承担的程序上的事实查明义务，从属于实体法，对于保障税务机关的税收债权这一实体权利具有附随性，是一种实体法上的程序性权利，其实质是征管程序的促进义务。

因此，在反避税调查程序中，纳税人虽对税务机关提出的反避税调整的请求不负举证责任，但仍负有完整而真实地陈述有关系争交易的重要事实或提出其知悉的证据方法的协力义务，应当以积极的作为向税务机关提供系争交易的证据资料，且不得以自己的行为妨碍税务机关获得有关证据资料，是一项调查协助义务。

（二）反避税调查程序下纳税人的"限定事案解明义务"

在税收征管程序中，包括税收的确定与征收程序、特别纳税调整程序和稽查程序中，纳税人均负担一定的事实查明的协力义务。但在特别纳税调整程序中，纳税人所承担的协力义务与一般税款确定、征收程序依然有所不同。

纳税人的协力义务是为确保征税效率、缓解税务机关调查困难而由纳税人负担的协助税务机关尽速实现应税事实查明的公法义务。由于税收的征收具有普遍性，在财产发生流转时，市场主体的税收负担能力可能有所改变，税法须对其重新予以评价。由于应税事实发生于纳税人的经营、生活场所，纳税人最有能力保留与经济活动相关的证据资料，且效率最高。在日常生活中，从事经济活动或市场交易的当事人，令其负有一种普遍性的义务来保存与经济活动有关的证据材料，能够使税务机关获得全面评价其税收负

---

〔1〕 Vgl. Mohrenfels, a. a. , S. 30. 转引自姜世明：《民事证据法实例研习》（一），台北，新学林出版股份有限公司 2008 年版，第 143 页。

担能力的充分且必要的证据材料。因此,《税收征收管理法》所规定的协力义务主要存在于一般税收征收程序中,尤其是一般税款确定程序,如该法第25条及其实施细则第34条。

在该阶段中,纳税人所负的事案解明义务具有普遍性和广泛适用性,与应税事实的发生及其具体金额相关的任何资料均在其协力的范围之内,是为“一般事案的解明义务”。为取得正确的征税结果,如纳税人具有此种陈述及证据提出的能力,就负有完全的事实陈述及证据提出的义务,是一项提供所有财务会计报表、经济活动有关的合同、协议书及凭证、税控装置的电子报税资料等与税额确定相关的证据资料的广泛的一般资讯提供义务,包括足以反映纳税人经营状况的所有信息,并不局限于某一特定的交易活动。连续、反复地从事以营利为目的的经济活动的纳税人有理由能够预见其将满足税收构成要件,从其开始营业之日便负有强制的证据资料保存义务,即使纳税义务并未实际发生。

同为税收确定程序,反避税调查程序与一般税收确定程序的制度设计和价值目标并不相同,纳税人协力查明的事项各不相同,所需提供的证据也因此有所区别。税务机关只有在以一般税收确定程序中取得的证据为基础形成对其交易存在形式与实质背离的合理怀疑的情况下,才能对纳税人实施反避税调查。面临反避税调查的纳税人在一般税款确定程序中已依法履行了税收协力义务,已经充分、完整地申报、公开其交易的全过程,[1]提供了在其控制范围之内的、与应税事实相关的证据资料。纳税人提供的证据资料证明的应税事实是明确的、具体的,提供的纳税申报、会计账簿等课税资料中均诚实地记载了已发生的、真实有效的经济交易。如在特别纳税调整程序中仍要求纳税人承担普遍、广泛的资料提供义务,可能造成资料的重复提供,增加纳税人的协力成本。

---

〔1〕在一般税收确定程序中,如纳税人未经申报或申报不实,则税务机关可以进行税收的核定,甚至可能构成税收违法行为而追究其法律责任。

因此,反避税调查是以交易为基础的。进入这一程序后,纳税人承担的资料提供义务应有所限定化,不仅局限于特定交易,也仅限于该交易安排是否存在法律形式的滥用及其实际发生的经济事实等争议事项。在该阶段中,税务机关应查明的事实包括了三个层面,即某一特定交易是否构成避税安排、交易真实的经济实质如何以及真实的事实关系的具体金额如何。纳税人并无义务提供与上述事实相关的全部资料,而仅限于提供与"交易是否构成避税安排"的相关资料。"交易是否构成避税安排"的判定包括两个事实要件,即交易是否具有合理的商业目的、是否存在法律形式与经济实质的背离。[1] 从当前所列举的反避税调查程序中的纳税人的协力义务的范围来看,主要限于与交易是否具有合理商业目的这一事实相关的证据资料的提供。[2]

因此,在特别纳税调整程序中纳税人固然同样承担提供证据的协力义务,但这一义务是在纳税人在一般税收确定程序中已全面、充分地履行了协力义务前提下承担的二次证据提供义务,要求其协力解明的事项不包括在这一程序中的全部待证事项,仅限于对交易的合理商业目的的证明,是一种有限度的事案解明义务。

四、反避税调查程序下纳税人协力义务的履行

(一)纳税人反避税调查的协力义务的正当履行

如何判断纳税人已正当履行证据资料提供的协力义务,《特别纳税调查调整及相互协商程序管理办法》(国家税务总局公告 2017 年第 6 号)第 7 条首次明确规定,纳税人应为真实、完整的相关资料的提供,并于第 14 条进一步规定被调查的纳税人如不提供或提供虚假、不完整资料应当承担的法律

---

〔1〕《一般反避税管理办法(试行)》第 4 条。

〔2〕《特别纳税调整实施办法(试行)》第 95 条规定,企业未在规定期限内提供资料,或提供资料不能证明安排具有合理商业目的的,税务机关可根据已掌握的信息实施纳税调整……

后果。可以说,纳税人向税务机关提供资料应满足真实性和完整性两个基本的要求。

(1)真实性

税收协力义务的目的在于通过纳税人提供其控制范围之内的、与应税事项有关的资料和信息,协助税务机关确定该事项的税法属性,进而确定纳税义务。这必然要求纳税人提供的证据资料能够真实地反映其经济活动及财产价值的变动情况。所谓真实性,即是要求纳税人应当提供足以反映应税事项的客观面目的证据资料,不得有虚假记载、误导或遗漏。只有提供的证据资料为真实,税务机关对应纳税额的确定才能建立在客观事实的基础之上。任何虚假的证据资料都将导致税务机关判定事实有误而未能准确适用税法,从而导致过度征税或征税不足。因此,纳税人提供的证据资料应当确切表明其真实的含义,确保与所反映的事实之间的一致性。

应当明确的是,纳税人就其内心所认为的"真"加以陈述,即应当认为已满足了"真实性"的要求。即使经过税务机关的调查,证实其所述"非真",也不能认为其违反了"真实性"的要求。要求纳税人的陈述均符合客观真实其实并不可能。纳税人对于应税事实的认识并非像税务机关建立在所有可能的证据的基础上。因此,只有在纳税人明知证据资料为虚假却仍为提供的情况下,才能认定其未能满足"真实性"的要求。

(2)完整性

税务机关对应税事实的判定是建立在对纳税人提供的证据资料进行综合分析的基础上的。因此,对与避税安排的认定具有重要性的事实,应就其所知为全部的说明。如果纳税人提供的证据资料不全面或不完整,即使已提供的证据资料全部都是真实的,也会导致应税事实整体上的虚假性。因此,纳税人不仅应当确保其提供的证据资料的真实性,还应当全面、充分地提供其掌握范围内的所有与应税事实的形式与实质的判定有关的证据资料。

税收协力义务履行的完整性要求,是指纳税人提供给税务机关用以确定应税事实的有关信息和资料必须全面。法定证据资料应当完全予以提供,不得故意隐瞒或有重大遗漏。但完整性要求并不是要求纳税人事无巨细地将其掌握的所有信息一律向税务机关提供。否则,一方面,这将增加纳税人履行协力义务的成本;另一方面,也无助于税务机关确定税额,因为各种信息的混杂将形成"信息噪音",徒增其辨识、选择证据资料进行事实判定的难度。

如何判断纳税人已提供完整的证据资料,在实践中并非易事。《一般反避税管理办法(试行)》第 11 条、《特别纳税调查调整及相互协商程序管理办法》、《关于完善关联申报和同期资料管理有关事项的公告》(国家税务总局公告 2016 年第42 号)等规范性文件中均详细列举了纳税人应当协力提供的证据资料的形式。但是否纳税人只要提供规范性文件列举或税务机关指定的证据资料,即可认定其满足了"完整性"的要求,不无疑义。

在一般税收确定程序中,纳税人协力提供的证据资料从内容到形式具有较强的法定性,这是由纳税人须就其经济交易的发生而承担普遍的、广泛适用性的一般事案解明义务决定的。通过法定的证据资料形式,确保税务机关依循固定的途径和内容的解读,即可获取判定应税事实的必要信息。但在特别纳税调整程序中,纳税人负有提供"证明其安排具有合理的商业目的"[1]或"其交易不属于避税安排"[2]等资料的义务,往往涉及从交易意向的产生到最终合约履行的全过程的相关资料。在经济生活中,纳税人从事交易的方式以及记录或表征交易发生的载体形式往往受交易习惯、行业规范、市场行情、当地习俗、经验法则等因素的影响。企业从事交易的方式、合约缔结的背景、企业的经营结构等各有不同,在此过程中形成的记载或反映与交易真实状态的证据资料的形式也必然不同。在具体个案中用来证明上述事实的证据资料各有不同,即使是相同形式的证明资料的证明力在不同

[1] 《特别纳税调整实施办法(试行)》第 95 条。
[2] 《一般反避税管理办法(试行)》第 11 条。

的案件中也有所区别。最具有证明力的证据资料未必在法定或指定的范围之内。加之当前立法并未规定上述资料的强制保存义务,纳税人在从事交易之时并不必然保存且继续持有上述资料。经济交易进入反避税调查程序仅为例外的情形。在经济交易发生之初,部分应在反避税调查程序中提供的资料,纳税人并无强制保存义务。纳税人如因未保留而无法提供法定或指定的证明资料须承担不利的法律后果,对其未免过于苛责。背离反避税调查的现实需要而过度要求纳税人提供相关的证据资料,无疑将大大增加社会交易成本,阻碍经济活动的顺利发展。

纳税人应当“完整”地提供的证据,原则上应仅限于纳税人可以实际支配的且自身实际保有的信息资料。纳税人就相关事实进行具体陈述并提出证据具有可期待性,即纳税人处于经济活动发生的经过中,不仅了解此项经济事实的真实状态,而且根据经济活动的性质和特点,基于交易习惯或法律的规定通常留存并控制的证据。即使某项证据材料对判定交易是否构成一项避税安排具有重要意义,如对此项材料纳税人通常不负留存义务,提供此项材料不具有期待可能性,那么纳税人未能提供也不能认定其违反了“完整性”的要求。

（二）纳税人协力的拒绝与履行强制

《一般反避税管理办法(试行)》第 12 条、《特别纳税调查调整及相互协商程序管理办法》第 14 条明确规定了面临反避税调查的纳税人不提供证据材料应当承担的不利法律后果。根据这些规定,纳税人并无拒绝协力提供证据资料的权利。但学界对纳税人是否绝对不享有拒绝权仍有一定争议,不少学者主张纳税人应享有一定程度的拒绝权。如有学者认为,税法亦如刑法,探求事实真相并非绝对的价值。因此,在税收征管程序中,亦应注意法治国家的法律及道德基础,尤其应注意人民基本权利的要求。人民履行协力义务时发生利益冲突,如仍责令其履行,即不符合法治国家期待可能性的要求。在特别纳税调整程序上同样应当对纳税人的基本权利有所保障。

在税务机关行使调查权时,纳税人在一定条件下有拒绝协力的权利。[1] 有学者进一步认为,纳税人对税务机关提出的不能够实现协助税务机关共同追求税收平等负担目标的请求、违反比例原则或无期待可能的协力义务均有权予以拒绝。[2]

纳税人对税收协力义务所为的“拒绝”,并不指单纯的纳税人的不作为,而是指纳税人应当且可以提供证据资料的情况下的不予履行。因此,不存在任何期待可能性的证据材料的提供,如已在地震中灭失的账簿资料,纳税人存在客观上的履行不能,纳税人拒绝的意思表示无关紧要。因此,问题在于,纳税人可以提供的情况下能否以协力内容不符合比例原则或无法实现协力目的而拒绝履行。

纳税人协力提供的资料范围由法律明确规定,如《一般反避税管理办法(试行)》第 11 条,特定资料的提供为法定义务。除非纳税人对此法律规范提起合法性审查之诉,以规范内容不合法而最终实现资料的不予提供,否则纳税人不能自行判定该协力义务的内容“无法实现协力目的或不符合比例原则”,进而拒绝予以履行。然而,一方面,我国当前《行政诉讼法》并未将纯粹意义上的抽象行政行为纳入可诉的范围,更无对法规本身进行违宪审查之诉的制度构建,纳税人事实上并无法律途径可以否定已经制定的法律规则的效力。另一方面,即使上述规定被宣告违法,纳税人乃是因法律规则不生效力而无须履行义务,而非本身应当提供但不提供法定的资料,纳税人并无拒绝的必要。同样,税务机关也可以于个案中指定纳税人应当提供的资料,如《特别纳税调查调整及相互协商程序管理办法》第 7 条。此时,纳税人的协力义务乃是基于税务机关的具体行政行为而发生的。即使税务机关要求纳税人提供的证据资料不符合比例原则或明显不当,由于行政行为的效力先定性和先予执行力,纳税人同样必须履行此协力义务再提起行政救济,

---

〔1〕 陈敏:《租税稽征程序之协力义务》,载《政大法学评论》1988 年第 37 期。

〔2〕 葛克昌:《行政程序与纳税人基本权》,台北,翰芦图书出版有限公司 2012 年版,第 736 页。

而不能直接拒绝履行。

税收协力义务是对纳税人自有信息的控制与支配权的限制,其履行不仅将增加纳税人的遵从成本,更可能导致其不欲为他人知悉的信息为税务机关掌握。因此,纳税人必然欠缺履行此义务的自觉性与主动性。但税收协力义务的设定乃是弥补税务机关调查收集应税事实相关证据的不足、使其免予烦琐的事实调查的制度设计,征管效率是其最重要的制度价值。一旦纳税人可以随意拒绝履行,税务机关与纳税人之间的征纳合作共同体便无法有效地形成,不但税务机关将被重新置于调查困难之境,更可能因此萌发有关协力义务的有无及能否拒绝的争议,反而加剧特别纳税调整程序的烦冗,征管效率的制度初衷更加无法实现。就此而言,自不应当允许纳税人对税收协力义务的拒绝履行,否则此义务将因缺乏强制力而无法获得实现的可能。

纳税人既然不得拒绝税收协力义务的履行,一旦其拒绝履行,《税收征收管理法》仅规定"税务机关可以责令其限期改正并处以罚款",却未规定可以"直接对人或物,使用人之体力或辅助使用工具乃至武器",强制其提供。德国《税收通则法》第 328 条则明确规定以作成行为、容忍或不作为目的的行政处分,得以强制方法予以实行。但有学者认为,由于重要的课税资料大部分在纳税人的管领支配之下,因此,税法上协力义务的范围较其他行政法领域广泛得多,对纳税人的信息权影响甚大。协力义务制度的设计,目的在于确定纳税人的选择权,其得选择尽协力义务,依"申报诚实推定原则",税务机关依所申报或提供的账簿文件征税,以符合协同合作原则。税收核定制度则使欲保留其信息、不被税务机关知悉的纳税人以税基的大致估算为代价而选择不提供证据资料,在简化应税事实的查明的情况下,使纳税人保留更多的自由,确保纳税人的信息自主权。[1] 因此,纳税人可以因个人选择不尽协力义务按税收核定较不利的所得课税,而免除证据资料的提供。

---

〔1〕 葛克昌:《行政程序与纳税人基本权》,台北,翰芦图书出版有限公司 2012 年版,第 734 页。

即使德国立法上肯定了税收协力的强制履行，但仍规定了特定条件下不可强制纳税人协力提供课税资料的情形。德国《税收通则法》第 393 条规定，在税收课征程序中，对纳税人的强制方法，将迫使纳税人本人因其所犯的税收犯罪行为或税收行政违法行为，而受有不利益的负担的，不许可为之。在刑罚程序中，检察机关或法院，由课税资料知悉纳税人在开始刑事诉讼程序之前，或不知已开始刑事诉讼程序之前，为履行纳税义务向税务机关公开的事实或证据方法，不得据以对其追诉税收犯罪以外的行为。这一规定被认为是刑事诉讼法上不得自证己罪原则在税收征收管理法中的适用。[1] 由于"刑事诉讼禁止自我控诉入罪，因其涉及人性尊严，而人性尊严所关注的是，被告必须能自由决定是否愿意将自己作为自己犯罪的证明工具"，[2] 因此纳税人没有义务在自己的犯罪认定上主动提供协助，此种协助既包括作出供述，也包括提供其他证据。在税收征管活动中，税务机关固然并未施以物理力强迫纳税人主动协助提供不利证据，但由于税收协力义务乃为法定义务，一旦违反将遭致不利的法律后果，如果税务机关透过纳税人拒绝协助即课以不利益的方式，等同于对不协助的行为施以处罚，压缩纳税人本可自由决定是否主动协助作证的空间，不啻强迫纳税人放弃不得自证其罪的权利。因此，如果税务机关以上述各项不利后果相威胁，并真正使纳税人屈从，主动作出供述或提供实物证据的情况下，将产生该证据在刑事诉讼程序中作为非法证据被排除的问题。[3]

---

〔1〕 陈敏译著：《德国租税通则》，台北，中国台湾地区司法管理机构 2013 年版，第 655 页。

〔2〕 王士帆：《不自证己罪原则》，台北，冠顺印刷事业有限公司 2007 年版，第 112 ~ 115 页。

〔3〕 对不强迫自证其罪原则在行政执法程序中的适用，详细可参见孙远：《不强迫自证其罪条款之实质解释论纲》，载《政法论坛》2016 年第 2 期。

第五章
第三方协力反避税机制
——以金融机构为例

在应税事实的证据资料基本由纳税人掌握的现实之下，一旦纳税人以合法、有效的法律形式掩藏真实达成的交易，即使纳税人提供了法定的证据资料，税务机关亦可能缺乏充分、必要的信息识别交易的形式与实质背离的状况。正如 OECD 在其《为税收目的而改善银行情报的路径》的研究报告中强调，“过去 50 多年的经验表明，不充分开放的银行情报已成为税收征管和法律实施的障碍”。[1] 如何扩大税务机关获取课税信息的渠道以应对税收的逃避，已成为各国关注的重点。发端于美国的 FATCA 法案，[2] 2014 年 7 月，OECD 发布了《金融账户涉税信息

〔1〕 The Committee on Fiscal Affairs, "Improving Access to Bank Information for Tax Purposes", http://www.oecd.org/dataoecd/24/63/39327984.pdf.

〔2〕 Foreign Account Tax Compliance Act.

自动交换标准》(以下简称标准),[1]要求各国金融机构识别、收集并报送账户持有人的相关涉税信息,为各国加强国际税收合作、打击跨境逃避税提供了强有力的工具。2015 年 12 月经国务院批准,国家税务总局签署了《金融账户涉税信息自动交换多边主管当局间协议》,并于 2017 年 5 月 9 日颁布了《非居民金融账户涉税信息尽职调查管理办法》(以下简称《尽职调查管理办法》)[2],要求自 2017 年 7 月 1 日起金融机构了解账户持有人或者有关控制人的税收居民身份,识别非居民金融账户,收集并报送账户的相关信息。

要求金融机构乃至与交易相关的市场主体收集并提供涉税资料或信息,在当前包括《税收征收管理法》在内的国内立法中已经有所体现。根据该法第 17 条、第 54 条的规定,金融机构基于税务机关的请求提供从事生产经营的纳税人开立账户或存款账户信息。但税务机关以此从金融机构获取的信息是极为有限的,既无权要求提供非生产经营纳税人开立账户的信息,也无权要求其提供请求以外的其他银行账户信息。2017 年《尽职调查管理办法》将金融机构应当报送的非居民账户信息扩展包括账户持有人的基本信息、账号或类似信息、账户余额或净值、账户收到或计入该账户的利息、股息或收入总额等信息。上述金融账户涉税信息固然是基于情报交换的目的而向本国税务机关提供,但除用于税收情报交换外,取得上述信息的税务机关能否将其用于国内税收征管的目的则不无疑问。如果答案是肯定的,这将形成对《税收征收管理法》现有金融机构信息提供规则的实质性修改,与此同时又形成税务机关在获取居民与非居民纳税人的金融账户信息用于反避税管理的实质性差异。

---

〔1〕 OECD, Standard for Automatic Exchange of Financial Account Information in Tax Matters, Published on July 21, 2014, available at http://www.keepeek.com/Digital-Asset-Management/oecd/taxation/standard-for-automatic-exchange-of-financial-account-information-for-tax-matters_9789264216525-en#.WfU-X3dY4dU#page9,最后访问日期:2017 年 10 月 29 日。

〔2〕 国家税务总局、财政部、中国人民银行、中国银行业监督管理委员会、中国证券监督管理委员会、中国保险监督管理委员会公告 2017 年第 14 号。

不容否认的是，要求金融机构等第三方主体承担涉税信息提供的义务，固然对于税务机关扩展获取课税信息和资料的渠道，提高反避税调查的效率，具有重要的意义。正是基于这一考虑，2015 年国务院公布的《〈税收征收管理法〉修订草案》(征求意见稿)[1]第 32 条明确规定了银行和其他金融机构应当向税务机关报送账户持有人的账户、账号、投资收益以及账户的利息总额、期末余额以及大额交易等信息。然而，承担这一义务意味着第三方主体的税法遵从成本将大为增加，税收征管成本实际上转由社会以及市场主体承担。在由第三方报送信息的情况下，纳税人对自身相关信息的控制力和支配力也将大为弱化。在此过程中，如何实现国家征税效率与国库保护、纳税人信息权保障、第三方经营自由权等多方的共赢，无疑是关键之所在。

一、第三方缘何协力"反避税"?

在现代信息社会中，交易相关的信息并不绝对地处于所有人的控制与管领之下。应税事实本为公开市场交易，交易对方、促成交易或为交易的发生提供条件或便利的主体，与纳税人共同处于该交易的发生历程之中，同样知悉交易的具体样态，要求其负担提供课税信息具有期待可能性。如在金融体系不断健全发展的情况下，经济交易活动往往通过银行完成款项的收支，银行因此得以保留经济交易有关的资金往来信息。由于金融机构掌握的纳税人基本情况、收入取得、资金流向等交易信息，包括金融资料档案、与金融机构的交易记录或信用记录等，全方位地反映了纳税人的金融状况，体现着纳税人的收入与支出、资产与负债以及消费习惯等，对于判定其纳税义务具有关键的意义。这些信息的取得对于税务机关透过纳税人刻意安排的交易结构发现可能被隐匿的经济事实无疑具有重要的意义。

---

[1] Available at http://wcm. mof. gov. cn/preview/mof/zhengwuxinxi/caizhengxinwen/201501/t20150105_1176135. html? randid = 0. 04355629100505065，发布时间：2015 年 1 月，最后访问日期：2017 年 10 月 29 日。

然而,金融机构并非涉税信息的所有权人,原则上对此信息并无处分与对外提供的权利。尤其对基于行业或职业特点对所获取的信息负有保密义务的主体,如金融机构,要求其向税务机关提供涉税信息更可能动摇其营业的基础。如税务机关通过金融机构获取金融信息,不仅直接与金融隐私权发生直接的冲突,更将限制、干预金融机构履行对客户信息予以保密的义务。

尽管税收是文明的对价,却并非纳税人就特定公共物品向国家支付的价款。税法获得公正且有效的执行,所征收的税款并非意在保障特定纳税人的公共欲望的实现,而是关涉国民全体的基本权利的实现。任何交易的完成及其信息在市场体系中的留存与保护,也必须建立在稳定且运作良好的市场的基础上。这一“公共物品”同样是由国家以税收为财政基础建立和维持的。征税权的存在才足以使纳税人从事交易所必需的市场环境的自由、稳定、安全和秩序成为可能。这不仅是纳税人自由从事市场交易的基础,也是纳税人自由支配和控制其交易信息的前提之所在。个体的避税安排所造成的国家税基的侵蚀和国库收入的流失,最终将影响全体国民能够从国家获取的公共物品及基本权利的实现。

按照新制度经济学,征税的过程是私人部门向公共部门让渡经济资源产权的过程。如果纳税人基于纳税义务的承担而让渡的财产可以全额转化为用于支应公共服务开支的财政经费,纳税人通过公共产品的享有将获得一定生活需要的满足,那么税收不会构成国家对纳税人财产权利的真正侵扰。反之,纳税人让渡的财产转化为公共财政经费的比例越低,纳税人可以享受的公共产品越少,纳税人因纳税而发生的财产价值的减损便越严重。在私人财产以税收的形式转化为公共财产的过程中,首先所发生的价值损耗即为征税成本。在其他条件一定的前提下,税收征管效率与实际税收收入正相关,与征管成本和纳税成本负相关。实际可得税收收入、征税成本和纳税成本是评价一项征管制度的基本因素。[1] 一项优良的征管制度,应当能够以最小化的征纳成本充分实现税收收入,并能求得二者的平衡。这里所指的征管成本,并非单指个体的税务机关或纳税人在税收征纳过程中发生的成本和费用,还应当考虑征税活动而发生的社会整体成本。

如前所述,在纳税人有意以真实、有效的法律形式掩盖其经济实质而套取税收利益的情况下,税务机关将面临更多的资料收集和事实查明的困难。如税务机关仅可通过调查获取课税信息或依赖于纳税人提供的资料,由于直接的证据资料往往指向的是纳税人以刻意安排的交易结构所确立的事实,税务机关可能难以通过证据资料之间的相互比对而发现被隐藏的经济事实。正因如此,对系争避税交易的调查延宕数年的案件并不在少数。调查成本远较一般税收征收案件更为高昂。在税务机关无法查明避税事实而不能做出是否施以纳税调整的决定的情况下,套取税收利益的刺激将使避税的结构安排被广泛采用。税务机关不得不面临日复增加的反避税案件的调查,调查成本由此将不断攀升。

不仅如此,来自地下经济、非法活动或是未披露的资本利得本身固有的隐蔽性将因税务机关涉税信息获取途径的有限性逃避税收,由此得以承担比劳务所得或不动产所得更低的税收。税收流失将难以避免。在国家财政支出规模既定的情况下,因税务机关无法获取必要的证据资料查明避税事实而未能取回被纳税人套取的税收利益,或者必须转由守法的纳税人承担,或者不得不削减政府提供的公共服务,或者承担更高的融资成本以保证公共服务的提供。原本基于税法在全体国民之间平等分摊的税收也将随之改变。对于纳税人而言,税务机关获取涉税信息的难度越大,守法成本越高,对税法公平的信任与期待也将由此丧失,结果必然是"劣币驱逐良币",纳税人的税法遵从度将大为降低,税收法治秩序因此将被破坏。

---

[1] 俞敏:《效率视野中的个人所得税源泉扣缴制度——兼论扣缴义务人的税法主体地位》,载《上海财经大学学报》2005 年第 4 期。

与个体信息权相比,征税权的有效行使能够实现的公共利益具有更高的价值。这不仅根源于税收作为一切公民权利实现的成本,[1]更在于税务机关有效行使其征管权力,直接关系不同行业之间的公平税负,甚至关系同一市场内部各个主体之间、各种不同的交易类型之间的公平税负,对避免因税收负担的差异引发市场结构的扭曲有着重要意义。也正是基于这种对公共利益实现价值上的差异,“虽然法律给予保密保护是基于公共利益的需要,但必须服从于另外一些支持披露信息的公共利益要求”。[2] 因此,个体信息权对税收征管权并不具有天然的对抗效力,税务机关可以对市场主体主张一定的信息知悉权,市场主体,包括负有信息保密义务的主体,必须予以协助、配合。

最大限度地减少法律实施过程中的经济耗费,是评价和设计程序法律时所应考虑的主要价值目标。[3] 只有当效率损失最小化与税收公平、福利的社会分配达到均衡时,税制才能达到优化。[4] 金融机构等市场主体在公开市场交易活动中获取并留存与纳税人及其交易相关的证据资料,要求其予以提供具有期待可能性,亦不至于过度增加其资料的留存与提供成本。上述主体并非税收法律关系的利害关系人,由其提供的证据资料相较而言更具有客观性,其真实性能够得到较大程度的保障,足以作为确认纳税人提供以及税务机关收集的证据资料的真实性和有效性的基础。因此,由金融机构等第三方主体承担一定的信息提供义务,尽管在一定程度上增加个体的税法遵从成本,但从社会整体上看,有利于减少全社会的征管总成本,缓解税务机关反避税调查的困难,提高反避税的效率和力度,对遏制税基的侵

[1] 有关权利成本的相关论述,详细可参见[美]史蒂芬·霍尔姆斯、凯斯·R.桑斯坦:《权利的成本——为什么自由依赖于税》,毕竟悦译,北京大学出版社2004年版。

[2] Altorney - General V. Guardian Newspapers Ltd. (No. 2) (1990), IAC 109.

[3] [英]彼得·斯坦、约翰·季德:《西方社会的法律价值》,中国人民公安大学出版社1989年版,第2页。

[4] [美]约·斯林孟德:《优化税制理论与税制优化》,载《税收译丛》1997年第5期。

蚀、保护国库收入有着积极意义。

二、第三方协力"反避税"的义务内容

(一)确定第三方协力提供的"反避税"资料的考量因素

1. 征税效率与信息提供成本

第三方提供涉税信息是否能够真正进一步保证税务机关获取课税信息的全面性进而提高税收征管的效率,取决于税务机关能否充分掌握并分析其提供的有用信息。然而,并非所有与课税事实相关的信息都与纳税义务的发生有关,或者都有助于税务机关作出应税事实的判定。对于税务机关而言,并非获得的信息越多越有利于征管的有效性。

第三方提供涉税信息可以减少税务机关的税收征管成本,但这一行为本身也需要成本付出。只有当第三方提供涉税信息实现的效率远大于所消耗的总体社会成本,这一制度设计才是有效率的。第三方提供信息的社会成本,首先是第三方提供信息的成本,包括信息甄别与收集、留存并编制成本和查核成本等。对于税务机关而言,信息获取的成本主要包括信息的取得、分析、验证成本以及不确定信息的使用产生的风险。一方面,如果第三方所提供的信息充斥着各种"噪音",税务机关势必陷于烦琐无益的垃圾信息之中,徒增信息检索与利用的成本,乃至使其感到无所适从。在信息过度的状况下,反而可能形成认知上的偏误,进而影响税务机关作出征税的决定。另一方面,第三方须提供的信息越多,信息收集、留存与提供的负担越重。如果要求提供经济活动的一切信息,不仅会造成第三方不堪重负,根据现代反不正当竞争和产权理论建立起的商业秘密保护机制也将形同虚设。对于负担客户的保密义务的第三方来说,此种事无巨细的涉税信息提供义务更可能削弱其营业的基础。因此,在确定由第三方提供的课税信息范围时,不宜造成该主体过分的负担。

2. 私人与第三方日常活动过度侵扰的避免

市场主体在现代法治国家得享有私人生活不受干涉的基本权利。即使财产附带税收义务的纳税人,税务机关也不得过度侵扰其私人生活领域。第三方既非税收法律关系的当事人,也不负有应税事实的查明义务,仅为减轻税务机关事实查明的困难而给予信息获取的协助,其自身营业空间的自主权与信息的自决权更应当受到尊重。如要求第三方提供的信息可能扰乱其日常的私经济生活,应是不能容许的。

由第三方向税务机关提供课税信息,对纳税人的影响甚为明显。纳税人对处于第三方控制之下的信息已失去本应有的控制和支配的可能性。纳税人很难确知税务机关已从第三方获取的涉税信息的程度和范围。税法为了保证税务机关实施职权调查,已确立了多种可供选择的信息获取渠道和方式。由第三方提供涉税信息,无疑将进一步扩大税务机关可取得的纳税人信息的范围。然而,国家与纳税人之间必须存有一定界限,国家非有必要理由不得侵入私人生活领域。否则将不利于国家与私人生活领域之间的区隔,不利于纳税人个人信息的保护。

(二)第三方提供的信息的确定标准

1. 课税信息标准

要求第三方提供信息,主要目的在于协助税务机关确定应税事实的发生及其具体金额。只有当此类信息有益于达成税法上的目的时,才可以要求第三方提供。确定第三方提供的信息范围,应以是否能够满足国家财政利益作为决定标准。第三方只针对“具有税收意义”的信息进行提供,该信息应有利于阐明税法上有意义的事实关系,不得就与税收构成要件无关的事实要求第三方提供资料。具有财政或税收意义的信息应当包括与税收构成要件的相关信息和便于税务机关实施税收征管的信息。

在反避税调查中,税务机关实施调查的目的在于否定纳税人诚实申报的法律形式,而重新判定与税法相联结的经济事件或状态,所应查明的关键问题在于纳税人所申报的交易的形式外观与其经济实质是否存在背离。如果是,那么如何依此经济实质认定应税事实。认定一项交易构成避税安排,至少应当查明如下的事实:(1)交易是否以获取税收利益为唯一目的或主要目的;(2)交易是否以形式符合税法规定,但与其经济实质不符的方式获取税收利益。[1] 与此相关信息,如第三方在经济往来过程中通常可以有所掌握,即可要求其予以提供,如纳税人的资金流向、货物的真实交付等。

2. 重大且关键

确定第三方提供信息的范围应当在以下两个方面寻求平衡:既使税务机关尽可能得到特别纳税调整所需要的信息,从而有利于其作出正确的应税事实的判定或采取正确的反避税调查措施;又不过度加重第三方的信息成本,同时避免税务机关湮没在过多的无用信息中。只有一项对征税"重大且关键"的信息,才可以要求第三方予以提供。

一项课税信息是否"重大且关键",应当以国家财政利益的满足作为决定标准。一个事实,如果未被正确地表述或提供,已经或可能妨碍税务机关正确判定应税事实的属性或实施进一步的反避税调查,这个事实便属于"重大"。

然而,重大性标准的难点在于其判断的主观性。一项信息是否重大,在纳税人、税务机关、法院甚至第三方都可能得出不同的结论。一项信息对不同的纳税人、不同的经济活动的认定而言,其重要性也有所差别。为使第三方免受模糊的信息提供标准的困扰,应当在法律、法规中列举由第三方提供的重大且关键的课税信息,将对实施特别纳税调整而言重大且关键的信息予以细化和量化,减少第三方提供的信息范围的弹性和随机性。

3. 不属于受法律保护的个人信息或商业秘密

由第三方向税务机关提供课税信息,只在协助税务机关纠正课税信息

[1] 《一般反避税管理办法(试行)》第4条。

不对称的劣势地位，并不意味着税务机关可以借此过度窥探纳税人的私人事务。

(1)提供的信息应以公开市场交易信息为主

在放弃参与市场活动、退居幕后的情况下，国家只通过分享国民经济活动的收益取得提供公共产品所必需的财政资源。非在市场上交易的货物及由此产生的价值增加，不属于课税对象。[1] 在公开市场交易产生的可税收入，具有一般可见性。[2] 要求第三方提供的信息也应当以公开市场交易中可以获取、控制的信息为主，如营业生产状况、营业行为、资金往来与保险等信息。

(2)第三方提供的信息不应包括具有高度属人性的信息

德国联邦法院发展出“领域理论”，将私领域分成隐密领域、秘密领域和私人领域。隐密领域的实质内涵来自于人性尊严的核心，应受到绝对保护，无论是来自个人或是公权力的任何侵害，都应被排除；而其他两个领域则依相互利益衡量的标准，决定其是否应受保护。[3] 因此，隐密信息的处分权应仅在纳税人本人，第三方因法律行为或事实而掌握此类信息，必须承担绝对的保密义务。此类信息即使对于实施反避税调查而言重大且关键，也应当免予第三方提供，以免破坏第三方与纳税人之间的信赖基础。因此，纳税人高度属人性质的生活领域，诸如体检报告健康状况、宗教信仰、婚姻家庭状况、政治信仰等，不属于第三方提供的信息范围。对于企业而言，其营业秘密或业务秘密，即少数特定人所知悉、非他人能够轻易接触的营业或业务生活事实，如营业的内部组织、生产方式、货源、客户名单、投资计划等企业本身具有保密利益的事项，也不应要求第三方予以提供。对于此类信息，税务

---

〔1〕 谢如兰：《课税请求权与纳税义务人的隐私权保障》，载葛克昌、汤贡亮、吴德丰主编：《两岸纳税人权利保护之立法潮流》，台北，财团法人资诚教育基金会2011年版，第534页。

〔2〕 葛克昌：《行政程序与纳税人基本权》，台北，翰芦图书出版有限公司2012年版，第713页。

〔3〕 王泽鉴：《人格权保护的课题与展望(三)——隐私权》(上)，载《台湾本土法学杂志》2007年第7期。

机关只能直接调查取得或要求纳税人予以提供。

三、第三方协力“反避税”的基本方式

第三方以何种方式提供涉税信息协助税务机关反避税，在现行法之下主要有以下的方式：(1)基于税务机关的请求而提供信息，如《企业所得税法》第43条、《企业所得税法实施条例》第114条以及《特别纳税调查调整及相互协商程序管理办法》第7条均规定，与被调查企业在生产经营内容和方式上相类似的企业应当按照税务机关的要求提供相关资料。(2)基于税务机关现场检查的协力，如《税收征收管理法》第54条、《特别纳税调查调整及相互协商程序管理办法》第8条规定税务机关可以采用实地调查、查询存款账户或储蓄账户等方式，有关单位和个人有义务向税务机关如实提供有关资料或证明材料。(3)信息自动报送义务，如《非居民金融账户涉税信息尽职调查管理办法》第36条、第42条规定，金融机构应当在国家税务总局完成注册登记，并于每年5月31日前按要求报送涉税信息，同时通过国家税务总局与有关金融主管部门建立涉税信息共享机制，保证国家税务总局及时获取信息。《金融账户涉税信息自动交换多边主管当局间协议》肯定了金融机构报送涉税信息包括自动报送和基于请求的信息提供两种形式。不同的信息提供方式下，税务机关获取反避税相关信息的及时性和有效性有所差别，对纳税人的影响程度各异。本部分将对以上三种方式展开进一步的具体考察。

(一)第三方自动报送信息机制

根据《税收征收管理法》和其他单行税种法的规定，金融机构并无任何自动报告义务。《非居民金融账户涉税信息尽职调查管理办法》仅原则性地规定了金融机构就非居民金融账户的涉税信息的自动报送义务，但“报送要求另行规定”，如何自动报送信息并不明确。

从各国的规定上来看，金融机构负有不同程度的涉税信息的自动报告

义务。在一些国家，对特定类型的信息，如账户开立与注销、年末账户余额、利息支付等，金融机构负有自动报告的义务。如法国和阿根廷，银行和经纪公司有义务向税务机关主动报告新开立的账户及其客户的姓名等信息。[1]有些国家要求金融机构报告特定类型的资金转移，如澳大利亚要求金融机构主动报告电子化的资金转移。有些国家则要求金融机构报告超过一定数额的资金转移，如意大利即要求必须报告金额超过2000万元的交易。

在信息基础设施建设较为发达的国家，金融机构的涉税信息自动报告义务通过数据库的建立而进一步强化。如德国、法国、匈牙利、韩国、挪威和西班牙等一些国家建立了储存特定银行账户信息的集中数据库。在德国，根据2005年颁布的《诚信纳税促进法》[2]的规定，税务机关可以自动通过德国联邦税局（bundeszentralamt für Steuern）的在线数据库中银行依法留存的记录获取相关的数据，由此能够更好地查明纳税人于何处设立账户。[3] 法国要求经营股票、债券和现金业务的银行按月提供开设、修改和撤销各类账户的信息。这些信息储存于计算机管理的数据库中，法国税务机关能够利用这个数据库进行税收研究、控制和征管。韩国在税务机关的总数据库之外设置了单独的子数据库，这个数据库存储了银行自动报告的有关银行支付利息的信息，包括支付的利息数额、代扣的税额、汇入账户的利息数额、账户持有人的身份和身份证号码或者业务登记代码。[4] 此外，金融机构主动提供特定种类的信息，如纳税人账户的撤销信息、账户年终余额信息和贷款利息信息，也是税务机关获取金融交易信息的重要渠道。

---

〔1〕 但这一自动报告义务被认为可能构成保密义务的违反。M. D. Hagelsteen, Le droit de communication à l' administration fiscal ou l' anti-secret?, Droit et pratique du commerce international, 1990, p. 204.

〔2〕 gesetz zur förderung der steuerehrlichkeit, Deutschland, 2005.

〔3〕 Michiel Luchtman, *European Cooperation between Financial Supervisory Authorities, Tax Authorities and Judicial Authorities*, Cambridge, Intersentia Publishers, 2008, p. 117.

〔4〕 OECD, "Survey of Country Practices on Access to Bank Information for Tax Purpose", available at www.oecd.org/dataoecd/24/63/39327984.pdf.

1. 自动报告课税信息的主体范围

承担信息自动报告义务意味着第三方在必要的正常经营成本外负担额外的税法遵从成本。因此,承担这一义务的主体不应过于广泛。具体而言,承担信息自动报告义务的主体应仅限于由于经济往来而掌握大量与税源相关的基础信息的主体。

当前经济交易活动的款项收支往往通过银行转账,银行等金融机构必然保留纳税人及其经济交易、财产等相关的信息。如银行能够将其掌握的信息提供给税务机关,将可以减轻税务机关的调查成本。获取上述信息对于税务机关判定课税资料的真伪,进行税额的确定和税收风险的分析具有重要的意义。银行等金融机构通常被认为是信息自动报告的重要主体。

由于信息自动报告义务对第三方主体基本经营或管理活动的影响较大,承担此项义务的主体应在法律中予以明确的规定。信息自动报告义务的法定化,将提高纳税人对税务机关可通过第三方获取的信息范围的可预测性,减少第三方因信息提供与纳税人发生争议,从而进一步促进纳税人的自愿遵从。正因如此,《〈税收征收管理法〉修订草案》(征求意见稿)第 31 ~ 33 条分别规定了纳税人从事的交易的对方当事人、银行等金融机构以及网络交易平台的课税信息自动报告义务。

2. 第三方自动报告的课税信息范围

尽管第三方主体的信息自动报告义务有助于税务机关掌握更充分、全面的涉税信息,但并非掌握信息越多,反避税调查越有效。如要求第三方承担全面的信息自动报告义务,税务机关掌握的涉税信息与数据将发生爆炸式的增长。一方面,如第三方逐条向税务机关报告,其工作量与信息量巨大,对数据库要求将非常高,进行分析和管理的难度显而易见。另一方面,全面的信息提供义务也将导致第三方承担过多的信息提供成本,甚至可能影响其正常的经营活动。因此,第三方自动报告的涉税信息应有一定限制。

《非居民金融账户涉税信息尽职调查管理办法》第 35 条规定金融机构

应当自动报送的非居民账户信息主要包括账户持有人的基本信息(包括姓名或名称、地址、税收居民国或地区等)、账号或类似信息;公历年度末单个非居民账户的余额或净值、存款账户的利息总额、托管账户的利息、股息或其他计入该账户的收入总额以及其他账户的赎回款项的总额等信息。这一自动报送信息的范围基本上与《金融账户涉税信息自动交换多边主管当局间协议》第二章的要求一致。我国现行立法中并无关于金融机构等市场主体自动报送居民企业的金融账户涉税信息的具体规定。《〈税收征收管理法〉修订草案(征求意见稿)》增加了针对不同主体的自动报告信息范围的规定。除网络交易平台应自动报告电子商务交易者的登记注册信息外,[1]其他要求自动报送的信息主要与交易过程中资金流转直接相关。如该征求意见稿第31条规定,从事生产、经营的单位和个人在其经济活动过程中,一个纳税年度内向其他单位和个人给付5000元以上或单次给付现金达到5万元以上,应当向税务机关提供给付的数额以及收入方的名称、纳税人识别号。而对银行等金融机构,自动报告的课税信息则包括两个部分,即日常资金账户信息及大额资金往来信息。

资金往来无疑是公开市场交易最普遍的、最常见的环节,因此是交易是否真实发生的重要间接证明。通过第三方提供的资金支付信息,税务机关可以发现经济活动的真实状态或与纳税人所提供的信息进行比对,识别交易的可疑性。因此,将资金往来信息作为自动报送的内容,具有一定的合理性。其中,对于给付金额达到5万元的资金流转信息,分别由银行等金融机构(转账方式)和交易对方(现金给付)予以报送,能够形成对大额资金往来的经济活动及所涉当事人等信息的控制,大大促进税务机关对大额交易的税收征管。然而,将一个纳税年度内给付款项达到5000元的信息也同样纳入自动报送的信息范围,则不无疑问。纳税人一旦触及给付款项的最低限

---

[1] 《〈税收征收管理法〉修订草案(征求意见稿)》第33条。

额第三方即发生这一报送义务,并不区分现金给付或银行转账方式,可能包括在一个纳税年度内多次发生的、金额微小的零星给付。由于设定的最低限额仅为5000元,即使规模小、未达到建账要求的纳税人也须负担这一信息报送义务,在其本身不承担纳税人协力义务的情况下,反须提供交易对方的课税信息,由此加重的信息成本明显已违反比例原则。

自动报告的涉税信息应包括第三方在商业往来中掌握的与纳税人应税事实相关的基础信息。此类基础信息应为大部分甚至全部纳税人从事经济活动或特定类型交易必然发生的具有普遍性、同质性和相当证明力的信息。该类信息的提供一般能为税务机关确定税源的存在提供基础性的线索,为其进行个案调查指明具体方向和途径。

银行等金融机构基于纳税人账户的管理,可能掌握纳税人资金往来的全部或大部分的信息。但并非其掌握的所有银行信息均需自动报告。账户的开立与存续状态能够为税务机关提供纳税人资金往来的基本途径和流向的信息,应属于自动报告的信息范畴之一。具体账户中资金的往来状况原则上属于个人隐私或经营信息的范畴,应受隐私权的保护,基于银行保密义务的规定,不应规定此类信息的自动报告。但为确保税务机关及时发现正在发生或已发生的涉税违法行为、避免税收的流失,对超过一定数额的转账结算或异常、可疑的账户往来信息,也可以规定银行等金融机构有义务予以报告。

3. 自动报告义务的实现机制

从各国第三方信息自动报告制度的实施机制来看,存在定期独立信息报告与信息数据库两种不同模式。《非居民金融账户涉税信息尽职调查管理办法》规定了金融机构的定期报送,同时要求国家税务总局与有关金融主管部门建立涉税信息共享机制。但如何实现信息“共享”,未有具体的实施机制。定期的独立信息报告是由第三方在法律规定的期限内将特定期限内发生的涉税信息以法定的方式向税务机关报告。由于涉税信息定期提供,税务机关取得此类信息仍可能存在一定的时滞性。如采用数据库的信息共享模式,第三方在信息形成时将涉税信息输入该数据库,税务机关即可掌握相关的信息。采用数据库的模式,可以保证取得同一固定格式的涉税信息,减轻第三方的信息提供成本,有助于促进金融机构的自愿报告,同时提高税务机关对涉税信息的利用效率。因此,应当由特定的权威机构负责完成全国信息数据库的建立。

基于当前中国人民银行在金融业的宏观调控和监管者的地位,可以由其负责建立全国金融信息数据库。在这一数据库中,由各个商业银行报告个人和单位在其分支机构开立账户及账户的基本情况。金融机构每开立一个新的账户,即有义务实时向数据库进行报告。特定个人或单位在不同商业银行开立的不同账户将在该数据库进行汇总,由此每个单位或个人的全部账户和金融资产情况便能够得以清晰地把握。税务机关可以根据税务登记和户籍登记情况,向该数据库请求提供其税收管辖范围内的单位和个人的基本金融信息,从而实现税务与金融机构之间的信息共享。

(二)基于税务机关请求的信息提供

大多数国家均肯定了税务机关可以直接或间接通过司法、行政程序向金融机构提出请求,获取特定纳税人的课税信息。所谓基于请求的涉税信息提供模式是指掌握纳税人相关涉税信息的第三人无须主动向税务机关报送信息,仅在税务机关提出请求时,该主体才须就所请求的事项提供相应的课税信息。这一模式是当前我国《税收征收管理法》采用的主要模式。尤其是金融机构,仅在税务机关提出请求时,才有义务提供相应的涉税信息。与自动信息提供模式不同的是,税务机关必须于个案中判定第三方提供信息的必要性,进而决定第三方提供信息的范围和具体要求。在此模式之下,第三方仅须根据税务机关请求的范围而为信息提供。这既能够保证税务机关在进行个案调查时获取必要的信息,又使第三方提供信息的范围更明确且具体,这有利于提高税务机关获取课税信息的有效性,提高反避税调查的效率,也有利于减轻第三方信息提供的成本和负担,避免干扰其正常的生产经营活动。

1. 适用要件

为避免税务机关随意提出信息提供的请求而损害社会整体的信用基础,尤其损害金融体系赖以存在的业务根基,造成隐私权的根本侵犯,税务机关提出上述请求同样有必要规定严格的限制:

第一,税务机关必须经法定程序提出信息提供的请求。税务机关只有出具相关的法律文件,证明获取特定单位和个人的金融账户的具体交易和资金流向等信息为实施特别纳税调整所必要且合法,才能要求第三方提供该主体的交易信息。该法律文件可以为税务机关的行政首长出具的行政批准文件,也可以是司法机关的生效裁决或判决。

第二,税务机关必须针对特定账户或特定纳税人提出请求。第三方仅负有提供请求范围内的信息的义务。超出请求范围的信息,第三方有权拒绝提供。为此,税务机关必须指明所欲查明的具体账户或特定纳税人。

第三,所请求的信息为经济活动的形式或实质的查明所必要。税务机关请求提供的信息应当与避税安排的认定直接相关。该信息的缺失将导致系争交易是否构成避税安排这一事实无法查明,进而导致无法实施反避税调整。

税务机关主张金融机构提供的金融信息,应当主要限于从事金融交易的纳税人的开户信息、涉税交易信息、资金往来信息、票据背书信息以及银行信贷信用等级信息等。而金融机构在业务审查、操作过程中通过自身及其他渠道获得的客户资料和情况以及银行在业务往来过程中形成的客户的主观印象和资信评价等信息则属于其自身的经营信息,有权拒绝向税务机关提供。

2. 基于请求的第三方信息提供的实现程序

税务机关通过何种程序向第三方提出涉税信息提供的请求,各国的规定有所不同。有些国家规定,税务机关应遵循一般行政程序提出该请求,如澳大利亚、捷克、丹麦、法国、芬兰、意大利、挪威等国。而有些国家则规定必须通过司法程序,即税务机关必须向司法机关提出请求,在司法机关批准并发布执行命令的情况下,税务机关才能要求第三方提供相关的课税信息,如葡萄牙。还有国家规定,税务机关为获取相关的课税信息,必须请求金融监管机关的介入,如墨西哥。[1]

根据当前的《税收征收管理法》,税务机关应遵循行政程序提出获取课税信息的请求,无须司法机关或监管机关的介入或批准,但欲获取的信息类型将会影响适用的行政程序。如获取的信息为从事生产、经营的纳税人的开立账户的信息,税务机关可向金融机构提出查询请求,无须特别的批准程序。如税务机关欲取得从事生产、经营的纳税人的存款账户的相关信息,必须经县以上税务局(分局)局长批准;如所涉信息与税收违法案件相关,该项请求须设区的市、自治州以上税务局(分局)局长批准。

要求税务机关向第三方提出涉税信息提供的请求须经司法机关或监管机关的批准,目的在于通过独立主体对信息提供请求的审查,保证此项请求的合理性与合法性,避免税务机关随意要求第三方主体提供不必要的信息,过度侵扰第三方的正常经营活动。严格的审查程序的设定,固然有利于保护第三方和纳税人的隐私权,但过于烦琐的程序设置可能使第三方信息提供制度本欲追求的效率价值无法实现,与税收征管活动的行政首长负责制的基本设定也有所背离。不容否认的是,税务机关提出的信息提供请求对第三方具有一定的强制执行力,过度的信息提供请求将损害第三方的合法权利。因此,对税务机关提出第三方提供涉税信息的请求可以设定一定的行政审查程序,其审查主体应依所涉信息的类型与属性而有所不同。如税务机关所欲获取的是纳税人的一般交易或财产信息,可以由本级税务机关

---

〔1〕 IFA, *Protection of Confidential Information in Tax Matters*, Cahiers de Droit Fiscal International, Volume 75b, Berlin, Springer, 1995, p. 53.

的行政负责人负责审批;如所欲获取的是纳税人高度属人性的信息,则必须由上级税务机关的行政负责人予以审批。

(三)基于税务机关现场检查的协力

所谓基于现场检查的信息提供模式,是指税务机关直接进入第三方的经营场所,直接获取与纳税人课税相关的信息资料。在这一模式下,第三方实际上处于消极的被动地位,是涉税信息的强制性提供。不少国家采用此种模式,规定在一定条件下税务机关可以进入银行的营业场所直接检查银行记录或取得文件资料。在奥地利,如银行拒绝一项有效的信息提供请求,税务机关有权直接取得银行的文件资料。意大利的税务机关也有权直接进入银行的经营场所,取得银行的交易记录。

《税收征收管理法》尽管规定了税务机关的现场检查权,但检查的范围主要限于纳税人的生产经营场所。该法第 57 条规定,税务机关依法进行税务检查时,有权向有关单位和个人调查纳税人、扣缴义务人和其他当事人与纳税或者代扣代缴、代收代缴税款有关的情况,有关单位和个人有义务向税务机关如实提供有关资料及证明材料。该条规定实际上也肯定了税务机关可以向金融机构实施调查以获取相关的信息。但税务机关对金融机构进行现场检查,是税收检查权的扩展,是对金融机构掌握的涉税信息的强制获取,对其正常的经营活动必然造成不必要且明显的干扰,损害其经营自主权。为此,税务机关对金融机构的现场检查权的行使应规定更严格的条件:

第一,金融机构拒绝提供必要的金融信息或所提供的信息存在虚假或重大遗漏。金融机构已经明示拒绝税务机关的信息提供请求,或尽管已提供相关的涉税信息,但不真实、不完整或不准确,税务机关无法加以利用。

第二,该信息必须与特定应税事实的查明直接相关。税务机关缺乏该信息将无法查明有关的涉税事实。

第三,税务机关可能因应税事实的无法查明而无法作出是否施以纳税调整的决定。实施对金融机构的现场检查,对其经营活动影响甚巨,只有该应税事实无法查明，将导致国家税款的巨额流失，才能使税务机关的现场检查具有正当性。

为防止税务机关的现场检查对金融机构的正常经营活动造成过多的干扰，或借此获取与应税事实无关的信息，应对税务机关对金融机构的现场检查规定严格的程序。税务机关应当向金融监管机关提出申请，填写金融机构现场检查立项审批表，列明检查原因、检查对象、检查内容和时间安排等事项，经其同意后，才可以协同金融监管机构工作人员对该金融机构实施现场检查。具体而言，税务机关及金融监管机构工作人员可以到金融机构进行检查，询问金融机构的工作人员，要求其对有关检查事项作出说明，查阅、复制金融机构与检查事项有关的文件、资料，并对可能被转移、销毁、隐匿或者篡改的文件资料予以封存，检查金融机构运用电子计算机管理业务数据的系统运作。

四、第三方协力“反避税”的基本限制

尽管我国已有关于第三方信息提供的零星规定，但从总体上看其执行效力相对低下，税务机关无法有效地从第三方获取必要的信息。究其原因，乃在于对金融机构而言，信息提供义务是其附带的社会义务。该义务的履行不仅不会增加其商业机会，反而有损其与客户之间的信赖关系。对于纳税人而言，隐私权意味着可自主控制与支配个人信息。而在第三方信息提供的框架下，个人信息可能完全脱离其控制，甚至在完全不知情的情况下为税务机关取得。如此项权利不受任何限制，则无限度的信息提供将损害纳税人的隐私权和第三方的经营自主权，更可能因此损害特定行业赖以存续的信赖基础。正因如此，为保证此项制度的顺利实施，通过一定的制度设计，在三者之间寻求一种合理性界限，进行多向度的调节，消除税务机关信息获取权与纳税人隐私权、第三方经营权之间的冲突，便成为重中之重。

(一)目的明确性原则

“目的明确性原则”是隐私权立法保护中的重要原则。《金融账户涉税信息自动交换多边主管当局间协议》明确规定各国交换金融账户的涉税信息只能用于“《公约》规定的目的”。基于目的明确性原则,税务机关在请求金融机构提供个人的相关信息时,应说明获取信息的合法、特定的用途,即第三方所提供的个人信息将用于系争交易的形式与实质的判定、应纳税额的认定以及税款的征收等目的。由于第三方提供个人信息,必然对其信息权造成一定的干预和限制,为加强对信息权的保护,避免实施反避税调查过多干扰第三方的日常活动,第三方基于税务机关的请求而提供涉税信息,应当提前告知该当事人,说明请求其提供的相关信息的使用目的以及金融信息提供的必要性。第三方不得在本人不知情的情况下,向税务机关提供该信息。税务机关必须如实告知第三方获取该信息的特定征税目的。第三方也只需在特定目的的范围内,提供与征税目的实现相关的信息。

基于课税目的而获取的涉税交易信息的使用同样应以税务机关告知第三方的目的为限。一般而言,由第三方取得的涉税信息,仅限于实施反避税调查的工作人员掌握和使用,并仅能在该特定目的的范围内加以使用,不得随意改变该信息的使用用途,更不得基于征税以外的其他目的向其他主体提供该信息,如不得据此信息追诉纳税人其他非税违法行为,除非涉及严重刑事犯罪的情况。接受信息的税务机关应当承诺基于所获得的信息采取重大行动时,将事先与提供该信息的金融机构协商。

应当注意的是,银行等金融机构作为市场主体,本身即是纳税人。金融机构作为纳税人履行其协力义务而提供的课税信息,能否用于查明其客户的应税事实之用,不无疑义。同样,税务机关对作为纳税人的金融机构实施检查或调查时掌握的客户信息能否用于对客户实施纳税调整,也值得关注。尽管税务机关已掌握上述涉税信息,但金融机构作为纳税人提供的课税资料仅为税务机关查明其自身的应税事实之用。基于目的明确性原则,上述课税资料不应直接用于其客户的特别纳税调整。但税务机关既已掌握上述信息，如绝对禁止其用于查明其客户避税与否的事实，反而要求金融机构作为第三方再次提供相同或类似的信息，不过徒增金融机构的信息提供成本。因此，不应绝对禁止金融机构作为纳税人提供的课税资料用于其他税收用途。但税务机关应当在将上述信息作为反避税调查的证据来源之前告知金融机构。

（二）必要性原则

必要性原则同样是税务机关在反避税调查中请求第三方提供涉税信息必须遵循的重要原则，它强调的是第三方提供涉税信息应是为查明有关交易真实发生的经济关系所必要，并合乎比例，履行具有可期待性。第三方足以采用适当且必要的措施来提供与该目的相关的涉税信息。基于必要性原则的要求，税务机关不能随意请求第三方提供任何涉税信息。当且仅当税务机关不通过第三方获取涉税信息即无法获得相关课税资料或通过其他方式获取课税资料的成本过高，而该信息对反避税目的的实现重大且关键的情况下，经税务机关的主管人员同意，才能要求第三方提供。如果税务机关能够通过其他途径获取或以相同甚至更低的成本获取涉税信息，即不得为此请求。税务机关也不得过度、过量地要求第三方提供相关涉税信息，如公开足以影响其生存的营业或商业秘密，或要求第三方提供的信息资料显然与系争避税交易的事实无关，或有关信息的提供固然能够查明避税与否的事实，但对纳税人造成的损害显然超出应税事实阐明所达成的效果等。凡不必要、不合比例、不可能或无期待可能的信息提供，第三方即可以认为构成对信息权的侵犯而拒绝提供。

五、提供信息的第三方与所涉纳税人的权利保护

尽管社会整体利益的实现有必要要求第三方提供涉税信息，但这无论对纳税人的信息权还是对金融机构等主体的经营权都将产生重要的影响。

为此,在保证税务机关获取涉税信息的同时,应有必要对相关主体的权利予以保护。

(一)协力第三方的权利保护

是否允许第三方拒绝向税务机关提供相应的信息,在各国立法中并未给予明确的规定。如第三方负有自动报告纳税人基础信息的义务为法定义务,在法律规定的自动报告的信息范围内,第三方无任何拒绝报告的权利,不得以任何理由拒绝提供信息。

在第三方基于税务机关的请求提供信息或税务机关实施现场检查直接从第三方获取信息的场合,除《税收征收管理法》第59条规定第三方在税务机关派出的人员未出示税务检查证和税务检查通知书的情况下有权拒绝外,并无第三方有权拒绝税务机关的信息提供请求的规定,似乎认为只要税务机关提出信息提供请求,第三方均有义务予以履行。在实践中,第三方往往以此项义务的履行导致其违背银行法上的保密义务或与其日常活动无关而拒绝履行。

就第三方信息提供的制度意旨而言,如任由第三方拒绝提供税务机关所要求的信息,显然无法保障税务机关获取反避税调查所必要的信息,因此,原则上第三方不得基于其承担的保密义务或信息权保护而拒绝提供涉税信息。

然而,尽管金融机构等第三方提供的是其管领之下的信息,但如果义务的履行可能损害第三方与纳税人之间的信赖关系,则应当允许其拒绝信息的提供。具体而言,在如下情形中,第三方有权拒绝向税务机关提供相关的涉税信息:

(1)税务机关违反法定程序要求第三方提供信息。税务机关必须遵循法定程序请求第三方提供信息或对第三方实施现场检查以获取信息,这是防止税务机关滥用信息获取权的程序限制。因此,税务机关如违反法定程序,如未取得行政主管人的批准、未采用法定的统一格式检查通知或未出示税务检查证明等,第三方均有权拒绝提供课税信息。

(2)税务机关未指明需提供的信息范围或要求提供的信息与税务机关所欲实现的特别纳税调整目的显著无关。为减轻信息提供对第三方造成的侵扰,税务机关应当明确指明欲获取的涉税信息的范围,而不能提出概括性的、一般性的信息提供请求,即税务机关必须指明信息所涉的特定纳税人及其具体事项,且该信息必须与税收目的的实现相关。如税务机关为概括性的信息提供请求或所要求提供的信息与反避税目标的实现不存在显著的关联性,第三方也有权拒绝提供。

(3)第三方有足够证据证明其提供的信息将被用于税收以外的其他用途。第三方不得随意处分处于其管领之下的纳税人信息,反而负有保护、避免泄露此等信息的义务,这是个体信息权的题中应有之义。尽管提供涉税信息为其协助避税的法定义务,但如所提供的信息将显然不被用于税收目的,基于其信息保护义务,第三方应尽量避免将此等信息对外提供。在此情况下,同样应当赋予其拒绝权。

(二)协力事项所涉纳税人的权利保护

1.纳税人的受通知权

在税务机关提出提供涉税信息的请求或实施检查以获取纳税人信息的情况下,纳税人是否有权知悉信息将被提供这一事实,同样有必要予以关注。

我国《税收征收管理法》并无关于第三方须在向税务机关提供信息之前告知或通知纳税人的规定。尽管第三方掌握纳税人的交易或财产信息,却并非此类信息的所有人。相反,纳税人仍享有支配、处分其个人信息的权利。纳税人有权知悉在他人掌握之下的信息的存在状况。尽管第三方的信息提供义务为法定义务,为使纳税人充分了解其个人信息为其他主体所获取的状况,第三方基于税务机关的请求提供相关信息时,应当有义务告知信息所涉主体,如账户的持有人或受益人。这是纳税人信息权的题中应有之义。《非居民金融账户涉税信息尽职调查管理办法》第 4 条即要求金融机构“应当向账户持有人充分说明本机构需履行的信息收集和报送义务”。

第三方原则上应当于接到税务机关提出的正式请求之后、应请求提供纳税人信息之前通知所涉纳税人。除非税务机关明确要求不得提前通知纳税人。在此情况下，税务机关必须在提出信息提供请求的同时，说明不得告知纳税人的具体理由。但提前通知的禁止是对纳税人信息权和知情权的剥夺，法律必须明确在何种情况下税务机关可以作出不得提前通知的要求。具体而言，在如下情况下，可以要求第三方不得提前通知纳税人：

(1)纳税人存在税收欺诈。

(2)提前告知将导致纳税人隐藏、破坏或改变相关信息记录、转移资产逃避税收。

(3)提前告知可能导致纳税人实施其他不法行为。

在上述情况下，在涉税信息提供后，第三方仍有义务告知纳税人已由其向税务机关提供的信息，以保证其知情权和信息权。

2. 纳税人的异议权

在第三方将税务机关提出的信息提供请求告知纳税人时，纳税人是否有权要求第三方不得提供其信息或就信息的提供提出异议，各国规定有所不同。第三方信息提供制度是为补正税务机关直接获取涉税信息途径的不足或缓解在纳税人拒绝履行协力义务所造成的涉税信息获取的困难，如纳税人有权禁止第三方向税务机关提供信息，则该项制度即可能无法顺利实现。因此，原则上纳税人无权就第三方的信息提供提出异议。第三方就信息的提供告知纳税人，仅为事实通知，无论纳税人是否作出同意的意思表示，第三方都可以且必须根据税务机关的请求提供信息。但如纳税人有足够证据证明相关信息已经依法提供或该信息的提供将被用于税务机关请求范围以外的其他目的，纳税人有权向提出请求的税务机关的上级机关提出异议，要求其停止获取相关的信息。

3. 纳税人的司法救济权

纳税人对第三方向税务机关提供信息的行为是否有权提起司法救济，各国的规定也有所不同。有些国家，如美国和比利时，允许纳税人在此情况下对第三方提供纳税人信息提起诉讼，其他国家却排除此种可能性。[1] 事实上，第三方向税务机关提供的是纳税人失去实际控制力的信息，如此种信息是以非法或不合常规的方式加以传递，纳税人将难以避免损害的发生。在此情况下，如不赋予纳税人救济的权利，这不仅是对纳税人信息权的侵害，也会影响第三方信息提供的制度机能的正常发挥。因此，应有必要赋予纳税人就第三方提供信息的行为提起救济的权利，以便评价信息的提供是否对私人利益造成威胁，是否未对冲突的利益予以充分的考量。

我国并无纳税人可以针对第三方向税务机关提供信息的行为提起司法救济的相关规定。就当前我国的司法制度而言，这实际上存在法律的障碍。首先，纳税人应以第三方还是税务机关为被告，即不无争议。尽管提供信息的是第三方，却是基于税务机关的请求而实施该行为。而税务机关的请求或决定的相对人是第三方，而非纳税人。即使税务机关的此项决定构成一项具体行政行为，纳税人作为间接利益关系人，依照《行政诉讼法》的规定，并不具有原告资格。其次，即使纳税人可以提起行政诉讼，根据诉讼不停止执行的原则，第三方仍可以向税务机关提供信息。而信息一旦为税务机关所获取，尤其是"盖住即存，揭开即失"的商业秘密，纳税人所受的损害便将无法恢复原状。在此情况下，纳税人的权利均无法通过司法救济获得必要的保护。

[1] 林德木：《论国际税收情报交换程序中的纳税人的参与权》，载《税务与经济》2003 年第 2 期。

第三篇

反避税调查程序中的证明责任减轻机制

第六章
纳税人反避税调查协力义务的违反及其救济机制

为了保证税务机关在反避税调查程序中可以发现被纳税人以合法、有效的法律形式所掩盖的经济事实,纳税人负担重要的证据资料的提供义务。但这一义务的履行不仅增加纳税人税法上的遵从成本,更可能导致纳税人本不欲为他人知悉的信息一并为税务机关取得,使其对个人信息的控制力和支配力大为降低。因此,只有通过法律的强制才能促使纳税人履行此义务。《企业所得税法》第 44 条、《一般反避税管理办法(试行)》第 12 条、《特别纳税调整实施办法(试行)》第 95 条以及《特别纳税调查调整及相互协商程序管理办法》第 14 条均对纳税人违反反避税调查中的协力义务的法律后果予以规范。但上述条文的适用范围和条件各有不同,法律后果也有所差别。而纳税人未完全履行提供证据资料的协力义务,直接造成的是税务机关对交易是否构成避税安排及其经济实质的事实查明困难,甚至陷入无法查明的境地。因此,这一义务的不履行行为并不能以惩罚纳税人为已足,如何在使违反协力义务的纳税人承担不利益的同时避免税务机关陷于事实调查不能的境地,显然更重要。

上述规定以不完全列举的方式分别列示了纳税人违反反避税调查协力义务的具体样态。《一般反避税管理办法(试行)》第12条仅规定了"拒绝"提供资料这一种义务违反的样态。《企业所得税法》第44条则规定了"不提供资料""提供虚假资料""提供不完整资料"三种义务未完全履行的形式。《特别纳税调查调整及相互协商程序管理办法》第14条延续了这一规定。《特别纳税调整实施办法(试行)》第95条则规定了"未在规定期限内提供资料"和"提供资料不能证明安排具有合理商业目的"两种义务违反样态。上述条文分别列举的协力义务违反行为,其用语的内涵和外延亦存在不同程度的模糊性,导致在反避税调查实践中条文适用的争议。"拒绝"提供资料行为应指纳税人可以为但有意不为资料的提供,"不提供资料"则不仅包括明示或默示的拒绝行为,也包括因不可抗力等原因不能提供的情形。提供不完整资料是否包括虽已提供法定或指定的证据资料但仍无法证明安排的的合理商业目的的情形,同样并不明确。此外,拒绝提供部分资料,其结果即为不完整的资料提供。如虽未拒绝但有意隐匿、毁损相关证据资料,是否亦作为"拒绝"行为确定规则的适用等,都在实践中引发不同程度的争议。

就上述义务违反行为所应当承担的法律后果,在上述规定中存有一定的冲突。如企业拒绝提供资料,即企业根据法律或税务机关的指定应当提供却故意不予提供其控制之下的资料,税务机关有权以核定方式确定纳税人的纳税义务。这在上述条文中均有所规定。但根据《企业所得税法》第44条核定对象为"应纳税所得额",即税基;[1] 依《一般反避税管理办法(试行)》第12条和《特别纳税调查调整及相互协商程序管理办法》第14条,核

[1] 《特别纳税调整实施办法(试行)》第106条所规定税务机关因纳税人税收协力义务违反而实施的税收核定适用《企业所得税法》第44条和《企业所得税法实施条例》第115条的规定,因此,核定的内容同样为"应纳税所得额"。

定的却是“应纳税额”，即应纳税款的金额。如纳税人虽按期提供课税资料，但提供的资料不完整、不真实，依《一般反避税管理办法（试行）》并不导致税收核定，依《企业所得税法》和《特别纳税调查调整及相互协商程序管理办法》纳税人却将面临税额的核定。纳税人虽提供证据资料但不完整而无法证明交易的合理商业目的，适用《特别纳税调整实施办法（试行）》第95条也将发生截然不同的法律后果。

除作出税收核定外，《特别纳税调查调整及相互协商程序管理办法》第14条规定，纳税人发生不提供相关资料等行为，首先应当由税务机关责令限期改正，逾期仍未改正的情况下，税务机关应按照《税收征收管理法》第70条及其实施细则第96条的规定根据情节轻重处以罚款，上述其他条文并无类似的规定。但企业所得税的反避税调查本为特别的税收征管程序，在《企业所得税法》未作规定的情况下，亦应该适用《税收征收管理法》的相关规定。就此而言，上述条文之间实际上并无实质的不同。但《特别纳税调整实施办法（试行）》第95条所规定的“未在规定期限内提供资料”和“提供资料不能证明安排具有合理商业目的”两种义务违反方式是否涵盖于《税收征收管理法实施细则》第96条的“不依法接受税务检查的其他情形”，则不无疑问。

此外，某种特定类型的资料对上述事实的证明力在不同的案件中也有所不同，是否只要存在资料的欠缺，无论其证明力如何，都将导致相应的不利法律后果的发生，尤其是税收的核定，上述条文均未予以明确的规定。在确定税收核定的适用时，是否有必要考虑纳税人未履行协力义务的主观状态，在上述规则中均未有所涉及。但就“拒绝”提供资料或“虚假资料”的提供而言，纳税人应当存在明知应当提供但有意识地不予提供在其控制范围之内、有能力提供的资料的主观故意；而提供“不完整”资料致未能真实反映业务往来情况的行为，则可能基于故意或过失为之，甚至不存在主观上的过错。基于不同的主观过错发生的资料未提供的情形，尽管均对反避税调查产生妨碍，如发生相同的法律后果，对纳税人便是不公平的。

可以说,当前立法对反避税调查程序中纳税人违反协力义务情形的列举,一方面,并未穷尽所有的协力义务违反的样态,已经列示的义务违反行为的界限亦是模糊不清,在条文的适用方面难免争议的发生;另一方面,课以纳税人在反避税调查程序中的资料提供义务的本意在于减轻税务机关查明事实的困难,税务机关无法取得并利用本期待纳税人可以提供的证据资料,因而无法查明交易的经济实质,是这一义务未获履行所造成的主要危害。正因如此,除罚款外,税收核定作为一种证据上的不利方法在协力义务违反时为税务机关采用,而不区分纳税人协力义务违反的具体方式、情节和后果。然而,纳税人协力义务违反的形式不同,对税务机关查明经济事实的影响程度不可一概而论,事事一核了之未免过于僵化。既然协力义务的设定目的在于以纳税人资料的提供促进反避税调查程序的进行,那么纳税人固然应当为其义务的不履行承担不利后果,但与此同时更应该恢复税务机关对未被提供的资料的重新利用或缓解其因此面临的事实查明困难。下文中将首先对纳税人协力义务违反的具体样态予以考察,在此基础上再对其应当承担何种法律后果以实现上述目标加以研究。

一、反避税调查协力义务的违反样态

反避税调查协力义务的违反,即依据税法的规定在特别纳税调整调查程序中负有协力义务的纳税人不履行此义务或履行此义务不符合规定。在行为方式上可以为作为,即纳税人无须以积极的举动履行协力义务的情况下,却通过实施一定的行为使税务机关无法取得、妥当利用有关证据或证据方法,如纳税人销毁、隐匿交易有关的合同资料;也可以为不作为,即纳税人必须通过积极的行为才能使税务机关获取查明课税事实的资料却拒不实施该行为,如拒绝税务机关进入其营业场所实施检查。具体而言,纳税人协力义务的违反行为存在以下的四种类型:

1. 不能履行

不能履行即负担协力义务的纳税人在客观上不具备履行此项义务的能力。在反避税调查程序中纳税人提供的证据资料一般为记载应税事实相关信息的文书资料，如纳税人从事交易安排的内部决策和管理资料、交易合同、补充协议等。[1] 一旦资料毁损灭失，将导致不能履行。

税收协力义务的不能履行可以分为永久不能履行和一时不能履行。前者指协力义务的履行期限届满时不能履行，后者则是指履行期满时因暂时的障碍而不能履行。不能履行又存在全部不能履行和部分不能履行两种不同的情形，前者指协力义务全部不能履行，后者指协力义务的一部分不能履行。

负担协力义务的纳税人能否基于法律的禁止性规定而主张不能履行，如律师以根据《律师法》第 38 条关于"律师对在执业活动中知悉的委托人和其他人不愿泄露的有关情况和信息，应当予以保密"的规定为由主张不能履行，现行法中并无规定。由于税收乃属公法之债，其及时征收入库事关全体国民基本权利的实现，因此，因征税权行使所实现的价值往往被认为超过个体私权利的价值，如因此对以保护私权利为目标的禁止性规定有所违反，也被认为应属正当且必要。因此，一般认为不能主张法律上的不能履行。

2. 迟延履行

迟延履行，又称逾期履行，是指负有协力义务的主体能够履行，但在履行期限届满时却未履行此义务。构成迟延履行，一是义务人能够履行；二是义务履行期限徒过而义务人未履行；三是义务人未履行不具有正当事由。是否构成迟延履行，履行期限具有重要意义。由于协力义务发生于反避税调查程序中，以促进反避税调查程序的推进为目的，无论该义务是基于法律规定还是税务机关的请求发生，一般均明确规定其履行的期限。如根据国

---

[1] 《一般反避税管理办法（试行）》第 11 条。

家税务总局颁布的《关于完善关联申报和同期资料管理有关事项的公告》(国家税务总局公告2016年第42号)第19条规定,纳税人的主体文档应当在企业集团最终控股企业会计年度终了之日起12个月内准备完毕,同期资料应当自税务机关要求之日起30日内提供。此时,基于“期限代人催告”原则,如期限徒过,纳税人当然陷入履行迟延。

3. 不完全履行

不完全履行是指负有协力义务的纳税人虽然履行了义务,但其履行不符合此义务的本旨。与不能履行、迟延履行、拒绝履行相比,不完全履行虽然履行不完全,但尚有可认为履行的行为,而不能履行、拒绝履行等则属于无履行行为的消极状态。

关于不完全履行,可以分为如下几种类型:(1)履行在数量上不完全,这一般表现为在应当提供的课税资料数量上有所短缺。(2)提供的课税资料不符合规定或提供的课税资料隐有缺陷,如所提供的课税资料与税务机关所欲查明的课税事实无关或虽有关但不全面、不充分或存在重大遗漏。(3)加害给付,与其他不完全履行的行为类型相比,加害给付给税务机关造成的损害更大,即税务机关不仅无法基于提供的课税资料查明事实,反而可能因其提供的资料被误导而陷入错误。如纳税人提供的账簿凭证等课税资料虽然完备,但记载错误或缺漏甚多,使其记载内容不正确而缺乏可信性。(4)履行方式不完全,即未按照规定或税务机关的要求为协力义务的履行。

不完全履行应当以履行期限届满仍未消除缺陷或另行给付时为确定标准。如税务机关同意义务人一定的宽限期,那么在该宽限期届满仍未消除缺陷或另行给付,才构成不完全履行。

4. 拒绝履行

拒绝履行是负有协力义务的纳税人对税务机关明确表示不为义务的履行。构成拒绝履行,其一,应为纳税人具备履行此义务的能力。拒绝履行应为能够履行而表示不履行,这是拒绝履行与不能履行的根本区别。其二,纳税人应为不履行的意思表示,这种表示一般为明示,于履行期限届至时或期满前为此种表示。如此种拒绝一直持续至履行期限届满,则构成迟延履行。

二、纳税人违反反避税调查协力义务的"可责性"

税收协力义务是纳税人信息自由权附带的法律义务。面临反避税调查的纳税人在一般税收确定程序中已依法履行了税收协力义务,已经充分、完整地申报、公开形式上的经济活动的全部必要信息。[1] 税务机关基于对其特定交易存在形式与实质的背离的合理怀疑对纳税人实施反避税调查,纳税人因此负担进一步的资料提供义务,更加全面地协助税务机关进行经济事实的阐明。与一般税收确定程序中的协力义务相比,在反避税调查程序中纳税人应当提供的资料信息更加具体化和细节性。如根据国家税务总局《关于完善关联申报和同期资料管理有关事项的公告》第16条的规定,成本分摊协议的特殊事项文档应当包括成本分摊协议副本,各参与方之间达成的为实施成本分摊协议的其他协议,非参与方使用协议成果的情况、支付的金额和形式,以及支付金额在参与方之间的分配方式等具体事项和内容的说明。表征经济活动的证据多以文书资料的形式存在,一旦提供,记载于该文书上纳税人本不欲为他人知悉的经营信息或个人信息将可能一并为税务机关取得,其对信息的控制力和支配力大为降低。以企业制作的财务会计账簿为例,账簿乃企业记载其营业上的财产及损益状况的文书,能够反映有关当事人之间权利义务关系的实际状况,对于税务机关查明应税事实具有重要的价值,是纳税人履行协力义务的重要内容。然而,由于账簿是对企业经营状况的全面反映,账簿一经提出,可能将其上记载但与避税安排的认定无关且纳税人欲加以秘藏的部分也予以披露。因此,只有通过法律的强制才能促使纳税人履行此义务。如纳税人无正当理由拒不履行此义务,应当

[1] 在一般税收确定程序中,如纳税人未经申报或申报不实,则税务机关可以进行税收的核定,甚至可能构成税收违法行为而追究其法律责任。

承担对其不利的法律后果,否则将因缺乏强制力而丧失执行的可能。

如果纳税人拒绝履行或未完全履行此协力义务,税务机关必须重新进行应税事实的大量细致的调查,其承担的证据提出责任便可能大受影响,征税权的行使将可能因此有所延宕。基于职权调查主义,一旦税务机关无法查明应税事实,将产生"疑则有利于纳税人"的后果。如因协力义务的不履行反而实现税收利益,纳税人便可能利用税务机关负担职权调查这一事实,以不正当的手段妨碍税务机关的事实调查,如故意致证据灭失、隐匿或有其他致税务机关难以提出证据的情形,使其陷入调查困境,从中获取税收优势,这将是对诚实信用原则的违背。[1] 在缺乏强制的情况下纳税人势必怠于提供课税资料,从而导致税务机关与纳税人之间就课税事实阐明的"合作共同体"难以有效形成。税收本在于确保国家机构的运作和国民基本权利实现所需的基本经费来源,税法因此具有强行法的性质,必须获得严格的遵循,"不管纳税人的意志如何而进行划一的课税",以维持纳税人之间的公平。[2] 如果因纳税人未提供课税信息而导致税务机关无法查明被纳税人精心构建的交易形式所隐藏的经济实质,将无法遏制税基的侵蚀及由此造成的税收流失。税法也将因此无法获得公平的执行。因此,尽管提供证据资料仅为纳税人协助税务机关进行反避税调查,亦同样具有不可违反性。纳税人未履行此项义务,同样应当给予否定性的评价,使其承担不利的法律后果,并恢复因此而延滞的反避税调查程序。

三、纳税人违反协力义务的法律后果的"法定"与"裁量"

如前所述,纳税人不履行协力义务的行为具有可责性并无疑义,应有必要令其承担一定的不利法律后果。当前立法对此有所规定,但对纳税人的主观过错、行为方式、危害后果等并未予以考虑,而是对同一类型的协力义

---

〔1〕 占善刚:《证据协力义务之比较法研究》,中国社会科学出版社2009年版,第275页。

〔2〕 [日]金子宏:《日本税法》,战宪斌、郑林根等译,法律出版社2004年版,第24页。

务违反行为规定了相同的法律责任。

然而,纳税人未尽协力义务对案件事实查明的影响程度不同,其行为方式、未提供的资料的证明价值、纳税人的主观可归责性等均存在差异。如果对上述因素不加以考虑,使任何违反税收协力义务的纳税人均面临相同的法律责任,将造成不公平的结果。纳税人有一般的行为自由,于法律未禁止的范围内,得自由安排其商业活动。尽管《企业所得税法》及相关的税收规范性文件详细列举了纳税人提供的用于证明课税事实的证据类型,尤其是交易的合理商业目的的相关事实证据,如财务会计报表及其说明材料、与纳税有关的合同、协议书及凭证、税控装置的电子报税材料等,但在经济生活中,纳税人从事交易的方式以及记录或表征交易发生的载体形式往往受交易习惯、行业规范、市场行情、当地习俗、经验法则等因素的影响,某一证据或证据方式往往只是证明课税事实发生的证据链条的环节之一。税务机关不能仅凭单一证据作出判定。相较而言,一般税款确定程序中纳税人提供的课税资料在内容和形式上具有较强的法定性,而在特别纳税调整程序和稽查程序用来证明系争交易的证据资料各有不同,即使是相同形式的证明资料,其证明力在不同的案件中也有所不同。纳税人未提供的证据对案件事实查明的妨碍程度不可一概而论。更重要的是,税务机关可以通过多种方式和途径进行事实的调查,纳税人未尽协力义务并不必然造成事实难以查明的后果。将同一救济方式适用于极复杂的所有类型的案件中,本身已过于僵化。纳税人未履行协力义务造成的资料缺失,在很多情况下已使税务机关无法根据证据本身的内容,确定纳税人"积极协助"与"拒不协助"之间在事实查明状态上的"落差",判断对事实查明造成的影响。该行为的影响,往往是通过纳税人的主观可归责性、行为方式、妨碍后果等多个层面反映出来。因此,法律后果的确立应当以税收协力义务的违反对税务机关查明课税事实的妨碍程度作为判断的基础,而不能单纯着眼于纳税人"拒不提供""提供不完整、虚假资料"等客观行为方式,必须在个案中综合考虑诸多外在的因素，以选择确定恰当的救济与制裁手段。

四、确定税收协力义务违反的法律后果的考量因素

1. 纳税人未履行协力义务的主观可归责性

作为税收协力义务违反的主观状态涉及行为人的心理活动。纳税人实施违反税收协力义务的行为是否具有法律意义，在很大程度上取决于纳税人在主观状态上是否存在过错。违反协力义务的外观表征是纳税人的行为，由于这种行为与“税务机关与纳税人之间构成征税合作共同体”、税收由纳税人平等分摊的税收正义观念相抵触，因而在法律上具有可制裁性和可罚性。究其缘由，却应当归咎于支配此种行为的主观心理状态。这种主观状态之所以被定义为“过错”，是因为它在法律上受到负面的、否定性的评价。正是基于这种主观状态应受到的责难，使某一违反协力义务的具体行为具有可归责性。此种可归责性，是基于纳税人的行为因受某种过错心理状态的支配，对税务机关查明课税事实造成了不利影响，从而妨碍其征税权的实现而确立的。

就主观归责程度的类型化而言，可分为故意、重大过失、一般过失、轻微过失和无过失（不可归责于纳税人主观过错的意外事件等情形）。轻微过失一般无足轻重，通常可以忽略不计。无过失则与意外事件相联系，与当事人主观上的心理状态并不存在任何的必然联系，因而也不具有可归责性。

一般而言，如果纳税人明知或应当知道有关证据或证据方法对税务机关查明课税事实具有重要意义，为妨碍税务机关将其作为事实认定的证据，而故意毁损证据方法，或以其他方法导致税务机关不能或难以加以利用，即存在过错。这不仅要求纳税人对证据的毁损、灭失或拒不提供存在过错，还要求其能够或应该认识到该证据对证明案件事实的重要作用但仍不予提供，即纳税人必须对“协力义务的未履行”和“义务未履行导致的后果”均为知道或应当知道的情况下，才能认定纳税人存在过错，从而对其施予法律上

的不利益。

2. 纳税人未提供的资料的可替代程度

在发生调查妨碍的情形时,纳税人未提供的证据材料或证据方法应当对证明案件事实具有相当分量,即对案件事实的查明具有重要性或不可替代性。如果纳税人未提供的是唯一、不可替代的证据资料,该资料对案件事实具有较强的证明力,且其证明力无法或难以通过其他证据予以弥补,其缺失将直接导致案件事实陷于真伪不明的状态。纳税人未尽协力义务造成的危害结果显然较大。反之,如果纳税人未提供的证据以其他证据资料代替可以得出证明结论,其行为对于税务机关查明案件事实的影响程度则较轻微。

3. 纳税人未提供资料所造成的调查困难度

纳税人的协力义务仅为从属于税务机关职权调查的证据提出义务,是税务机关查明课税事实的证据方法之一。根据《特别纳税调查调整及相互协商程序管理办法》的规定,税务机关可以采取现场调查、发函协查和查阅公开信息等方式查明案件事实。纳税人未尽协力义务仅导致税务机关丧失证据的获取方式之一,并不必然使案件事实陷于真伪不明的状态。税务机关必须在税法规定的范围内穷尽一切调查手段获取足够的证据材料。虽然发生纳税人违反协力义务的情形,税务机关还是应当进一步判断未被提供的证据是否可以其他证据方法代替。如果存在其他完全可替代的证据方法,且税务机关可以取得而不致发生额外的成本,则不必通过证据法上的不利法律后果恢复征纳双方之间就证据资料利用的公平状态。

但如税务机关为此须付出大量额外的时间、精力和金钱寻找替代的证据,此种额外的付出应当成为择定救济与制裁方式的考量因素。同样,如果税务机关已穷尽一切调查手段,案件事实仍无法查明或无查明的期待可能性,亦说明纳税人未尽协力义务的危害程度较高,则应当采取更为严厉的救济与制裁措施。

五、税收协力义务违反的法律后果与救济方式

税收协力义务的违反行为具有可罚性,但设定何种法律后果才能够真正有助于实现设置税收协力义务的初衷与本旨,同样是税收协力义务制度的重要内容。

税收协力义务的违反造成的危害后果在于导致税务机关无法取得本可预期取得的有关课税事实的证据或证据方法,进而延缓反避税调查程序的进程,妨碍国家征税权的行使。因此,此行为的法律后果的设置应当以恢复税务机关对本可期待取得的证据或证据方法的利用、重新恢复已受妨碍的反避税调查程序的进行的同时,使纳税人受到某种惩罚性,并使任何潜在的协力义务的违反者对其怠于履行义务的行为将可能产生的法律后果怀有畏惧的心理状态,以促使其实施协力义务为目标。那么,要使行为人感受到此种制裁与惩罚,所设置的法律后果应当能够使行为人为其违反协力义务的行为付出相应的成本与代价,且在权衡其行为可能获得的税收利益之后感到得不偿失。在税收协力义务违反的法律后果的射程范围内,任何以妨碍税务机关课税事实的调查、避免特别纳税调整而获得对其有利的征税结果的企图都应当致其失效,甚至发生对其更为不利的结果。程序救济、法律制裁与积极预防应该是纳税人违反协力义务的法律后果设置的核心价值。具体而言,纳税人违反协力义务所应当承担的不利益的法律后果在个案中的选择,至少应当考虑如下的因素:(1)如何尽可能在反避税调查程序中恢复税务机关对证据资料的利用;(2)如何对因纳税人违反协力义务而面临调查妨碍的税务机关进行救济;(3)如何对存有过错的纳税人进行恰当的惩罚。税务机关应当根据纳税人的主观可归责性和客观行为决定其应承担的不利益的法律后果。

对于纳税人的协力义务的违反，除去课以税收核定这一降低证明标准[1]确定税基的相关事实的后果外，《税收征收管理法》第 70 条及其实施细则第 96 条明文规定以公法手段予以制裁，即对纳税人课以一定数额的罚款。[2] 此外，根据最高人民法院《关于行政诉讼证据若干问题的规定》第 59 条的规定，被告在行政程序中依照法定程序要求原告提供证据，原告依法应当提供而拒不提供，在诉讼程序中提供的证据，人民法院一般不予采纳。因此，如纳税人在反避税调查程序中拒绝提供法定的证据资料，一旦进入诉讼程序，将面临证据排除的后果。不仅如此，2009 年国家税务总局颁布的《特别纳税调整实施办法（试行）》第 95 条同样规定如纳税人"未在规定的期限内提供资料，或提供资料不能证明安排具有合理的商业目的的，税务机关可根据已掌握的信息实施纳税调整"，允许其在此情形之下采取表见证明的方式认定避税安排的存在。因此，在反避税调查程序中，对于纳税人拒绝提供或提供不完整的资料这一调查妨碍行为，现行立法规定了如下的法律后果，即公法制裁、降低证明标准、事实拟制（推定）以及证据排除。

除证据排除这一法律后果于行政诉讼程序中发生外，其他的法律后果均适用于反避税调查程序，并不区分纳税人的主观可归责性与未提供的资料对于查明交易真实状态的影响程度等因素，由此也衍生上述法律后果是否能够对同一行为一并适用的争议。从适用结果来看，上述法律后果对税务机关证据利用的恢复和对纳税人施加惩罚的程度各不相同，应适用于纳税人违反协力义务的情节轻重程度不同的情形，由税务机关根据案件的具体事实与环境因素予以裁量判断。

具体而言，公法制裁的适用目的在于惩罚，使纳税人因其未履行协力义务造成调查妨碍的危害后果而承担一定的违法成本。《特别纳税调查调整

[1] 有关税收核定的内容将在下文中予以进一步探讨。

[2] 《特别纳税调查调整及相互协商程序管理办法》第 14 条规定，税务机关按照这一规定进行处理。

及相互协商程序管理办法》第 14 条即明确规定,被调查企业不提供特别纳税调查相关资料或者提供虚假、不完整资料的,税务机关按照《税收征收管理法》第 70 条、《税收征收管理法实施细则》第 96 条的规定,根据情节轻重处以罚款,并未区分违反税收协力义务的纳税人的主观过错。但对纳税人行为的惩罚并不足以缓解税务机关因其行为面临的证据利用不能的困境,因此,对纳税人施以惩罚,并不排除其他法律后果的适用,如税收核定。

降低证明标准是指在纳税人拒绝提供资料的场合,税务机关应收集调查证据,但仅须达到较低度的初步表面证据的证明标准,即可认为已达到原则上所应适用的证明标准,从而形成待证事实存在的判断。[1] 这一法律后果使税务机关可以采用间接证据或证明力较低的证据资料就纳税人是否实施避税交易作出相应的判断。因此,这一方法应当适用于纳税人协力义务的违反导致税务机关虽可调查但必须花费大量的时间和金钱成本才可取得可替代纳税人未提供的资料的其他证据或完全可替代的其他资料已无法取得,仅能取得其他证明力较低的证据资料的情形。税收核定即是最典型的降低证明标准的机制设计。

事实拟制或推定是指在纳税人违反税收协力义务,拒不提交证据或毁灭证据的情况下,税务机关作出未提供或被毁灭的证据内容不利于纳税人的推定。这一法律后果是建立在“没有人会隐匿对其有利的证据”这一经验法则的基础之上的,即纳税人之所以会破坏、隐匿证据,是因为知道该证据将致其被确定更高额的税收负担,其妨碍调查的行为本身就足以说明税务机关作出确定更高的税负这一不利推定的正当性。[2] 然而,这一逻辑联系并非总是存在。在纳税人因过失或不可抗力未能提供法定资料的场合,实际上很难得出未提供的证据在税法上对其不利的结论。在反避税调查程序中纳税人必须提交从交易谈判直至合同成立并履行的全部文件资料,其中

---

〔1〕 毕玉谦:《民事诉讼证明妨碍研究》,北京大学出版社 2010 年版,第 436 ~ 437 页。
〔2〕 于鹏:《民事诉讼证明妨碍研究》,中国政法大学出版社 2014 年版,第 167 页。

除包含交易的具体细节等信息之外,还可能包含与法律形式选择无关、纳税人希望保密的其他重要商业信息。纳税人即使存在“拒不提供”或“提供不完整资料”的故意,也不尽然存在“妨碍税务机关查明课税事实”的故意,同样难以得出纳税人故意隐匿对其不利的证据的结论。因此,这一法律后果应当仅适用于纳税人存在双重故意的场合。

证据排除是指纳税人依照法律规定应当提供但未在规定的期限内提供的证据资料,在行政诉讼程序中不得再作为认定税务机关行为违法的证据。这一救济方式所蕴含之理念在于,既然纳税人以自己的行为妨碍税务机关有效取得、利用该证据资料的机会,即应使其同样无法利用该相关证据在诉讼程序中证明税务机关行为的违法性,从而恢复当事人之间就证据资料利用的平等地位。这一救济方式的目的仅在于恢复因纳税人未履行协力义务而被破坏的征纳双方平等的证据利用的机会,纳税人是否存在主观可归责性以及未提供的证据资料的证明力如何不应当影响其适用,都可能导致其未提供的证据在行政诉讼中不予以采用。

第七章
反避税调查程序中的税收核定：质疑与反思*

避税既为“税法中无法解决之难题”，如何祭出有效的利器维护本国的税基，是各国税收立法中高度关注的问题。反避税调查的目的在于查明纳税人以法律形式的滥用套取税收利益这一事实的存在，从而基于被掩盖的经济实质进行纳税调整。应税交易的证据资料本已处于纳税人的管领和控制下，加上纳税人以异常的法律形式对经济实质的刻意掩盖，税务机关的事实调查将面临更多障碍。一旦纳税人未履行法定协力义务提供必要的资料，税务机关的反避税调查成本将极为高昂，甚至可能陷于无法查明的境地。为解决这一难题，《企业所得税法》第 44 条、《特别纳税调查调整及相互协商程序管理办法》第 14 条和《一般反避税管理办法(试行)》第 12 条相继规定，《税收征收管

---

* 本章内容以《反避税调查程序中的税收核定：质疑与反思》为题，发表于《当代法学》2018 年第 4 期，第 99 ~ 109 页，中国人民大学书报资料中心复印报刊资料 F61《经济法学、劳动法学》2018 年第 12 期全文转载。

理法》第35条确立的税收核定在反避税调查程序中的适用,并逐渐呈现扩大适用的态势。

税收核定是为解决纳税人未尽协力义务而造成的税务机关据以课税的资料缺失的问题,由税务机关据实查账征收改为“估算”纳税人税基的方法。[1] 税收核定使税务机关在此情况下得以免去烦琐细致的事实调查,是尽快确定税收法律关系的重要制度设计。然而,税收核定与反避税的制度理念、价值追求乃至规范目的均存有差别,能否兼容于反避税调查程序,甚得关注。税收核定这一特殊的税基确定方式在反避税调查程序的适用能否实现反避税调整的目标,有必要予以进一步的检视。

一、证据法意义上税收核定:制度属性的探究

要探讨反避税调查程序中税收核定的适用问题,首先应当厘清本源意义上的税收核定。

我国《税收征收管理法》第35条、第37条和单行税种法中均有关于税务机关实施税收核定的规定,但除列举可以实施这一方法的具体情形并对核定的方法作出简要规定外,对税收核定的适用范围、条件和程序等无明确的规定。这种立法的缺失直接导致当前对税收核定从概念到效力均未能形成一致的见解,也因此导致这一方法在税收征管实践中的误用。

当前税法学界对税收核定的研究甚为有限。大多数学者将税收核定与推定征税、推算征税、估算征税等概念等同视之。[2] 在这一概念之下,学界

[1] 刘继虎:《论推定课税的法律规制》,载《中国法学》2008年第1期。

[2] 如闫海:《推定征税的权义结构分析》,载《税务与经济》2007年第2期;刘继虎:《论推定课税的法律规制》,载《中国法学》2008年第1期;郭维真:《我国推定课税制度的法理研析》,载《税务研究》2014年第2期。

大多认为,税收核定乃是基于间接资料对课税事实的推定。[1] 如有学者认为,税收核定是指税务人员在不能通过正常的、规范的查账手段征收税款的情况下,凭借可以观察到的线索、收集到的零星资料以及参考推测的基本数据等对应纳税额进行推定,并根据推定结果进行征税的方法。[2] 但也有学者认为,税收核定是“法律适用于事实查明的三段论过程”,与“不根据直接资料、使用各种间接资料认定课税要件事实”的推定课税有着根本区别。[3]

对于税收核定为法律适用与事实查明的三段论过程的观点,源于《税收征收管理法》第35条、第37条及其实施细则第47条规定税务机关对“应纳税额”的核定。应纳税额是课税事实涵摄于特定税收构成要件的法律后果,是税法适用的三段论中的推论结果。税法适用的过程,开始于审查一项具体的生活事实关系是否符合税法规定的构成要件。如果涵摄的结果,事实关系适合于抽象的法律构成要件,则产生规范所规定的法律后果。[4] 在此适用的三段论法中,作为大前提的法规,对于税务机关而言为客观存在的规则体系,并无重新认定的问题。只要事实符合抽象构成要件,作为推论结果的法律后果也将确定地产生,税务机关同样无裁量的余地。税法乃是强行性的法律规则,税务机关仅能将确定的课税事实涵摄于相关的税法规则之下进而确定其法律后果,并无“估计”的可能。税务机关仅在课税事实的调查与认定这一小前提下得享一定的裁量权力。因此,将税收核定视为税法适用的三段论过程的观点是值得商榷的。

税务机关查明事实必须建立在一定的证据资料的基础之上,既可以为直接资料,也可以为间接资料。在足以证明课税事实的直接资料能够取得

---

〔1〕 刘继虎:《论推定课税的法律规制》,载《中国法学》2008年第1期;黄士洲:《税务诉讼的举证责任》,北京大学出版社2004年版,第146页;闫海:《推定征税的权义结构分析》,载《税务与经济》2007年第2期;[日]金子宏:《日本税法》,战宪斌、郑林根等译,法律出版社2004年版,第437页。

〔2〕 刘继虎:《论推定课税的法律规制》,载《中国法学》2008年第1期。

〔3〕 聂淼、熊伟:《重塑税收核定:我国税收行政确定的建构路径》,载《税务研究》2015年第12期。

〔4〕 陈清秀:《税法总论》,台北,元照出版公司2012年版,第180页。

的情况下,税务机关应当查账实额征收。这是最符合税收法定主义和量能课税的税收确定方式。然而,在税收征管活动中,由于课税事实的证据资料往往处于纳税人的管领和控制范围之内,除非纳税人积极履行协力义务向税务机关提供,否则直接资料对于税务机关而言将不容易取得。因此,税务机关借助于间接证据,根据经验法则、逻辑法则和常识进行事实的认定有其必要性,也是避免未履行协力义务的纳税人由此获得税收优势的重要方式。这是当前学界较为通行的观点,认为税收核定是一种与实额课税存在证据方法差异的课税要件事实的认定方式,是以间接证明方法,本于经验法则的盖然性推定课税基础的事实认定机制,即事实推定。[1] 在此基础上,不少学者进一步将其视为一种减轻税务机关证明程度,以使不尽协力义务的纳税人承担证据法上的不利风险的制度设计。[2]

有论者认为,事实推定其实就是通常所理解的间接证明,[3] 是一种以经验法则和间接证据为前提运用各种逻辑形式进行推导得出结论以证明并认定事实,[4] 即"以明了之事实,推定应证事实之真伪"。[5] 如果税收核定是基于数个间接证据对课税事实的推定,那么税务机关是在确认一个事实的基础之上,通过归纳的方式推导待证事实。但从《税收征收管理法实施细则》第47条和单行税种法所规定的税收核定的方法来看,税收核定并非一般以间接证据为基础的事实推定。如《税收征收管理法实施细则》第47条第3项规定的"按照耗用的原材料、燃料、动力等推算或者测算核定",即使

〔1〕 陈清秀:《税法总论》,台北,元照出版公司2012年版,第527页;[日]金子宏:《日本税法》,战宪斌、郑林根等译,法律出版社2004年版,第437页。

〔2〕 葛克昌:《行政程序与纳税人基本权》,台北,翰芦图书出版有限公司2012年版,第756页;黄奕超:《推计课税之适用范围》,载《台湾法学》2013年第228期;黄士洲:《税捐举证责任与协力义务的规范关联》,载葛克昌等主编:《税捐证据法制探讨暨台湾2012最佳税法判决》,台北,元照出版公司2013年版,第216页;陈清秀:《税法总论》,台北,元照出版公司2012年版,第528页。

〔3〕 孙远:《论事实推定》,载《证据科学》2013年第6期。

〔4〕 王雄飞:《论事实推定和法律推定》,载《河北法学》2008年第6期。

〔5〕 李学灯:《证据法比较研究》,台北,五南图书出版股份有限公司1992年版,第175页。

税务机关已经确认了纳税人所耗用的原材料、燃料和动力等具体金额,亦不足以形成完整的证据链条准确地推断出其营业额、所得额等税基的具体金额。因此,将税收核定视为基于数个间接证据对税基的量化事实进行推论的事实推定机制,其实是值得商榷的。

但基于生产效率等经济规律的约束,在同等的生产条件和环境之下,相同或类似的产品所需耗用的原材料、燃料和动力等大体相当。税务机关可以凭借这一"典型的事态经过"作为经验法则,对纳税人从事生产经营的状况予以认定。在此过程中这一经验法则已经"不仅仅是评价单个证据的证明力",而是直接作为课税事实认定的依据。税务机关"基于其定型化而不再过多地考虑个案的具体事实状况的发展过程",以"典型事态经过"作为经验法则,补充或替代因纳税人未尽协力义务所形成的证据空白,不再需要"经过像一般生活经验那样详细地解明",即可以对税基的量化事实作出"大致推定"或"一应推定"。〔1〕

也就是说,税收核定实际上是这样一种事实认定机制,如纳税人未尽协力义务而税务机关穷尽各种可能的调查方式后仍存在证据的空白,那么将由税务机关依据经验法则判断该交易以与其具有相同特征的交易在"统计学上多数"发生的事实状态发生,从而推论出其税基的量化事实。〔2〕不仅如此,税务机关将其作为认定案件事实的经验法则一旦建立可以普遍适用于同类案件。〔3〕因此,税收核定是税务机关"从已被确认的事实中推断出依照生活经验通常与之结合的其他事实",〔4〕性质上属于事实认定方法上的表见证明,是一种意在降低证明难度的定型化事态经过的认定机制。〔5〕

---

〔1〕[日]高桥宏志:《民事诉讼法制度与理论的深层分析》,林剑锋译,法律出版社2003年版,第460页。

〔2〕葛克昌:《行政程序与纳税人基本权》,台北,翰芦图书出版有限公司2012年版,第751页。

〔3〕孙远:《论事实推定》,载《证据科学》2013年第6期。

〔4〕[德]汉斯·约阿希姆·穆则拉克:《德国民事诉讼法基础教程》,周翠译,中国政法大学出版社2005年版,第269页。

〔5〕葛克昌:《行政程序与纳税人基本权》,台北,翰芦图书出版有限公司2012年版,第751页。

二、反避税调查程序中经济实质的税收核定:一项危险的权力

纳税人滥用法律形式获取税收利益,直接侵蚀国家税基,造成税收流失,因此被各国视为"洪水猛兽",在税收立法和征管实践中予以高度关注。近年来我国不仅制定了诸多的反避税规则,更在税收征管实践中大大加强反避税的力度,对保护国库收入产生了积极影响。

反避税调整对于维护税法的刚性与公平、实现真正的量能课税无疑具有重要意义,但税务机关也由此获得了一项包含巨大裁量权的危险权力。纳税人既以法律形式的滥用选择性地满足足以产生税收利益的课税要件,[1]为确保量能课税和税收公平,立法上往往授予税务机关"将纳税人所选择的法律形式,纠正转换为通常所使用的法律形式",从而认定真正满足的课税要件的权力,[2]其实质是事实关系的拟制,即将纳税人所选择的与其经济事件不相当的法律形式拟制为课税要件事实关系。[3] 此种拟制的结果是明知纳税人所选择的法律形式与课税要件事实不同,却仍有意地同等对待。由于"法律适用的关键,实际上并不在于其最后的涵摄阶段,而在于该涵摄阶段的先行评价,即该生活事实具有的特征是否与该构成要件所指称者相符",[4]税务机关完成这一事实关系的拟制将根本上改变交易适用的税法规则,因此产生特定税法规则扩张适用的结果。如何运用事实拟制技术认可纳税人所选择的法律形式与课税要件事实之间的同等性,在当前并无明确的规定或方法。在现行的反避税规则中包含诸多的不确定概念,税务机关也因此在规则的适用过程中获得界定上述不确定概念的权利,从而进一步扩大其在事实拟制上的裁量权。这种脱离交易当事人间权利义务安排

---

[1] 陈清秀:《税法总论》,台北,元照出版公司2012年版,第213~214页。
[2] [日]金子宏:《日本税法》,法律出版社2004年版,第95页。
[3] 陈清秀:《税法总论》,台北,元照出版公司2012年版,第213~214页。
[4] 黄茂荣:《法学方法与现代民法》,法律出版社2007年版,第248页。

的事实认定,不仅加大了税法适用的不确定性,由于反避税调整的结果必然是纳税人应纳税金额的调增,对纳税人权利的影响可想而知。[1] 可以说,反避税规则对税务机关在法律形式之外拟制经济实质的概括授权固有裁量的内涵,具有天然的扩张倾向,实际上是在刚性税法的堤坝上打开了一个权力擅断的缺口,为税务机关以国库保护之名行侵害纳税人权利之实提供了更多的可能性。

正因为税务机关的特别纳税调整是一项危险的权力,在反避税调查程序中对反避税案件的立案、事实调查和处理决定的作出有着更加严格的程序性要求,所需查明的亦不仅是常规交易下的一般证据资料,而有着更多面向的事实调查。正因如此,在实践中延宕数年方才作出最终特别纳税调整决定的案件亦不在少数。

如前所述,税收核定是查实征收的例外,是在纳税人未履行协力义务的情况下,为免征税权行使延宕而使税务机关不再进行事无巨细的事实调查,尽快确定税收法律关系,实现税收及时征收入库的制度设计。在反避税调查程序中,"企业拒绝提供资料"或"提供虚假、不完整的资料",形成对税务机关事实查明的妨碍,这与一般税款确定程序并无不同。在此情形之下,由税务机关径行税额的核定,可以最大限度地提高反避税调查的效率,以税款的经验性推断形成对纳税人不履行协力义务的阻吓。就此而言,税收核定的适用似乎有利于反避税调查目标的实现。

然而,当交易的经济实质改以税收核定的方式加以认定的情况下,纳税人所面临的不确定性和权利受侵害的风险将大大增加。

基于私法自治和契约自由,纳税人对法律事实享有形成的自由,于法律未禁止的范围内,纳税人得自由安排其商业活动。[2] 其基于民法规范所形成的法律后果将被推定为真实并据以判定应税事实的税法属性,进而确定

---

〔1〕 如2014年结案的257个反避税案件平均个案补税金额为3068万元。

〔2〕 葛克昌:《所得税与宪法》,台北,元照出版公司2009年版,第23页。

其纳税义务。此即诚实推定权。[1] 税务机关只有获得充分的事实证据,才能推翻纳税人已在一般税款确定程序中提供的形式合法、申报内容被推定为真实的课税资料中记载的已生法律效力的私法形式,进而确定真正的经济实质。[2] 因此,在反避税调查中,征纳双方就交易的事实关系的争议至少包含两个层面,即交易是否构成避税安排以及交易的经济实质如何。那么,在此程序中税务机关以核定方式作出最终的纳税调整决定必须包含三个层次:(1)纳税人拒绝协力提供的证据材料有利于税务机关提出的反避税调整的主张;(2)通过交易的法律形式对事实关系的重新拟制;(3)基于拟制的事实关系确定其具体的金额。这一受核定的事实范围已大大突破了《税收征收管理法》第35条所规定的一般税款程序中可以核定的事实范围。

在核定的事实范围拓展的同时,税务机关作出核定决定的证据基础却大为弱化。税收核定是一种简化调查的事实认定机制。税务机关无须借助于具体、实在的外在证据,只需以案件基本事实所呈现的外观为基础进行推理,借助于情理或生活经验作出应税事实的概括式或选择式的判定,[3] 即这种事实认定可以在不充分的证据资料和作为替代证据的经验法则的基础上作出。在启动反避税调查的情况下,税务机关对纳税人已提供的资料中记载的法律形式所反映纳税人真实的税收负担能力已然存疑。然而,纳税人既是以私法上真实、有效的法律形式从事经济交易,其留存并提供给税务机关与该交易有关的直接证据资料恰恰指向了这一将可能被否定的法律形式。这意味着,尽管纳税人已然充分、完整地履行了一般税收确定程序中应当承担的协力义务,但这些已提供并被推定为真实的证据资料在进入反避税调查程序中不会再被作为事实认定的证据。交易是否存在避税意图、被

---

[1] 朱大旗、李帅:《纳税人诚信推定权的解析、溯源与构建——兼评〈税收征收管理法〉修订草案(征求意见稿)》,载《武汉大学学报》(哲学社会科学版)2015年第6期。

[2] 有关避税、节税、虚伪表示等行为之间的区别,详细可参见葛克昌主编:《避税案件与行政法院判决》,台北,翰芦图书出版有限公司2010年版,第68页。

[3] 胡学军:《表见证明理论批判》,载《法律科学(西北政法大学学报)》2014年第4期。

法律形式所藏匿的经济实质如何,往往难有直接的证据载体的存在,只有在此之外获得更多的间接证据才能够加以确定。一旦纳税人拒绝履行协力义务,而税务机关免于进一步的事实调查核定应纳税额,那么最终的核定决定便可能在没有任何证据或证据极少的情况下做出,事实认定的主观性和随意性可想而知。

因此,在反避税调查案件中,仅因纳税人拒绝提供或提供虚假资料而由税务机关进行税收核定,使其背离私法上真实、合法有效的法律形式改以经济实质为事实基础进行征税获得正当性,却无须实施进一步的证据调查,所作的经济实质的判定尚缺乏事实基础,不但无法实现真正的量能课税,反而可能最大限度地偏离本依法律形式所确定的税收负担能力,使税务机关获得实实在在的"仅凭怀疑而征税"的权力。

尽管《税收征收管理法实施细则》第47条规定了纳税人的异议权,即提供证据经税务机关认定后重新调整已核定的应纳税额,这样的结果依然不可能有所改变。与司法程序中法院作为中立的裁判者认定案件事实不同的是,在反避税调查程序中只存在税务机关和纳税人两造当事人。税务机关乃是对交易的经济实质存疑而启动调查程序者,同时又为证据的认定者和最终裁判者,是纳税人说服的对象。[1] 这意味着税务机关实际上同时为当事人和裁决者,作为国家行使征税权的代表机关,本已有作出对国库有利的征税决策的先天倾向,改变税务机关已形成的偏见对纳税人而言难度显而易见。税务机关可以自行决定其已然"存疑",对已充分、完整申报的经济交易实施反避税调查,也自行决定是否被"说服",是否改变其初始的怀疑心理,即使纳税人提供相关证据对已核定的税额提出异议,税务机关均可能以"未能被说服"为由,维持已作出核定的结果。

由此产生的结果是,任何在一般税收确定程序中已经充分履行协力义

---

[1] 吴金柱:《所得税法之理论与实用》(上),台北,五南图书出版股份有限公司2008年版,第554页。

务的经济交易，税务机关均可基于“存疑”展开反避税调查，复以纳税人未尽协力义务为由，即可以无视纳税人已经完整申报、外观形式合法的私法行为，在是否存在法律形式的滥用尚且存疑的情况下，直接作出税款的核定，这将造成在一般税收确定程序中已尽协力义务的纳税人同样面临税收核定的后果，进一步加大征纳双方地位的不公平，更难以防止税务机关利用税收核定扩张反避税调查权、恣意“调增”纳税人的应纳税额。本以交易的经济实质作为课税基础以实现量能负担为目标的反避税调查因此将彻底沦为税务机关实现对已在一般税收确定程序中履行协力义务的纳税人改以依据经验法则推测税额的工具，是对税务机关职权调查主义的彻底背离，从根本上无法实现量能课税的目的。

三、避税安排的税收核定：误入歧途的适用

反避税调查以确认交易的避税属性并认定其被涵盖的经济实质为目标，那么，关键的问题在于税收核定的采用能否实现这一目标。

（一）反避税调查事实查明的争议焦点：应税事实的法律形式还是经济实质

事实认定是法律适用的起点，亦为核心事项。[1] 税法事实的认定一直存在法律形式与经济实质之争。从整体上看，税法是以形式为基础的。税法通常对形式不同但经济实质相似的交易以不同的方式进行征税。[2] 税法的庞杂也正是源于对各种不同形式的交易进行区分，将经济上相似但法律形式不同的交易归入税法的不同类型。[3] 在通常情况下，税务机关依照纳税人申报的私法形式认定应税事实，并确定其纳税义务。这不仅出于对私法契约自由的尊重，更是基于税收征管效率的考量。事实上，由于纳税人必

---

〔1〕［德］伯德·魏德士：《法理学》，丁小春、吴越译，法律出版社2003年版，第296～297页。

〔2〕David A. Weisbach, “An Efficiency Analysis of Line Drawing in the Tax Law”, *The Journal of Legal Studies* 29, 2000, p. 71.

〔3〕Michael L. Scheler, “Ten More Truths about Tax Shelter: the Problem, Possible Solutions and a reply to Professor Weisbach”, *Tax Law Review* 55, 2002, p. 385.

须透过经由私法调整的法律形式实现其所欲追求的经济利益，无论选择以法律形式抑或经济实质为事实基础进行课税，其结果并无不同。

税收既为纳税人从事生产经营活动的必要成本，与工资、租金等并无不同，尽可能减轻税收负担便成为其经济生活安排的重要考量之一。然而，合法节税往往必须以纳税人放弃或刻意迎合政府从事其所欲鼓励的经济活动为前提，在一定程度上是经营自由权的自我抑制。[1] 在立法的规范意图之外，通过交易的法律形式的选择刻意满足本不应当满足的税收构成要件而获取税收利益，便成为部分急功近利的纳税人的惯用之法。由于当且仅当具体的经济生活事件可以被涵摄于税法所规定的抽象构成要件时纳税义务才告发生，纳税人可以通过法律形式的选择，改变经济行为或事实的主体、权利义务及其内容，从而回避抽象税收构成要件的满足或满足减轻税收负担的构成要件，套取税收利益。[2] 在这种情况下，被特定税收构成要件涵摄的交易的法律形式仅仅是障眼之法，被掩盖的、不在税法涵摄范围之内的经济后果及其归属才是真正的交易事实。正由于存在此法律形式与经济实质的脱节，税务机关有必要重新审酌经济后果与法律形式，以判定何者与量能平等负担一致。[3] 只有当私法上法律形式的选择可能性被滥用而造成税收负担的减轻或延迟纳税的情况下，一项交易才会被认定为避税安排，其法律形式被忽视，重新以其经济实质确定其税收负担。

一般而言，应税事实包括两个层面，即课税基础事实和据以认定税基的量化事实。前者是指课税事实是否发生，即纳税人的税收客体（所得、财产、交易或消费行为）是否存在。后者则是指如课税事实已经发生如何对其进行量化。纳税人可以通过法律形式的安排改变交易当事人、经济利益的实际取得主体或交易的权利义务安排等课税基础事实而改变税收构成要件的

---

〔1〕 翁武耀：《避税概念的法律分析》，载《中外法学》2015 年第 3 期。
〔2〕 葛克昌：《避税案件与行政法院判决》，台北，翰芦图书出版有限公司 2010 年版，第 75 页。
〔3〕 葛克昌：《避税案件与行政法院判决》，台北，翰芦图书出版有限公司 2010 年版，第 58 页。

适用,也可以通过改变交易的金额、价款或数量而改变税基量化事实,获取税收利益。因此,在反避税调查中所涉及的问题在于课税事实是否存在内容与其法律形式的落差、论断课税基础事实的有无、数额及其归属,可能为课税基础事实,也可能为其量化事实。[1] 如在当前《企业所得税法》和《特别纳税调整实施办法(试行)》规定应受调整的避税安排中,转让定价是通过改变交易价格或费用标准而实现利润转移的避税安排,而滥用税收协定是通过交易安排不当取得税收协定的主体资格而实现协定利益的取得,资本弱化则是通过以债权投资的法律形式掩盖实质的股权投资而享受利息扣除的税收待遇。[2]

因此,反避税调查是以税收构成要件事实为观察对象,以税收构成要件事实的重新认定、判断和掌握为目标。征纳双方争议的焦点在于税收构成要件事实的认定,即有无必要忽略法律形式而以经济实质判定应税事实。能否忽视市场公开的法律形式所确立的真实、有效的交易事实而重新认定交易的经济实质等事实。由于纳税人可能通过改变课税基础事实,也可能改变税基的量化事实而获取税收利益,其未履行协力义务而使税务机关陷于调查困难未能查明的事实便存在三种可能:(1)课税基础事实无争议而对是否以不符合独立交易原则或商业惯例的量化安排获取税收利益的事实存有争议而难以查明,如转让定价安排;(2)课税基础事实的税法属性存疑,其量化事实亦因此存疑,如资本弱化案件;(3)课税基础事实的税法属性虽然存疑但其量化事实并无争议,如滥用税收协定的案件。三种类型的反避税调查案件的争议事实各不相同,税务机关因纳税人违反协力义务而陷于调查困难的范围和程度自然有所不同,能否均采取税收核定这一表见证明的

---

〔1〕 黄茂荣:《税法总论——法学方法与现代税法》(第1册),台北,植根法学丛书编辑室2012年版,第4页。

〔2〕 关于各种避税安排,详细可参见俞敏:《税收规避法律规制研究》,复旦大学出版社2012年版,第38~39页。

方式重新予以认定,有必要对允许核定的事实范围予以考察。

(二)税收核定范围的限定

税收核定的范围在我国存在课税事实和应纳税额两种不同的规定。但应纳税额为税法适用的结果,不属于可以进行核定的事实范畴,此种立法显然是对事实认定与法律后果的混淆。那么,问题在于,课税事实的两个层次,即课税基础事实和税基量化事实,是否均可以采用税收核定予以认定,仍有讨论之必要。

如前所述,税收核定是在纳税人违反协力义务而使税务机关发生事实调查困难的情况下允许其采取的旨在降低证明困难的表见证明的事实认定方式。证据法意义上的表见证明,被界定为“从已被确认的事实事件中推断出依照生活经验通常与之结合的其他法律上重要的事实”〔1〕“倚重于典型的事实经过”“建立在一种通常被认定为是正确的假设也即抽象的盖然性理论的基础之上”。〔2〕 普维庭即认为,表见证明应用的前提是存在所谓的“典型事像经过”,也就是由生活经验验证的类似过程,即必须存在这样一种事件,因其发展过程的规律性、通常性和经常性而依照日常生活经验获得了“典型性”的特征。〔3〕 由于这种过程具有典型性,可以对某个过去事件的实际情况进行验证(类似性证明)。〔4〕

作为课税事实的特殊表见证明方法的税收核定的实施同样必须以存在此种“典型性事态经过”作为前提。然而,契约自由是意思自治的题中应有之义。实现相同的经济目标、追求相同的经济后果,可以在多种的经济后果相当但权利义务安排各异的形式中选择最符合其商业需求的交易形式。交易主体身份有异、利益诉求不同、所处环境各异其趣等均决定了法律形式的

---

〔1〕 [德]汉斯·约阿希姆·穆则拉克:《德国民事诉讼法基础教程》,周翠译,中国政法大学出版社2005年版,第269页。

〔2〕 周翠:《从事实推定走向表见证明》,载《现代法学》2014年第6期。

〔3〕 周翠:《从事实推定走向表见证据》,载《现代法学》2014年第6期。

〔4〕 [德]汉斯·普维庭:《现代证明责任问题》,吴越译,法律出版社2000年版,第134页。

选择难以形成所谓“规律性、通常性”的典型性事态经过。作为契约自由的结果，必然是同一经济后果的实现形式不断在“典型性契约”之外创造出数量众多的非典型的形式。可以说，一项经济后果的追求并不存在唯一特定的法律形式予以实现的典型事态经过。由于表见证明是采用事实的推演来显示发生过程的经验法则的存在为前提，如果作为原有被推演的事实还有其他与此相异的可能性存在时，表见证明方式即不应当有所适用。[1] 否则，只要纳税人证明其经济利益的追求选择类似的权利义务配置的“非典型契约安排”存在重大可能性，即可推翻税务机关所作的认定。

事实上，即使是为缓解税务机关因纳税人协力义务的违反而陷于证明困难的境地，由其对课税基础事实进行经验性的推断对税收法治也是根本有害的。依照《〈税收征收管理法〉修订草案》（征求意见稿）第 50 条第 1 款对税收核定的概括性规定，税务机关可“以掌握的信息为基础”实施核定，即尽管明知课税事实阐明中存在漏洞但可以不对具体案情进行细节分析，仅借助普遍的生活经验来弥补事实认定中缺失的具体依据或填补信息漏洞，单纯基于对案件的抽象总体观察作出判断。如果说表见证明的本意是利用一般生活经验法则就经济生活中反复出现的那些典型情形，用以替代提出证据的方式推断某一特征事实的实际存在，[2] 那么在特定的经济后果通常以特定的法律形式予以实现具有高度盖然性的经验法则并不可能存在的情况下，由税务机关在无证据或证据缺失的情况下对课税基础事实进行此种经验性推定，事实认定的主观性和随意性将是难以避免的，甚至将造成“单凭怀疑而征税”的结果，从根本上是有违税收法定主义的要求的。

与此不同的是，在课税基础事实足以确定但其量化事实因协力义务的违反而无法查明的背景下，受制于投入—产出的经济规律，相同或类似的经济活动、大体相当的成本所产生的经济收益应当是大致相当的。正是基于

---

[1] 胡学军：《表见证明理论批判》，载《法律科学（西北政法大学学报）》2014 年第 4 期。
[2] 毕玉谦：《试论表见证明的基本属性与应用功能之界定》，载《证据科学》2007 年第 6 期。

特定经济活动的投入—产出的数量、金额通常具有典型性,税务机关才可以在这一基本外观形式之下进行经验性的量化推定。

更重要的是,税收核定仅在课税基础事实已然确定的情况下才可能实现。由于每个税种各有其不同的征税范围,不同的征税客体,如所得额或流转额,其量化的标准和方法也有所不同。[1] 一项经济活动的发生是否产生某一特定的税收客体,将直接决定适用哪一税种法,进而决定其应予以数量化的事实范围。如就房屋转移占有这一经济活动,应当在明确其此活动的基础法律关系为租赁抑或转让的前提下,才能可能明确作为税收客体的销售额量化的基础为租金或转让收入。就此而言,课税基础事实将决定涵摄于哪一税收构成要件,在此事实尚不明确的情况下,是无法确定应当依据哪一具体的税种法对此经济活动进行量化的。

因此,税收核定应当是对税基量化事实的表见证明,所涉范围仅限于课税基础的数量,即"征税客体的量的具体化",例如,收入金额、营业费用、特别支出、盈余、所得额、销售额、财产价款、营业额等税收的计算基础的数量金额。《税收征收管理法实施细则》第 47 条规定的税收核定方法亦仅涉及对应税事实的量化的方法,无法作为对课税基础事实的税法属性重新定性的方法。由于法律形式的选择实际上并无所谓"典型事态经过"所形成的经验法则,对于课税基础事实的认定不能采取税收核定这一方式。因此,只有在纳税人发生成立纳税义务的原因基础事实已有充分的证据予以证明,但其量化事实的正确调查有困难或不可能的情况下,才能采用税收核定对此事实予以认定。

(三)反避税调查的核定误用

税收核定仅是税基量化事实的表见证明方式,但在反避税调查中纳税人违反协力义务导致税务机关无法查明的事实范围并不仅限于此,这决定

[1] 如消费税以应税商品的有偿转移为应税事实,销售额为其税基;所得税则以从事经济活动并取得收入为应税事实,应税净所得为其税基。

了税收核定这一降低证明难度的方法并不能在所有类型的反避税案件中予以适用。

1. 以课税基础事实为核心的避税事实的核定不能

一般而言，面临反避税调查的纳税人在一般税收确定程序中已充分、完全地向税务机关公开其选择法律手段从事真实、有效的私法行为的全过程，此时双方仅对此交易是否以纯获税收利益为目的而发生、法律形式是否应被忽视而代之以经济实质判定交易的税法属性以及税法的规范目的、意图等法律适用问题发生争执。但此种事实认定和法律见解的差异并不必然及于全部课税要件事实。那么，如果对交易的税法属性并无异议，仅对其所涉数量、金额有所争执，税务机关根据生产经营活动的经验法则，对其交易的具体金额和数量进行类推或推测，以缓解因纳税人违反协力义务所造成的事实查明困难，是符合税收核定的制度初衷的。这也是《企业所得税法》第44条规定在转让定价案件中可以核定未能查明的争议事实的根本原因。

但如果对交易的法律关系属性存有争议，所为调查的核心事实在于查明课税原因事实的有无与属性。这决定了调查的结果是交易由"形式"到"实质"的调整。这里所指称的"实质"，包括了所有与纳税人的经济能力有关的"指标事实"的"有无""范围"和"归属"。如《一般反避税管理办法（试行）》第5条规定的3种调整方法包括：(1)对安排的全部或者部分交易重新定性；(2)在税收上否定交易方的存在，或者将该交易方与其他交易方视为同一实体；(3)对相关所得、扣除、税收优惠、境外税收抵免等重新定性或在交易各方间重新分配。所涉及的均为课税原因基础事实。同样，在《特别纳税调整实施办法（试行）》第94条也同样规定，反避税调查的结果在于"对企业的避税安排的重新定性，取消企业从避税安排获得的税收利益"，所涉及的亦为"课税基础事实"。

在此类型的案件中，税收机关如进行核定，将远远超越税基量化事实的范畴，必须对课税基础事实一应予以认定，即首先将税务机关的"纳税人的交易构成避税安排”这一待证事实主张假设为成立,再由税务机关就交易的经济实质拟制为课税要件事实,最终在此推定的事实基础之上作出数额的核定。

如前所述,在市场经济生活中,实际上并无为实现特定的经济后果采取特定的法律形式的通常的、盖然性高的生活经验法则存在,课税基础事实不得采取税收核定这一表见证明方式予以认定。被税务机关认定存在避税的可能性而启动反避税调查的交易活动,一般都采取了与正常商业做法不同的异常的、迂回的非典型的交易形式,如交易的某个步骤或环节与正常商业惯例不同、就其商业目的而言交易安排显得过于复杂或包含异常条款等。[1]但交易形式的非典型化可能基于诸多的商业化考量,并不当然意在套取税收利益。商业活动的形式安排往往是在复杂且瞬息万变的经营环境下作出的选择,这在很大程度上取决于经营者当时的直觉和判断。税务机关并非市场主体,由其在缺乏证据的情况下认定交易的经济实质为“纳税人本应采用但实际未采用的通常商业安排”,是在缺乏“典型的事实经过”的情况下所作的事实认定,根本上有违课税基础事实核定禁止的限制。

在是否应当忽视法律形式、以其经济实质重新认定课税基础事实尚且缺乏证据的情况下,将税收核定这一表见证明的事实认定方式直接扩展至全部税收构成要件事实的认定,应当说对纳税人是极为严苛的,对拒绝提供资料的纳税人的惩罚性不言而喻。

纳税人拒绝提供资料,将使税务机关实施反避税调查的成本增加,甚至可能导致税务机关调查困难或根本无法查明交易的真实的经济实质,固然具有可罚性,根据《税收征收管理法实施细则》第 96 条税务机关可对其作出

---

〔1〕 雷虹云:《加强一般反避税管理、提高反避税能力——〈反避税实施办法(试行)〉之“一般反避税管理”》,载《涉外税务》2009 年第 6 期。

处罚。[1] 此时,通过事实拟制与降低证明标准加重对纳税人在证据法上的不利益的结果显然将形成对纳税人未履行协力义务行为的双重惩罚效果。更重要的是,在一般税收确定程序中,税收核定的结果并不必然具有惩罚性,即税务机关所为核定的结果不必然高于纳税人实际的应纳税额。[2] 但反避税调查中一旦税务机关实施核定,交易被推定为构成避税安排,即纳税人已以"形式符合税法规定,但与其经济实质不符的方式"套取了税收利益。税务机关进行反避税调查的目的是向纳税人取回被其"套取的税收利益"。税务机关所核定的税基应当高于基于被调查的纳税人在一般税款确定程序提交的申报资料确定的税基金额,才符合一般的经验法则。可以说,在反避税调查程序中,一旦纳税人未履行协力义务,将可能面临行政处罚与税负增加的双重惩罚,对纳税人权利的影响甚为明显。

2. 与税基量化事实无涉的反避税调整

在一项交易被认定为避税安排的情况下,其最终的结果固然可能同样为税基的重新调整,即税基金额发生从"无"到"有"或由"低"到"高"的调增。但反避税调查程序中的税基金额的调整往往是因其法律形式被忽视,由税务机关根据交易的事实关系及其经济上的意义,以"具有合理商业目的和经济实质的类似安排为基准",对交易重新进行事实认定的结果。各项经济活动所产生的各种收入、费用或支出因此重新予以认定,税基乃至应纳税额也因此有所调整。如在一项境外股权交易中,德国甲公司通过转让其控制的中国香港 M 公司的股权,间接转让 M 公司控制的中国境内 A 公司的股权。一旦此交易被认定为避税安排,此项交易将被重新定性为甲公司转让 A

---

〔1〕《税收征收管理法实施细则》第 96 条规定,纳税人、扣缴义务人有下列情形之一的,依照"税收征收管理法"第 70 条的规定处罚:(1)提供虚假资料,不如实反映情况,或者拒绝提供有关资料的……

〔2〕《企业所得税核定征收办法(试行)》第 5 条规定,采取两种以上方法测算的应纳税额不一致时,可按测算的应纳税额从高核定。除此之外,无论《税收征收管理法》及其实施条例还是其他的单行税种的规范性文件中均无关于核定的税额应当具有惩罚性的规定。

公司的股权而在中国发生纳税义务，甲公司的应纳税所得额应根据中国税法予以确认。因此，反避税调查案件的税基重新确定一般是以应税事实属性的重新认定作为前提的。这与在一般税款确定程序中税基以核定的方式实现从“无法确定”到“确定”是有所区别的。

不仅如此，在反避税调查案件中，争议的关键事实在于纳税人是否滥用法律形式而获取税收利益，但其经济活动发生的具体金额可能基于纳税人在一般税款确定程序中提供的课税资料已经可以确定，征纳双方并无争议。这在反避税案件主要涉及交易的性质或经济成果归属的争议时尤其如此。如中国境内的甲公司向百慕大群岛的控股乙公司分配股息，乙公司将取得的股息分配给持股100%的自然人股东丙。在这一交易中，征税客体的金额是可以确定的，其争议的焦点在于此股息归属于乙公司还是丙股东、由此所决定的纳税人以及能否适用税收协定的问题。此时即使课税原因事实有必要基于经济实质予以调整，税基金额也不一定存在重新“估算”的必要。如上文的股息分配案件，由于分配股息的数额已经确定，即使纳税人拒绝依法提供相关的资料，税务机关亦无须依据经验法则“大致估算”应纳税额。在此情况下，上述条文规定的税收核定方法并无适用的余地。

对纳税人未履行协力义务所造成的税务机关证据期待落空的救济，应当以使税务机关能够不受本在期待范围内的证据资料的欠缺的影响而作出相应的判定。在反避税调查程序中纳税人未履行协力义务可能导致税务机关无法查明的事实范围却并不必然及于税基量化事实。《企业所得税法实施条例》第115条规定的同业利润率法、成本加成法和整理利润比例法和《税收征收管理法实施细则》第47条规定的可比同业法、效率法等核定方法却均在于大致估算经济活动的具体金额，并非对交易的法律关系的性质予以认定的方法。因此，在课税基础事实的属性或利益归属存在争议的情况下，以定量的税收核定方法对经济交易活动作定性的分析，显然并非有效而合理的救济方式。

四、难以遏制的反避税调整的任性：税收核定实施机制之殇

（一）过于宽松的核定适用要件

税收核定的适用意味着税务机关无须借助于具体、实在的外在证据，只需以案件基本事实所呈现的外观为基础进行推理，借助于情理或生活经验即可作出应税事实的概括式或选择式的判定。[1] 此种以降低证明难度为目标的事实认定机制，即使是在采当事人辩论主义的民事诉讼中，也仅在有限的范围内适用，一般只适用于直接证据缺失或因证明对象的主观性所导致的间接证明常规化而发生证明困难的场合，如过错或因果关系这类包含法律评价因素而难以具体化、难以客观举证证明的情形。[2] 课税事实一般为公开的市场交易，虽不存在事实认定结构的间接性或主观性的情况，但由于国家权力与私人生活空间的严格区隔，税务机关既非交易的双方当事人，处于经济活动发生的过程之外，加上各种经济交易每时每刻以不同的形式频繁往复地发生，要对每一经济活动进行完全调查、收集取得证明课税事实的充分、必要的证据，存在相当大的难度。税法虽对纳税人课以诸多的税收协力义务，以缓解其在课税事实阐明方面的困难，但若未获履行，税务机关将重新陷于事实调查的困难。如仍要求税务机关倾力运用各种方法查明课税事实后再确定税额，非但浪费行政资源，且效果不彰。[3] 因此，《税收征收管理法》第35条明确规定，税收核定在一般税款确定程序的适用以纳税人无协力义务或存在协力义务的违反为前提要件。

然而，现行立法并未再进一步区分纳税人未履行协力义务的主观意图、行为样态、范围以及对事实查明的妨碍程度，也并未设定任何采用税收核定

---

〔1〕 胡学军：《表见证明理论批判》，载《法律科学（西北政法大学学报）》2014年第4期。

〔2〕 孙远：《论事实推定》，载《证据科学》2013年第6期；胡学军：《表见证明理论批判》，载《法律科学（西北政法大学学报）》2014年第4期。

〔3〕 罗子武：《租税稽征程序举证责任之研究》，中兴大学法律学研究所1998年硕士学位论文，第115页。

所应满足的其他条件。延续这一立法思路,《企业所得税法》及其相关税收规范性文件亦将协力义务的未履行作为采用税收核定的唯一要件,肯定了在此情况下,"税务机关有权依法核定其应纳税所得额"。[1] 如果只要发生纳税人协力义务的不完全履行即可免除税务机关的调查责任,由其径行核定税基量化事实,一方面,无异于肯认纳税人解明应税事实的协力义务乃是税务机关关键甚至唯一的证据方法,这将使税务机关基于职权调查主义应积极、主动地调查课税事实的义务,弱化为消极等待纳税人提供课税资料,显然有违税收法定主义的要求;另一方面,如在此情形下免除税务机关的调查之责,不过是"将事实的谜团,随意丢向纳税人"。[2] 纳税人承担协力义务本在于辅助税务机关查明事实,也将因此产生举证责任承担的实质效力,税务机关对是否存在避税安排的事实查明实际上完全依赖于纳税人课税资料的提供,这从根本上是违背税务机关的职权调查原则的。

就性质而言,纳税人提供足以证明其经济活动发生状态的资料或向税务机关提供可据以实施进一步调查的证据方法的协力义务仅为税务机关实施调查的证据方法之一,属于"当事人事实陈述与证据提出"的证据形式。[3] 纳税人提供的课税资料固然对应税事实的发生具有重要的证明力,却并不必然为唯一的证据资料。如商业账簿乃是当事人之间的法律关系及资金往来金额的重要证明。如纳税人未提供这一资料,税务机关固然将丧失重要的证据来源,但仍可以通过当事人签订的合同、银行资金往来或交易相对方的商业账簿得以证明。纳税人未履行协力义务,仅使税务机关丧失获

---

〔1〕 但可以适用税收核定的税收协力义务违反的具体样态,《企业所得税法》第44条和《特别纳税调查调整及相互协商程序管理办法》第14条规定,税收核定适用于企业不提供相关资料或提供虚假、不完整资料,未能真实反映其关联业务往来情况,而《一般反避税管理办法(试行)》第12条则规定仅适用于"企业拒绝提供资料"的情形。

〔2〕 黄士洲:《税捐举证责任与协力义务的规范关联》,载葛克昌等主编:《税捐证据法制探讨暨台湾2012最佳税法判决》,台北,元照出版公司2013年版,第216页。

〔3〕 罗子武:《租税稽征程序举证责任之研究》,中兴大学法律学研究所1998年硕士学位论文,第94~95页。

取课税资料的重要途径与方法之一，而非绝对使其陷入调查不能的境地。税务机关仍可以通过多种途径取得纳税人的大部分课税资料，如可越过纳税人，由第三方提供与课税事实相关的直接或间接资料。[1] 在此情形之下，任由税务机关改采基于经验法则进行事实类推或推测避税安排的存在，如不加以约束，极难避免税务机关单凭怀疑即对交易的经济实质重新加以认定并随意调增应纳税额的结果，对纳税人权利影响甚巨。

可以说，以纳税人协力义务的不完全履行作为反避税调查中启动税收核定的唯一要件的结果必然是税收核定的过度适用。由于无论《税收征收管理法》还是《企业所得税法》及其相关税收规范性文件均未对“拒绝”或提供“虚假”的资料范围等明确作出规定，此种过度适用很可能失控甚至泛滥。如纳税人提供了与其交易的法律形式和经济实质的认定显著相关的主要资料，但拒绝提供对与此事实认定不当然相关却与其经营活动关键且重要的商业秘密，税务机关基于这一“拒绝”行为却有权进行避税安排的核定，这对纳税人显然是不公平的。

(二)核定程序规则的缺失

如前所述，税收核定是税务机关借助普遍的生活经验弥补事实认定中缺失的具体依据或填补信息漏洞。[2] 那么，税务机关选择何种具有高度盖然性的经验法则作为替代证据的方式，将直接影响最终核定的金额与真实发生的交易金额之间的落差。税务机关对这一替代证据的“典型事态经过”的选取享有高度的自由裁量权，从实体法上实际上难以对其作出有效的拘束。

遗憾的是，在反避税调查程序中采取税收核定方式，无论《企业所得税法》还是《特别纳税调查调整及相互协商程序管理办法》均未见其实施机制

---

〔1〕 当前各国税法均为加强税务机关获取课税资料的能力作出了明文的规定，如银行等金融机构负有向税务机关提供纳税人金融交易信息的义务等。

〔2〕 胡学军：《表见证明理论批判》，载《法律科学(西北政法大学学报)》2014 年第 4 期。

与程序的具体规则。《一般反避税管理办法(试行)》亦仅原则性地规定“参照”《税收征收管理法》第35条进行核定。作为参照规范,《税收征收管理法》及其实施条例所规定的核定程序却是极其简易的,实施机制失之阙如。[1] 税务机关实施税收核定的步骤和方法、有无必要进行进一步的调查、所应调查的事实范围和程度、纳税人在此程序中的参与权等均无明确的规定。

如何运用税收核定方法对交易的经济实质予以认定,在当前的规范性文件中同样未见规定,而是一并适用《税收征收管理法实施细则》第47条列举的同业成本利润法、成本加成法等核定方法。然而,该条仅是对核定方法的原则性规定,特定的核定方法在何种条件下适用、如何予以适用、应当具备何种事实基础,立法上语焉不详。如税务机关可以参照当地同类行业或类似行业中经营规模和收入水平相近的纳税人的税负水平进行核定,但如何确定“同类行业或类似行业”“经营规模和收入水平相近的纳税人”,则无明确的规定。在这一大而化之的规则之下,税务机关得以进一步拓展其裁量的空间。这将使纳税人最终确定的应税事实及调增的税基金额面临更大的不确定性。

不仅如此,作为一种以经验法则替代缺失的证据的事实认定机制,如何评价核定方法的科学性和核定的“税基金额”的正确性,在当前立法中同样并未加以规定。参照其他国家和地区有关税收核定的立法实践和理论研究,税务机关采用的核定方法应当能够实现最接近交易的实际发生金额。[2]

---

〔1〕 国家税务总局颁布的《企业所得税核定征收办法(试行)》和《个体工商户定期定额征收管理办法》中对相应的核定程序作出一定的规定。对生产、经营规模小的个体工商户的定额核定,税务机关应通过纳税人自行申报、核定定额、定额公示、上级核准、下达定额和公布定额等程序予以核定。对居民企业的核定包括核定前《核定征收鉴定表》的送达与报送、分类逐步审查核实、复核与认定以及重新鉴定等程序。然而,上述规定缺乏普遍的适用性,其规定也过于简单,仍存在诸多核定程序上的盲区。

〔2〕 参见[日]吉良实:《推计课税固有之适法要件》(下),李英哲译,载《植根杂志》第11卷第2期。

作为一种基于盖然性的推论,税收核定越少事实上的根据,将越增加其结果的不确定性。而在反避税调查中采用的税收核定将全面否定纳税人提供的指向交易的合法、真实有效的私法形式的证据,在缺乏有效的制度约束的情况下,事实的进一步调查将被弱化为可有可无。这意味着税务机关可以在完全无视纳税人已然诚实申报的交易事实又缺乏进一步的证据资料的基础上拟制交易的经济实质进而估算交易的税基金额。所谓交易实质的核定最终难免沦为税务机关纯粹主观的事实拟制,随意调增交易金额、增加纳税人税收负担的权力滥用即难以避免。

五、反避税调查程序中纳税人协力拒绝的救济

(一)税收核定在特别纳税调整的适用限度

税收核定是税务机关以典型事态经过所形成的经验法则替代纳税人未提供的证据进行税基量化事实的认定,其结果不可避免与交易的实际发生金额存在一定的偏差,或者不利于纳税人,或者不利于国库。因此,税收核定在反避税调查程序的适用应受到严格的限制。具体而言,必须同时满足如下条件,税务机关才可以核定一项交易实质上的税基量化事实。

1. 纳税人未履行协力义务提供对反避税调查重要且关键的事实资料

税收核定的适用应当以纳税人未履行协力义务为前提要件,素无争议。但并非所有协力义务未履行的行为均导致避税安排的核定。纳税人未提供的证据资料对系争交易的形式与实质查明的妨碍程度有所不同。纳税人未提供的证据材料或证据方法应当对证明案件事实具有相当的分量,即对税务机关作出避税安排的事实认定具有重要性或不可替代性。这一证据资料的缺失无法或难以借助其他证据予以弥补,将直接导致案件事实陷入真伪不明的状态。在此情况下才有税收核定的适用。如果纳税人未提供的证据不具有不可替代性,基于其他证据材料同样可以进行事实的推断,则税务机关仍应进行事实调查后采用一般的反避税调整方法予以确定。

2. 一项被认定为避税安排的经济交易的税基量化事实的经济实质无法查明

在反避税调查程序中，税务机关应查明的事实包括三个层面，即某一特定交易是否构成避税安排、课税基础事实的经济实质如何以及这一实质经济事实的具体金额如何。基于课税基础事实的核定禁止，为防止税务机关仅凭怀疑重新认定交易的经济实质，只有在交易构成避税安排且交易的课税基础事实的经济实质已有足够的证据加以认定，仅其税基量化事实尚无足够的证据予以证明的情况下，才能有税收核定方式的适用。具体而言，这包括了两种情形：(1)征纳双方对交易的课税基础事实的经济实质并无争议，仅对纳税人是否通过交易合同中的数量条款的特殊安排，套取税收利益这一事实存在争议，包括支付的价格或费用等。(2)存有争议的课税基础事实的经济实质已获取足够的证据重新予以认定，而交易所涉金额仍无法查明。

3. 税务机关就争议事实陷于调查困难或不能

由于纳税人的协力义务并非举证责任的承担，该义务不履行仅使税务机关丧失证据的获取方式之一，并不当然免除税务机关的职权调查之责，不能仅因纳税人在反避税调查程序中未依法提供证明交易是否构成避税安排的证据资料，而直接认定交易构成避税安排，进而核定其税基金额。税务机关应当在税法规定的范围内采取一切调查手段，在具有期待可能性的范围内，穷尽调查及运用一切证据方法查明交易是否构成避税。只有在纳税人未履行协力义务而缺失的课税资料，为对查明避税安排的量化事实具有显著重要性或不具有可替代性的证据材料或证据方法，甚至表现为“唯一性”，致使税务机关进行调查已属不能或虽可查明但调查成本显著高昂，从而陷于证明困难的境地，税务机关才可转而采用税收核定方式对税基量化事实予以认定。

简言之，作为特殊的表见证明方式，税收核定不能在所有的反避税案件中作为缓解因纳税人协力义务的违反而造成的事实调查困难的一般方法。只有在交易已构成避税安排且其课税基础事实的经济实质不存争议，但其税基量化事实的实质则因纳税人未履行协力义务无法查明，税务机关虽穷尽一切调查手段而无法缓解此种事实不明状态的情况下，税收核定才有其适用的余地。

（二）"合理商业目的"的表见证明作为救济方式的确立

既然在纳税人未履行协力义务而使交易是否构成避税安排或/和课税基础事实的经济实质无法查明的情况下，税收核定并无适用的余地。那么，此时采取何种机制缓解税务机关由此面临的调查困境，同样必须予以探究。

从民事诉讼司法实践发展出来的表见证明最早仅被适用于过错与因果关系的认定。其中过错这一主观性要件一般情况下证明难度较大，直接证据不易获得，或者尽管可以取得但其可靠性很难确定，以至于间接证明几乎是唯一有价值的证明方式。表见证明即是降低此种主观性要件证明困难的一种方法。[1] 事实上，主观目的除了当事人的承认之外，几乎再无直接证明的方法，这几乎已经成为司法实践中人人熟知的经验。

与纳税人在一般税收确定程序中承担"一般事案解明"的协力义务不同的是，进入反避税调查程序后，纳税人所承担的事案解明义务即被限定化。"交易是否构成避税安排"的判定包括两个事实要件，即交易是否具有合理的商业目的、是否存在法律形式与经济实质的背离。[2] 从当前所列举的反避税调查程序中的纳税人的协力义务的范围来看，纳税人有义务提供与"交易是否构成避税安排"相关的资料，[3] 尤其是与交易是否具有合理商业目的

---

〔1〕 孙远：《论事实推定》，载《证据科学》2013 年第 6 期。

〔2〕 《一般反避税管理办法（试行）》第 4 条。

〔3〕 如《一般反避税管理办法（试行）》第 11 条规定，纳税人应当提供下列资料：（1）安排的背景资料；（2）安排的商业目的等说明文件；（3）安排的内部决策和管理资料，如董事会决议、备忘录、电子邮件等；（4）安排涉及的详细交易资料，如合同、补充协议、收付款凭证等；（5）与其他交易方的沟通信息；（6）可以证明其安排不属于避税安排的其他资料；（7）税务机关认为有必要提供的其他资料。

这一要件事实相关的资料。[1]

根据《企业所得税法》第 47 条的规定，企业实施其他不具有合理商业目的的安排而减少其应纳税收入或所得额的，税务机关可以认定其构成一项避税安排。合理的商业目的是认定一项交易构成避税安排的主观性要件。[2] 合理商业目的要件探求的是纳税人从事交易的主观意图。该要件强调的是纳税人必须具备除税收目的以外的有效的商业或经济目的。商业目的的判断在很大程度上依赖于对纳税人的主观思想状态与交易意图的判定。[3] 然而，"思想状态"显然是无法直接"阅读"的。纳税人从事交易时的主观意图涉及人的内心世界。与其他领域的主观性要件的证明一样，合理商业目的是难以获取直接证据予以证明的。这一目的固然可以根据纳税人实施的行为等外部事实予以客观的评价，如交易是否具有盈利的可能性、资金的投入是否真正发生、各个交易步骤是否实际发生、交易所涉及的主体是否相互独立且在交易前后从事合法的商业活动等。然而，对主观要件进行证明的可能性，主要取决于在多大程度上有能力详细澄清客观的事实经过，[4] 由于与合理商业目的相关的证据资料依然处于纳税人的管领和控制之下，在纳税人拒绝提供的情况下，税务机关"既不详知又无法获取有关事实的详情"，举证证明将极为困难。那么，此时由税务机关依照类似的经验事实进行判断便成为一个重要选项，使拒绝协力的纳税人的主观心理状态具有不证自明的效果。税务机关可以基于行业惯例、交易习惯等在无数次不特定的市场交易活动中于不同时间和空间所经受的反复体验而形成的感

---

〔1〕《特别纳税调整实施办法(试行)》第 95 条规定，企业未在规定期限内提供资料，或提供资料不能证明安排具有合理商业目的的，税务机关可根据已掌握的信息实施纳税调整……

〔2〕《一般反避税管理办法(试行)》第 4 条规定了避税安排的两个要件，即目的要件和形式滥用要件。但无论是司法实务还是理论研究，对形式滥用要件是否为目的要件所内含的要件，仍存在诸多的争议。详细可参见本书第二章的讨论。

〔3〕David P. Hariton, "When and How Should the Economic Substance Doctrine Be Applied?", *Tax Law Review* 60, 2006, p. 53.

〔4〕周翠:《从事实推定走向表见证明》，载《现代法学》2014 年第 6 期。

知和经验判定此项交易是否具有合理的商业目的,从而达到减轻税务机关的证据提出义务的效果,有利于防止纳税人因拒绝协力而受到反避税调整,有利于实现征税的公平。

应当注意的是,此时降低证明标准的表见证明乃是基于合理商业目的这一主观性要件因纳税人拒绝协力使税务机关发生调查困难而有必要减轻税务机关的举证困难的制度设计,这与税收核定乃是针对税基量化事实这一客观要件的事实认定方法有所不同,尽管性质上同为表见证明方法,但存在极大的区别,两者不可同一而论。

六、结语

反避税调查及相应的纳税调整固然是维护国库收入、实现税收平等课征的重要制度保证,但以纳税人拒不提供相关资料为由,对其税额径行核定,是以过度简化的规则应对这一“税法中无法解决之难题”,所造成的不公平后果不言而喻,更造成“仅凭怀疑征税”的结果。

税收核定乃是由税务机关以经济生活中反复发生的、具有常态性和普遍性的典型事态经过替代因纳税人拒绝协力而缺失的证据对交易的量化金额进行经验性推断的事实认定方法。在反避税调查中,除如转让定价这一类型的法律形式的滥用仅涉及交易金额、数量的避税安排外,其他类型案件的事实争议却在于交易的基础事实应依法律形式还是经济实质予以确定。此时作为一种税基量化的认定方法,税收核定难以胜任对这一交易的重新定性。当前在反避税调查程序中规定纳税人拒绝协力的情况下由税务机关核定其应纳税额,实际上是税收核定的误用,将造成税务机关单凭经验拟制交易的经济实质进而估算其税基金额的结果,其主观性和随意性难以避免。纳税人拒绝协力固然造成税务机关反避税调查的困难,但并不能单纯为填补证据空白而允许其进行经验性的推测或事实的类推。税收核定仅能在税基量化事实的经济实质因纳税人协力义务的违反而无法查明的情形下予以适用。其他反避税案件中,只有避税安排的目的要件这一事实的认定,才存在以表见证明降低其证明困难的合理性基础,以免造成单凭怀疑即施以反避税调整,有损纳税人依照客观税法规则安排其经济生活的预期。

第八章

不可承受之重：税收核定的反避税功能之反思*

2017 年 4 月 7 日最高人民法院对广州市德发房产建设有限公司诉广州市地税第一稽查局一案（以下简称“广州德发案”）作出判决，[1]再次引发了对《税收征收管理法》第 35 条第 6 项规定的税务机关对“申报的计税依据明显偏低、又无正当理

---

* 被赋予反避税功能的税收核定实际上包括两个层次：其一是本章所关注的、往往被视为“准反避税条款”的无正当理由的计税依据申报偏低情况下的税收核定，这一核定发生在一般税款确定程序中。其二是在反避税调查程序中，被调查的纳税人未履行协力义务而由税务机关所进行的税收核定。根据《一般反避税管理办法（试行）》第 12 条的规定，企业拒绝提供资料的，主管税务机关可以参照《税收征收管理法》第 35 条进行核定。后一种情形实际上同样是以协力义务的违反作为前提的，然而，一般税款确定程序和反避税调查程序尽管同为税款确定程序，但其程序价值、目标等均存在根本性的差异，就协力义务的违反能否产生税务机关径行核定的结果，仍值得给予更多的关注。这一问题在第七章已予以阐述。本章内容以《不可承受之重：税收核定的反避税功能之反思——以〈税收征管法〉第 35 条第（6）项为起点的探讨》为题，发表于《中外法学》2017 年第 6 期，发表后为中国人民大学书报资料中心复印报刊资料 F61《经济法学、劳动法学》2018 年第 4 期全文转载。

〔1〕 最高人民法院作出（2013）行监字第 270 号行政裁定书，提审此案，于 2017 年 4 月 7 日作出（2015）行提字第 13 号行政判决书。

由”的纳税人进行税收核定的广泛关注。无独有偶,2014 年 12 月新疆维吾尔自治区乌鲁木齐中级人民法院认定新疆地方税务局稽查局将新疆瑞成房地产开发有限公司低于市场价格向退休老职工销售房屋定性为“无正当理由,明显低于市场价格”,属于事实不清、主要证据不足,认定这一税收核定行为违法(以下简称“新疆瑞成案”)。[1] 事实上,《税收征收管理法》第 35 条第 6 项规定的采用税收核定的情形与其他 5 项有着根本区别,每每被赋予了反避税的功能,[2]被认为有利于实现“对其实质上的经济效果征税”,从而“遏制税收规避的行为,弥补税法的缺漏”,[3]甚至有些学者将其与关联企业的转让定价调整相提并论。[4] 反避税的法律后果当然表现为基于交易的经济实质对应纳税额的重新调整,但这一目标能否通过税收核定予以实现,其实是存疑的。或者说,本作为纳税人违反协力义务的救济措施的税收核定,是否能够承担反避税的重任,是有待考察的。

一、税收核定中的异类:偏低的计税依据的“核定”抑或“确定”

“广州德发公司案”和“新疆瑞成案”两个案件的具体案情各有不同,却均存在“拍卖或转让的房地产价格明显偏低”而由税务机关依据《税收征收管理法》第 35 条第 6 项和《营业税暂行条例》第 7 条的规定核定纳税人上述

---

〔1〕《新疆维吾尔自治区地方税务局稽查局与新疆瑞成房地产开发有限公司税务行政处罚二审行政判决书》[(2014)乌中行终字第 95 号]。

〔2〕从最高人民法院在“广州德发公司案”所作判决来看,亦是在反避税的意义上适用《税收征收管理法》第 35 条第 6 项的规定的。

〔3〕刘继虎:《论推定课税的法律规制》,载《中国法学》2008 年第 1 期;张守文:《税法原理》,北京大学出版社 2001 年版;廖仕梅:《从民法视角探析推定课税——基于“最高人民法院提审广州德发公司案例”分析》,载《地方财政研究》2015 年第 10 期。还有学者认为《税收征收管理法》第 35 条、第 37 条规定的税收核定即是实质课税原则在税收征管活动中的体现,详细可参见刘映春:《实质课税原则的宪政评价与适用界限》,载葛克昌:《实质课税与纳税人权利保障》,台北,元照出版公司 2012 年版,第 245 页。

〔4〕王惠:《推定课税权制度探讨》,载《法学家》2004 年第 3 期。有学者尽管并未明确提及转让定价的调整与税收核定的关系,但认为“严格意义上不合常规的转让定价也可被视为协力义务的违反”,在一定程度上肯定了两者之间的关系。详细可参见郭维真:《我国推定课税制度的法理研析》,载《税务研究》2014 年第 2 期。

交易的营业额，并据此要求纳税人补缴税款。作为上述案件的法律依据，上述两个条文的规定看似大同小异，实际上存在一定的区别。《税收征收管理法》第35条第6项的“纳税人申报的计税依据明显偏低”强调的是在申报材料中记载并提供给税务机关的计税依据偏低，但其参照系为何却并不明确。那么，这便存在两种可能的情形。其一，纳税人申报的计税依据与其实际发生的经济活动的真实金额相较而言明显偏低，即纳税人申报的金额与其实际发生额存在明显的偏差。这可能出于纳税人的疏忽或过失，但无论如何都构成税收协力义务的不完全履行。其二，纳税人申报的计税依据是真实的实际发生额，但这一金额与相似交易的常规发生的金额相比明显偏低。[1]在这种情况下，纳税人据实完成申报，并无任何税收协力义务的违反。同样作为上述两个案件的法律依据的《营业税暂行条例》第7条的规定却限于“纳税人提供应税劳务、转让无形资产或销售不动产的价格明显偏低”，单纯从条文文义上看，这里的价格应当是指其交易中由双方当事人协商确定并实际支付的价格，“偏低”是相对于其他相同或类似交易通常情况下支付的价格而言的，即前文所指的第二种情形。[2]“广州德发案”和“新疆瑞成案”即属于此种情形的适用。如在“广州德发公司案”中，最高人民法院即认为，广州德发公司的房产拍卖私法上的效力并无异议，税务机关“基于国家税收利益的考虑”，可以“不以拍卖价格作为计税依据”。[3]

然而，同样是存在纳税人的交易价格明显偏低的情形，基于不同的税种法却并不必然发生税务机关进行税额核定的法律后果。《增值税暂行条例》第7条、《消费税暂行条例》第10条、《企业所得税核定征收办法（试行）》第

〔1〕有关逃税与避税之间的区别，详细可参见翁武耀：《避税概念的法律分析》，载《中外法学》2015年第3期。

〔2〕2016年5月1日已在全国范围内全面实现营业税改征增值税，《营业税暂行条例》已被宣告废止。但《增值税暂行条例》第7条、《消费税暂行条例》第10条、《契税暂行条例》第4条第2款等也有类似的规定。

〔3〕《广州德发房产建设有限公司与广东省广州市地方税务局第一稽查局再审行政判决书》［（2015）行提字第13号行政判决书］。

3条、《契税暂行条例》第4条等同样规定了在此情形下税务机关的税收核定权。但《资源税暂行条例实施细则》第7条、《营业税改征增值税试点实施办法》第44条则规定税务机关将进行税基的“确定”，而《土地增值税暂行条例》第9条则规定，转让房地产的成交价格低于房地产评估价格，又无正当理由的，税务机关按照房地产评估价格计算征收。这意味着，税务机关可以采取包括税收核定在内的所有确定方式确定税基。上述规定与《税收征收管理法》第35条第6项的规定存在直接的冲突。一般而言，税收确定乃是税收核定的上位概念，具有更为广泛的内涵和外延，税收核定仅为税收确定的方式之一。[1] 选择税收核定还是其他确定方式，对税务机关事实调查的范围、要求和查明程度均有不同，最终确定的税款金额亦由此可能存在偏差。那么，在现行立法之下，上述条款中的“税收核定”是否为“税收确定”的误用，抑或“税收确定”应限缩解释为“税收核定”这一特殊的确定方法，有必要予以厘清。[2] 如果税收核定是在税收确定的含义上使用的，那么得出税收核定具有反避税功能的结论显然是值得商榷的。

在论及税收核定的反避税功能的学者看来，税收核定正是将纳税人明显偏低的成交价格或计税依据调整至相同或类似的市场交易通常所应达到的水平，“透过可比照之方法，采取推定方式确定申报不适格的纳税人的税收要素”，尽量还原真实的应税事实，以防止纳税人的税收套利行为。有学者认为，税收核定是税务机关不采纳纳税人的不实申报，正是“不依照外观或形式，而只依照实体或实质对应税事实加以认定”，是实质课税的内在要求。[3] 因此，申报价格偏低、申报计税成本偏高可以与关联企业转移定价同

[1] 税收确定一般认为包括四种方式，即(1)自动确定方式，如源泉扣缴；(2)申报纳税方式；(3)课赋纳税方式；(4)税收核定方式。

[2] 遗憾的是，最高人民法院在广州德发公司一案的判决中，仅肯定了“税务机关基于国家税收利益的考虑，可以不以拍卖价格为依据，另行核定应纳税额”，对何为税收核定及其具体的适用，并无过多的涉及。

[3] 郭维真：《我国推定课税制度的法理研析》，载《税务研究》2014年第2期。

等视之，税务机关由此所进行的税额合理调整属于税收核定的范畴。[1] 那么，税收核定是否真的能够作为反避税的措施，还是学界基于现行立法的一厢情愿的牵强附会，值得关注。

然而，被上述学者相提并论的关联企业申报价格偏低的情形，如符合《税收征收管理法》第 36 条和《企业所得税法》第 41 条的规定，却将面临"合理调整"或"按照合理的方法调整"，[2] 而非 "核定其应纳税额"。税收核定与纳税调整固然同为特殊的税额确定方式，如果两者可以同义而语，无疑可以认定税收核定是具有反避税功能的。但将两者分别以不同的用语予以规定似乎又属多此一举。而单纯就《企业所得税法》第 41 条、第 44 条及其实施条例第 111 条、第 115 条的体系性解释，已不难看出两者之间在适用范围、适用程序和实施方法等方面存在实质性的区别。

那么，问题的关键在于，如果税务机关基于《税收征收管理法》第 35 条第 6 项核定纳税人偏低的计税依据，能否达到与第 36 条规定的"合理调整"相同的结果、实现反避税的目标。如果是，此时的税收核定是否仍在其本源的意义上予以使用？厘清这一问题显然对于能否得出税收核定具有反避税功能这一结论将产生决定性的影响。如前所述，税收核定是一种降低证明难度的事实认定机制，所形成的核定方式能够普遍适用于同类案件。[3] 那么，能否被用以作为反避税的措施，实现反避税的价值、功能和目标，应当进一步予以关注。

二、计税依据偏低的税收核定的适用：不以协力义务违反为前提?

（一）计税依据偏低的申报：无协力义务的违反

按照上述学者的观点来看，税收核定的反避税功能是针对纳税人申报

---

〔1〕 刘继虎：《论推定课税的法律规制》，载《中国法学》2008 年第 1 期。

〔2〕《税收征收管理法》第 36 条、《企业所得税法》第 41 条。

〔3〕 对本源意义上的税收核定的探讨，详细参见本书第七章第一部分的讨论。

不实的情形的,也正因如此,第 35 条第 6 项的规定具备与其他 1 ~ 5 项的共同的典型特征,即税收协力义务的违反。这一点在 2015 年 1 月公布的《〈税收征收管理法〉征求意见稿》第 50 条第 1 款关于税收核定的概括性条款中得到了进一步的确认。这一条款规定税收核定是在"纳税人未履行信息记录、保管、报告以及配合税务检查等义务"的情况下实施的,[1]在该条第 2 款列举构成税收协力义务违反的情形中也保留了关于申报价格偏低的情形。然而,将对申报不实的交易价格的修正作为税收核定的反避税功能显然是值得商榷的。将不实申报低于实际成交价格的计税依据作为一种避税安排,实际上是对逃漏税与避税行为的根本性混淆。所谓不实申报,包括虚假申报,是在纳税义务已经成立的情况下,报送虚假的纳税申报表、财务报表等,如提供虚假申请、在账簿上多列支出或不列、少列收入等,导致税务机关对课税事实的错误认识,或使税务机关掌握课税事实变得困难,目的在于阻碍税务机关对应税事实的调查活动及其对收益情况或营业额的确定。此时,交易的法律形式和经济实质是一致的,无论是根据法律形式还是经济实质确定纳税义务,其结果都是相同的。只不过纳税人在进行申报时,这一事实的真实状况在纳税申报材料中被隐匿或歪曲,交易的真实状况与其记载状况不符,[2]是一种典型的以逃避已发生的纳税义务为目的的手段。[3] 在此情况下,税务机关应当调查确定的是这一被隐匿或歪曲的课税事实。由于被隐匿的法律形式和经济实质并无脱节的问题,也不存在忽视法律形式、探求被隐匿的经济实质的必要。在纳税人不实申报的情况下,包括纳税人因故意或过失申报明显低于实际交易金额的价格,税务机关只需无视纳税

---

〔1〕 2015 年 1 月公布的《〈税收征收管理法〉征求意见稿》第 50 条第 1 款规定,纳税人未履行本法规定的信息记录、保管、报告以及配合税务检查等义务的,税务机关应当以掌握的信息为基础,核定其应纳税额。

〔2〕 翁武耀:《避税概念的法律分析》,载《中外法学》2015 年第 3 期。

〔3〕 肖太福、曾明生:《税收犯罪的司法实践与理论探索——税收刑法学的多维视角研究》,中国检察出版社 2013 年版,第 140 页。

人申报材料中记载的虚假信息而根据查明的课税事实的真实状况确定其应纳税额，确保纳税人履行其实际发生的纳税义务。

然而，在上述“广州德发案”和“新疆瑞成案”中不难看出，纳税人已全面、充分地履行了提供课税资料的义务。纳税人申报材料所宣示的私法形式之下征税客体的金额均是明确、具体且真实的。税务机关本可以据实查账征收。也就是说，纳税人在纳税申报表、会计账簿等课税资料中均诚实地记载了已发生的、真实有效的交易，在申报表中所记载的交易金额即是交易双方当事人协商确定、在合同中予以约定且最终实际履行的价款。只不过这一价格与其他基于商业目的发生的相同或类似的交易相比明显偏低。此种“异常与不合理性”，为保证税收公平的实现，发生是否对此法律形式加以否认的问题。〔1〕 事实上，课税事实是否真实、完全地公开于税收征管程序中被认为是避税行为与逃税行为的重要区别之一。〔2〕 那么，税务机关忽视其交易合同中约定的价格，将其调整至与其他一般或类似的商业活动通常具备的价格水平（经济实质），有利于防止因交易价格明显偏低而造成的税基侵蚀，则应当认定为一种反避税的措施。

从上述分析中不难看出，即使《税收征收管理法》第 35 条第 6 项的适用范围同时包含不实申报或法律形式滥用两种情形，这两种情形适用的要件事实、功能、目的也有着根本的不同。此种差异更加凸显作为反避税措施的税收核定的特立独行。因申报不实而有税收核定之必要，实际上与第 35 条第 1 ~5 项相同，均属纳税人协力义务不履行或不完全履行而致税务机关无法根据纳税人提供的课税资料进行应税事实的判定，从而不得不改为税额的估算，并不具有反避税的功能，而是防止偷逃税的措施。而只有在第 35 条第 6 项的第二层含义，即纳税人已进行完全、充分的纳税申报但其据实申报

---

〔1〕 陈清秀：《税法总论》，台北，元照出版公司 2012 年版，第 216 页。

〔2〕 详细可参见葛克昌：《避税案件与行政法院判决》，台北，翰芦图书出版有限公司 2010 年版，第 75 页。

的交易的法律形式存在滥用的情况下税务机关进行的税收核定才可谓其具有反避税的功能。那么,在纳税人已经依照税法规定进行了完全、充分的申报的情况下,能否由税务机关进行税基的核定,即是判定税收核定能否具有反避税功能的关键因素之一。

(二)税收核定的适用前提:协力义务的违反

就税收核定的实施是否以纳税人税收协力义务的违反为前提,学界同样存在一定的争议。不少学者认为,税收核定应当以纳税人不能申报、不申报或申报瑕疵等税收协力义务的违反作为前提。[1] 有学者则认为税收核定存在广义和狭义之分,广义的税收核定是指"因事件之性质,必须以间接资料代替直接资料,将租税客体数量化计算为课税基础",狭义的税收核定则是指"以纳税人违反税收协力义务为前提,当税务机关无法取得计算纳税人税收客体的相关资料的情况下,不得不改采其他间接证据方法,用以计算纳税人的课税基础"。[2] 我国现行立法中采用的是广义还是狭义的税收核定,实际上是不明确的。

税收核定既为一种表见证明的事实证明与认定方式,一旦适用即意味着税务机关无须借助于具体、实在的外在证据,只需以案件基本事实所呈现的外观为基础进行推理、借助于情理或生活经验而作出应税事实的概括式或选择式的判定。这将大大降低其事实主张的具体化义务,并形成事实上的举证责任的倒置。[3] 这与税务机关在税收征管活动中基于税收法定主义而承担应税事实的职权调查显然是相悖的。职权调查主义要求税务机关应当就纳税义务发生的积极要件和消极要件事实认定有关的证据主动进行调

---

[1] 如郭维真:《我国推定课税制度的法理研析》,载《税务研究》2014年第2期;陈清秀:《税法总论》,台北,元照出版公司2012年版,第180页;葛克昌:《借税捐简化以达量能平等负担——核实、实价与推计课税之宪法基础》,载《交大法学》2014年第1期。

[2] 黄士洲:《税务诉讼的举证责任》,北京大学出版社2004年版,第142页。

[3] 胡学军:《表见证明理论批判》,载《法律科学(西北政法大学学报)》2014年第4期。

查并予以完整的阐明。如不能确定应税事实的存在，即不得擅自予以征税。[1] 以税收核定确定税基的相关事实使税务机关免去烦琐的应税事实的调查，"在与其掌握的信息足够使用相协调的情况下以最简单、最经济的方式解决认知问题"。[2] 利用一般生活经验法则就征税实践当中反复出现的那些典型情形，用于替代提出证据的方式推断某一待证事实的实际存在，仅是一种基于经验的事实类推或推测。由于"法律适用的关键，实际上并不在于其最后的涵摄阶段，而在于该涵摄阶段的先行评价，即该生活事实所具有的特征是否与该构成要件所指称者相符"，[3] 税务机关所认定的事实及其税法属性将直接影响纳税义务的最终确定，对纳税人影响甚巨。在税务机关可以单凭经验类推或推测课税事实的情况下，如不加以约束，极难避免税务机关单凭怀疑即随意征税的结果。

即使是在采当事人辩论主义的民事诉讼中，表见证明也仅在有限的范围内适用，一般适用于直接证据缺失或因证明对象的主观性所导致的间接证明常规化而发生证明困难的场合，如过错或因果关系这类包含法律评价因素而难以具体化、难以客观举证证明的情形。[4] 然而，课税事实一般为公开的市场交易，并不存在事实认定结构的间接性或主观性的情况，本不应当有表见证明的适用，除非发生特定情形导致税务机关对直接证据无法取得而发生证明困难。

课税事实固然为公开发生的市场交易或经济活动，原则上足以证明这

[1] 由于我国并无行政程序法，作为基本税收程序法的《税收征收管理法》亦未明确规定采用职权调查主义。但从现行行政法律来看，如《行政处罚法》《行政许可法》等均遵循这一原则，要求行政机关应当"全面、客观、公正地调查，收集有关证据；必要时，依照法律、法规的规定，可以进行检查"。

[2] [美]尼古拉·雷舍尔：《推定和临时认知实践》，王进喜译，中国法制出版社2003年版，第113页。

[3] 黄茂荣：《法学方法与现代民法》，法律出版社2007年版，第248页。

[4] 孙远：《论事实推定》，载《证据科学》2013年第6期；胡学军：《表见证明理论批判》，载《法律科学（西北政法大学学报）》2014年第4期。

一经济事实的直接证据或间接证据都应当是可以取得的。但有所不同的是,由于国家权力与私人生活空间的严格区隔,税务机关并非交易的当事人,处于经济活动发生的历程之外。加上各种经济交易每时每刻以不同的形式频繁往复地发生,税务机关要对每一发生的经济活动进行完全调查、收集取得证明应税事实的充分、必要的证据,存在相当大的难度。相反,纳税人为经济活动的一方当事人,此活动处于其感知范围之内因而熟知事案的发展过程,与应税事实有关的证据亦处于其管领和控制的范围之内,最有能力进行相应的事实陈述并提供相应的证据。[1] 正因如此,税法上课以纳税人诸多的税收协力义务,在其可陈述事实、提供相应证据的能力范围内协助其查明案件事实,以缓解税务机关在课税事实阐明方面的困难。然而,一旦纳税人拒绝或未完全履行,税务机关将重新陷入事实调查的困难。如仍要求税务机关倾力运用各种方法查明应税事实后再征收税款,非但浪费行政资源,且效果不彰。[2] 但如果税务机关因此种困难无法查明应税事实,将产生"疑则有利于纳税人"的后果,纳税人反而将因义务的不履行而获益。[3] 这便可能促使纳税人利用税务机关负担职权调查这一事实,以不正当的手段妨碍税务机关的事实调查,如故意致证据灭失、隐匿或有其他致税务机关难以提出证据的情形,使其陷入调查困境,以便获取税收优势,这显然是对诚实信用原则的违背。[4] 税收核定这一表见证明的事实认定机制,正是以基于经济规律通常、普遍发生的经济生活的典型事态经过形成的经验法则填补因纳税人未履行协力义务而形成的证据空白,从而基于由此形成的证据链条对税基的相关事实提出暂时的主张,通过使纳税人也负有一定的反

---

〔1〕 柯格钟:《税捐计征协力义务与推计课税》,台湾大学法律研究所1998年硕士学位论文,第27页。

〔2〕 罗子武:《租税稽征程序举证责任之研究》,中兴大学法律学研究所1998年硕士学位论文,第115页。

〔3〕 陈清秀:《税法总论》,台北,元照出版公司2012年版,第458页。

〔4〕 占善刚:《证据协力义务之比较法研究》,中国社会科学出版社2009年版,第275页。

证提出责任,减轻税务机关的证明负担的制度设计。[1]

《〈税收征收管理法〉修改草案》(征求意见稿)第50条第1款肯定了税收核定的实施应当以纳税人违反税收协力义务为前提。那么,在纳税人已经依照税法的规定充分履行了协力义务,但"申报价格明显偏低"的情况下,如税务机关可以进行税收核定,即意味着此时尽管存在足以证明应税事实的发生及其真实金额的直接证据和间接证据,税务机关亦可以完全予以无视,而依凭自身掌握的有限证据和经验进行税基量化事实的推断。核定结果的主观性和随意性可见一斑,对纳税人极可能产生"税额惩罚"的结果。一方面,《税收征收管理法实施细则》第47条规定的税收核定方法并无严格的适用条件,适用不同的方法核定的应纳税额可能存在极大的差异,选择哪一种方法进行核定在很大程度上取决于税务机关的自由裁量。由于此时税务机关以纳税人"申报的计税依据"明显偏低为由进行核定,核定的结果必然远远高于纳税人申报的金额。在国库保护和部门利益的驱动下,很难避免有的税务机关有意选择核定金额较高的一种方法。另一方面,尽管《税收征收管理法》第35条第6项明确规定了此种情形下采用核定方法必须同时满足"申报的计税依据明显偏低"和"无正当理由"两个要件,但实践中税务机关往往以"申报的计税依据明显偏低"的事实直接推定这一交易安排"无正当理由",一旦发生申报偏低便径行税收核定。[2] 在如何认定"明显偏

---

〔1〕 吴杰:《德国的证明责任的减轻理论之研究——以表见证明为中心》,载田平安主编:《比较民事诉讼论丛》,法律出版社2005年版,第274页。

〔2〕 在新疆维吾尔自治区地方税务局稽查局对新疆瑞成房地产开发有限公司做出税收核定并处罚决定之前,该稽查局以新地税发〔2013〕287号文,向国家税务总局递交《关于征收营业税核定营业额有关问题》函文,征求其对该案的处理意见。国家税务局办公厅以税总办函〔2013〕884号文,作出复函即称,"你局《关于征收营业税核定营业额有关问题的请示》收悉。经研究,意见如下:纳税人将同类商品房销售给关联企业职工或与该纳税人有特定关系的自然人,价格明显低于销售给其他无关联关系的购房者的价格的,属于《中华人民共和国营业税暂行条例》第七条所称价格明显偏低并无正当理由的情形,主管税务机关可以按照《中华人民共和国营业税暂行条例实施细则》第二十条的规定核定其营业额"。这一复函意见即基于价格明显偏低这一事实直接推定交易的"无正当理由"。

低”尚无客观标准的情况下，即使诚实申报的纳税人也可能时时面临税务机关单凭经验推定其交易的具体数量和金额的税收风险，对纳税人甚为不利。

因此，本源意义上的税收核定是为解决因纳税人违反协力义务形成证据空白而允许税务机关对税基的量化事实以表见证明方式予以查明的事实认定机制。在一项避税安排中，私法上真实有效的交易在一般税收确定程序中已经进行充分、完全的阐明，但税务机关与纳税人之间就交易的事实认定及其税法适用的见解发生争议，并无发生证据难以取得而须降低税务机关调查困难之情事。税务机关基于职权调查主义，为使其忽视交易的形式、改以经济实质确定税基金额的主张成立，应自行调查、收集证据，而不是以经济实质无直接证据可供证明为由径行以表见证明降低其事实认定的难度。允许税务机关此时采用税收核定方式认定税基的量化事实，无异于以单纯的推测填补实质经济事实关系的直接证据的空白，将为其擅断征税提供更加自由的空间，从根本上说将为征税权过度入侵纳税人的私人财产权创造更大的可能性。

三、税收核定与反避税的税额调整之辨——被误用的税收核定?

在企业与其关联方之间的业务往来收取的费用或价格等计税依据明显偏低的情况下，企业是否履行税收协力义务，其适用的法律条文及其法律后果是有区别的。如纳税人依照《企业所得税法》第 43 条的规定进行关联申报，税务机关一旦认定该安排不符合独立交易原则，可以根据该法第 41 条“按照合理方法调整”。只有纳税人未履行此义务，税务机关才可以依照《企业所得税法》第 44 条的规定“依法核定其应纳税所得额”。然而，《税收征收管理法》第 35 条第 6 项规定对纳税人“申报的计税依据明显偏低”的交易采取税收核定的方法。那么，此处的税收核定是否应为反避税的税额调整之误，抑或两者本无实质性的区别，应当予以关注。

在所有类型的避税安排中，转让定价无疑是最特殊的一种。在转让定价安排中,税务机关认为纳税人是通过改变交易合同中的数量条款,包括支付的价格或费用等,实现利润在关联方之间的重新分配而获取税收利益。因此,征纳双方实际上对作为课税基础事实的法律关系的属性并无争议,仅对合同确定的交易价格是否违反独立交易原则、是否有必要依照双方实际取得的利润重新予以调整以反映真实的经济后果发生争议。正因如此,在对转让定价安排进行反避税调整时即表现为在忽略纳税人所申报的交易价格的前提下进行税基金额的调增。这与同样因纳税人未履行协力义务形成证据缺失的情况下税务机关对交易的应税事实的具体金额予以确定的税收核定[1]在外观形式上存在极大的相似性。这也是两者会被混为一谈的根本原因。然而,两者对税基金额调整的目标、实施方法等均存在实质性的区别。反避税既以忽视纳税人申报的法律形式而探求被掩盖的经济实质、确定其真实的税收负担能力、防止税收利益被套取为目标,那么关键的问题在于,为实现这一目标,究竟是两种方式均可采用抑或只能择一而行之?

(一)税额的核定与反避税调整之辨:证据法上的考量

《税收征收管理法》第35条第6项对纳税人申报偏低的计税依据的核定与该法第36条规定的关联企业间转让定价安排的反避税调整的适用范围一直含糊不清。[2] 但后一条文适用的关联交易,即没有按照"没有关联关系的企业之间按照公平成交价格和营业常规所进行的业务往来"收取或支付

---

[1] 为避免发生单凭怀疑而征税的后果,在课税基础事实无法查明的情况下,税务机关不得进行税额的核定,即只有当课税基础事实并无争议但其具体金额因纳税人未履行协力义务而无法查明的情况下才能够由税务机关进行核定。详细可参见[日]吉良实:《推计课税固有的适法要件》(下),李英哲译,载《植根杂志》1995年第2期;[德]Klaus Tipke, Die Steuerrechtsordnung, Band III, Köln, 1993, S. 1193;陈清秀:《税法总论》,台北,元照出版公司2012年版,第458页;刘继虎:《论推定课税的法律规制》,载《中国法学》2008年第1期。但该文同时又认为,"推计课税毕竟是基于盖然性的衡量,其所查核的课税基础事实只是一种接近确定的盖然性情形……"似乎又认为推计亦涉及"课税基础事实"。

[2] 在国家税务总局针对新疆瑞成房地产开发有限公司税收核定案所作的批复中,国家税务总局尽管认定交易在纳税人与"关联企业职工或与该纳税人有特定关系的自然人"之间发生,却依然认为应当适用《税收征收管理法》第35条第6项,而非第36条。

价款、费用，当然也包括支付的价款明显低于公平交易价格和营业常规收取价格的情形。那么，作为一种特殊的“申报的计税依据明显偏低”的情形，将发生法条适用的竞合，其法律后果却存在税收核定与合理调整之别。但两者是否存有差别，在《税收征收管理法》中语焉不详。就其调整目标而言，均旨在探求最符合税收负担能力的实际交易金额。《企业所得税法》则明确了两者适用的区别，即面临反避税调查的纳税人是否遵循协力义务。[1] 只有当纳税人在这一程序中拒绝履行协力义务，税务机关才有权核定其税额，否则将进行税额的合理调整。

如前所述，税务机关基于职权调查对反避税调整决定的做出应负举证责任。[2] 其举证的范围不仅包括该经济活动是否构成避税安排，也包括其真实的经济实质及其具体金额。然而，交易的经济实质及其所涉金额既然已被纳税人刻意安排的真实有效的法律形式掩盖，取得直接证据予以证明，确定已无可能，只能选择以间接手段予以证明。从形式上看，尽管在基于交易的经济实质实施合理调整时同样采取了参照可比非受控交易的价格、费用金额的事实认定方式，只有在税务机关经过证据的收集，认定纳税人发生的交易与税务机关所选取的作为参照的非关联交易之间存在“可比性”，通过比较交易资产或劳务的特性、交易各方的功能和风险、合同条款、经济环境以及经营策略等方面的因素，基于两项交易之间高度的相似性，关联交易被掩盖的经济实质只能以与此可比交易大体相同或相当的样态发生。[3] 在选择作为参照系的可比交易时，此交易是否为特定类型经济活动的通常、普遍发生的典型形式并非考量的因素，而是更加关注该交易与系争交易之间的相似度。只有在税务机关综合评价收集的证据和各种间接事实并进行事实的精细分析的基础上，能够基于合理的商业目的的考量，得出此项系争交

---

〔1〕《企业所得税法》第 41 条、第 44 条。

〔2〕 葛克昌主编：《避税案件与行政法院判决》，台北，翰芦图书出版有限公司 2010 年版，第 61 页。

〔3〕《特别纳税调查调整及相互协商程序管理办法》（国家税务总局 2017 年第 6 号）第 15～16 条。

易实际上只能采取与可比交易相同或类似的状况发生这一强制性的、最终的和唯一的且不可动摇的结论的情况下,由此确定的交易的实际金额才具有高度的信服力。如由于两项交易之间存在重大差异而无法得出这一最终结论,此种调整方法即不得采用。[1] 税务机关对其税额所作的调整决定,纳税人有所争执,亦只能在缴纳税款之后提起行政复议或诉讼实现权利的救济。在这一过程中,即使是具有相同特征的交易在选择作为具有可比性的参照非关联交易时所考量并具有决定意义的因素也是各异奇趣,所选择的调整方法也因应个案的事实与环境因素而有所不同。因此,证据法意义上的反避税的合理调整,是在可比交易的已知事实的基础之上推出了避税交易的经济实质这一显著事实,是一种基于间接证据所作的事实推定。[2]

然而,作为表见证明在应税事实认定的适用机制的税收核定的实施,却高度倚重于"典型的事像经过",即存在这样一种事件,因其发展的规律性、通常性和经常性而依照日常生活经验获得了"典型性"的特征,可以借以对某个过去事件的实际情况进行类似性的证明。[3] 在无法取得证据的情况下,税务机关不再考虑个案交易的具体细节,直接推断交易将产生与其具有相同特征的交易通常可能取得的营业额或收益。为此,标准化或公式化等具有普遍意义的方法被用以进行税基量化金额的核定。为实施这一确定方式而选取参照交易时,关注的是其是否属于系争交易的通常、普遍发生的典型形式,而交易之间是否存在可比性以及可比性的程度则非考量的重点。在以经济生活的"典型事态经过"作为替代证据进行税基量化事实的推断时,作为推断的事实基础可以极为简化,只需包含某个或某几个交易的细节,如选择成本或耗费的原材料、燃料等。基于不同的经济变量的考量,此种典型的经济交易形式并不具有唯一性,作为推断事实基础的交易细节也

---

[1] 《特别纳税调整实施办法(试行)》第22条第2款。

[2] 周翠:《从事实推定走向表见证据》,载《现代法学》2014年第6期。

[3] [德]汉斯·普维庭:《现代证明责任问题》,吴越译,法律出版社2000年版,第134页。

存在诸多方面，税务机关对此种作为核定参照的典型交易和交易本身特定事实细节的选择享有自由裁量权，就交易所涉金额所作的经验性推断或类比推定的结论往往并不具有唯一性。《税收征收管理法》和其他有关税收核定的规范性文件对此并不予以否定，甚至规定在可以采取多种方法对税额进行核定的情况下，可以选择核定结果中金额较高的一种方式。[1] 由于核定本身是基于经验法则的事实假设，结论也不是最终的，可以由纳税人提出相反的证据予以推翻。

从证据法上对反避税的合理调整与税收核定进行考察，前者为基于间接资料的事实推定，后者则是基于经验法则进行事实推断或类推的表见证明方式。两者无论在证据的完整性、事实推论的逻辑性以及最终结论的可靠性方面均存在极大的差异，显然不可同日而语。既已如此，税收核定显然并非反避税调整的另一种表述。那么，需要进一步拷问的是，税收核定能否实现与反避税调整相同或类似的税基量化事实的确定目标？

（二）“偏低的计税依据”重作调整之目标与税收核定的冲突

对纳税人申报的计税依据明显偏低的交易，应当由税务机关核定其应纳税额以实现反避税的观点毫无例外地均是以量能课税和实质课税原则作为其理论依据的。在纳税人为获取税收利益而采取与其所欲达成的经济效果不相当的法律形式的情况下，以经济实质为基础衡量纳税人的税收负担能力，更能符合量能课税的要求。实质课税的本旨即是实现量能课税。[2] 这一论断殊无争议。该学者则进一步认为，在何为实质的证明中，需要税务机关借由标准化、类型化的推定方法对纳税人的经济活动予以证明，因此税收核定便具有反避税的功能。[3]

遗憾的是，该学者并未进一步提出如何以此种类型化的方法实现经济

---

〔1〕《税收征收管理法》第47条第2款；《企业所得税核定征收办法（试行）》第5条。

〔2〕黄茂荣：《法学方法与现代税法》，北京大学出版社2011年版，第190～191页。

〔3〕郭维真：《我国推定课税制度的法理研析》，载《税务研究》2014年第2期。

实质的认定。税收核定既选择以“有意识的不考虑个别案件，而以公式化（机械化）的粗糙纲目进行运作”，[1]仅把握特定应税事实“普遍流行的‘应然’”，如何能够据以把握一项事实关系的经济核心，探求实际已经发生的事实关系并对之为与民法不同的定性，深得怀疑。

正是由于纳税人所申报交易的实际成交价格背离了独立交易原则，不足以反映其真实的税收负担能力，才发生重新进行税额的调整，以确保量能课税的实现。量能课税天然地要求税务机关应当“核实征税”“按实计算”税基金额，即纳税人发生的各项经济活动应当以其实际发生的金额为准。税法拟掌握的，为表现纳税能力的经济事实，[2]因此，应当以“真实所得”为课征对象，税基的计算自然应当以其实际发生的金额为准。[3] 为实现“按实计算”，在纳税人以交易金额、价款或数量在法律形式上的特殊安排获取税收利益的情况下，当然要求以“经济实质”认定其课税事实。因此，反避税调整是以查实征收为基本诉求的。在此所指的“实”应当是指能够表彰纳税人经济给付能力的实际发生的经济事实关系，量能课税原则才得以真正实现。为实现这一目标，包括税基量化事实在内的税收构成要件的判断，应当以个案中特定的、具体的课税事实的真实状况为基础，而非以应当发生的事实（应然）或拟制的税基为基础。

为实现量能课税而探求交易的实际状况的反避税调查，在事实认定方法上必然是排斥税收核定的。如前所述，税收核定是一种旨在降低税务机关证明困难的应税事实的表见证明方式。税收核定意味着税收机关即使明知在应税事实的阐明中存在漏洞但仍不认为存在真伪不明的状态，而是不对具体案情进行细节分析，仅借助普遍的生活经验来弥补事实认定中缺失的具体依据或填补信息漏洞，基于对案件的抽象总体观察作出判断，是一种

---

[1] 陈清秀：《税法总论》，台北，元照出版公司2012年版，第242页。
[2] 葛克昌：《所得税与宪法》，台北，元照出版公司2009年版，第308页。
[3] 吴金柱：《所得税法之理论与实用》（上），台北，五南图书出版股份有限公司2008年版，第487页。

特定情势下无须证据的假设,也就是理性推测。[1] 为实现这一目标,税务机关必须将经济生活中与投入—产出、成本—收益相关的“典型事态经过”作为基本经验原则,并确立为认定税基金额的证据,允许其普遍适用于同类案件中。[2] 因此,税收核定方法取向于通常案件,把握普遍流行的“应然”状态,这与反避税所追求的在个案中把握交易经济上的“实然”有着根本区别。[3] 尽管税收核定的结果应当以“最大限度地接近实额课税的金额”为目标,[4]学界从不否认税收核定“毕竟是一种估计”“与实际税基之间难免存在偏差”,甚至核定的结果可能基于不同的资料和方法的选择存在数个可能。[5] 这一点即使是肯定税收核定能够认定交易的经济实质从而实现反避税的学者亦不否认,认为税收核定是“基于盖然性的衡量”,以一定的假设为基础,查核的结果也只是“接近确实的盖然性”,因各种主客观原因而与事实有较大出入。[6]

税收核定既然取向于同类经济活动的普遍的、典型化的特征进行税基的经验性事实推断实现量化的目标,其结果必然不可能实现对交易实际发生状况的探求。在认定纳税人“申报的计税依据明显偏低”、有必要采取反避税措施的情况下,税务机关所为税基的经验性推断的结果必定远远高于其申报的应税事实的金额。税收核定的本意在于降低因纳税人未尽协力义务而造成的税务机关的证明困难,因此,不仅允许税务机关进行经验性的推定,更允许此种推定是在无证据或证据有所缺失的前提下完成。反避税的

---

〔1〕 胡学军:《表见证明理论批判》,载《法律科学(西北政法大学学报)》2014 年第 4 期;毕玉谦:《试论表见证明的基本属性与应用功能之界定》,载《证据科学》2007 年第 6 期。

〔2〕 孙远:《论事实推定》,载《证据科学》2013 年第 6 期。

〔3〕 有学者甚至认为,两种方法处于彼此对立的地位。详细可参见陈清秀:《税法总论》,台北,元照出版公司 2012 年版,第 242 页。

〔4〕 [日]吉良实:《推计课税固有之适法要件》(下),李英哲译,载《植根杂志》第 11 卷第 2 期。

〔5〕 闫海:《推定征税的权义结构分析》,载《税务与经济》2007 年第 2 期。

〔6〕 刘继虎:《论推定课税的法律规制》,载《中国法学》2008 年第 1 期;张守文:《税法原理》,北京大学出版社 2001 年版。

调整已然是对纳税人所提供的课税资料和证据及其记载的交易事实的忽视,如再任由税务机关进行此种无证据支撑的经验性事实推断或类推,事实认定结果的主观随意性便是可想而知的,更遑论对交易的实际发生状况的探求。

(三)税收核定的反避税调整之不能

基于税收法定主义的要求,税务机关对应税事实的查明应负职权调查之责,应当主动调查并完整阐明与所有税收要件有关的一切事实。[1] 德国学者提普克·朗格教授即认为,税务机关主张适用税法对纳税人施加义务,应举证就该事实的存在达成几近真实的确信。[2] 单纯纳税人申报的计税依据偏低能否使税务机关背离职权调查、改而采用降低证明困难的事实认定机制获得合理正当化的基础,同样值得探究。

基于私法自治和契约自由,纳税人对法律事实享有形成的自由,于法律未禁止的范围内,纳税人得自由安排其商业活动。[3] 税收法律关系的形成,原则上是以纳税人采取特定的私法形式为基础,对发生的经济成果附加税收的负担。当纳税人实现同一经济目的有数种税收待遇各自不同的法律形式可供选择时,基于私法自治,应有权选择使其税收负担最轻的法律形式。[4] 但纳税人从事一项交易附带产生税收节约的效果,在其看来构成税收的筹划,为合法节税,在税务机关看来却可能属于套取税收利益的"法律形式"的"滥用",有必要基于交易的经济实质予以调整。因此,在纳税人对其从事的真实、有效的私法行为已完全、充分地向税务机关公开其法律手段选择的全过程的情况下,双方仅对此交易是否以纯获税收利益为目的、法律

---

〔1〕 黄茂荣:《职权调查原则及合作原则与税务证据方法之提出时限》,载葛克昌等主编:《税捐证据法制探讨暨台湾2012最佳税法判决》,台北,元照出版公司2013年版,第39页。

〔2〕 Klaus Tipke, Die Steuerrechtsordnung, Band III, Köln, 1993, S. 1193.

〔3〕 葛克昌:《所得税与宪法》,台北,元照出版公司2009年版,第23页。

〔4〕 柯格钟:《租税规避案件中补税与裁罚问题之研究》,载葛克昌主编:《避税案件与行政法院判决》,台北,翰芦图书出版有限公司2010年版,第75页。

形式是否应被忽视而代之以经济实质确定税法规则的适用以及税法的规范目的、意图和价值的认识发生争执。单纯两者间的此种事实认定与法律见解的认识差异并不足以使纳税人的行为产生可罚性，纳税人无须因此面临不利的法律后果，[1]既包括在行政法或刑法上之惩罚，也包括在证据法上的不利风险。[2]

不仅如此，纳税人与税务机关之间形成应税事实阐明的合作共同体，协助其查明课税事实。纳税人基于民法规范形成的交易形式及其法律后果所为的申报将被推定为真实并以此判定应税事实的税法属性，进而确定其纳税义务。此即诚实推定权。[3] 在一般税收确定程序中，基于诚实推定权，如无据以怀疑其内容真实性的证据，纳税人向税务机关提供的课税资料将被推定为真实和完整。因此，税务机关在一般税款确定程序中尊重纳税人的申报，根据纳税人申报的材料及其记载的交易状况对其纳税义务作出判定。课税原因事实既已完全申报，申报内容亦为真实，税务机关只有掌握充分的事实证据，才能对纳税人提供的信息资料不予采用，进而在其获取的证据资料足以证明纳税人的交易构成避税安排的情况下对交易的经济实质重新予以认定。因此，税务机关在反避税调查程序中同样负担职权调查之责，这与一般税收确定程序并无不同。[4] 纳税人既然已经依照法律的规定履行了税收协力义务，提供有关的课税信息资料已致完全、充分，税务机关因处于课

---

[1] 柯格钟：《租税规避案件中补税与裁罚问题之研究》，载葛克昌主编：《避税案件与行政法院判决》，台北，翰芦图书出版有限公司2010年版，第110～111页。

[2] 葛克昌：《实质课税与纳税人权利保障》，台北，元照出版公司2012年版，第23页；吴金柱：《所得税法之理论与实用》（上），台北，五南图书出版公司2008年版，第538页。由于我国并无行政程序法，作为基本税收程序法的《税收征收管理法》亦未明确规定采用职权调查主义。但从现有行政法律来看，如《行政处罚法》《行政许可法》等均遵循这一原则，要求行政机关应当"全面、客观、公正地调查、收集有关证据；必要时，依照法律、法规的规定，可以进行检查"。

[3] 朱大旗、李帅：《纳税人诚信推定权的解析、溯源与构建——兼评〈税收征收管理法〉修订草案（征求意见稿）》，载《武汉大学学报》（哲学社会科学版）2015年第6期。

[4] 柯格钟：《租税规避案件中补税与裁罚问题之研究》，载葛克昌主编：《避税案件与行政法院判决》，台北，翰芦图书出版有限公司2010年版，第110～111页。

税事实发生经过之外、相关证据资料为纳税人所管领、控制而发生的调查困难已经得以缓解。课税事实一般为公开发生的市场交易或经济活动，原则上足以证明这一经济事实的直接证据或间接证据都应当是可以取得的。[1] 纳税人提供的证据资料能够与税务机关自行收集的证据进行比对，从而确定交易是否存在法律形式的滥用并认定真实的经济实质。因此，税务机关并无理由为降低证明困难主张以税收核定进行事实的认定。

因此，税务机关既有义务尊重纳税人的申报与契约自由，如需依量能课税的要求以交易的经济实质确定税收负担，应当进行详尽的事实调查，对纳税人的有利不利的事项一律予以注意，在收集的证据形成完整的证据链条、对事实真实性的心证达到“接近确实的盖然性”的情况下，才能确定其实际发生的“交易价格”。[2] 单纯纳税人滥用法律形式的事实不足以使税务机关获得采用税收核定对税基量化事实进行经验性推断这一旨在降低证明困难的事实认定机制的正当性。

四、税收核定的程序之殇——难以遏制的“征税权”任性

对申报明显偏低的计税依据重新核定，尽管一直以来被认为是反避税的重要举措，但与其他类型的反避税调查案件极为繁杂的程序相比，其适用程序是无疑是极为简易的。

反避税调查的最终结果将可能导致纳税人面临应纳税额的调整，对纳税人权利影响甚巨，反避税调查程序并不以税务机关迅捷地作出处理决定为目标，而是确保税务机关通过事实的详尽调查发现最符合实际状况的经济后果。因此，反避税案件从立案、事实调查到处理意见的作出有着更加严格的程序性要求，所需查明的亦不仅是常规交易的一般证据资料，而有着更

---

〔1〕 除了自行调查收集、纳税人协力提供证据资料外，当前立法中还规定了金融机构等第三方的诸多资料报送义务。

〔2〕 陈清秀：《税法总论》，台北，元照出版公司2012年版，第467页。

多面向的事实调查。正因如此,在实践中延宕数年方才做出最终的特别纳税调整决定的案件亦不在少数。

如前所述,税收核定是税务机关在特定情势下无须证据的事实假设,即对税基的量化事实的理性推测。[1] 那么,税务机关选择何种具有高度盖然性的经验法则作为替代性证据,将直接影响最终推断的税基金额与纳税人真实发生的交易金额之间的落差。税务机关对这一替代证据的"典型事态经过"的选取享有高度的自由裁量权,从实体法上实际上难以对其作出有效的拘束。遗憾的是,尽管《税收征收管理法》及其实施细则将其作为确定税额方式之一和一般税收确定程序的内含环节,其实施的程序却失之阙如。[2] 与税务机关对存在避税嫌疑的交易应另行启动繁杂的反避税调查程序不同的是,对纳税人申报偏低的计税依据的调整却可以在一般税款确定程序中直接作出核定。[3] 税务机关实施税收核定的步骤和方法、有无必要进行进一步的调查、所应调查的事实范围和程度、纳税人在此程序中的参与权等均无明确的规定。作为一种简便、快捷而缺少实体法拘束的事实认定方式,税务机关在实践中逐渐形成以核定而非查实的方式进行税额确定的趋势。

税收核定的此种程序性规则的缺失对面临税务机关重新核定"偏低的计税依据"的纳税人权利的影响更加显著。税收核定本身即是基于征税效率的考量、在纳税人违反协力义务的情况下限缩税务机关的职权调查范围

---

[1] 胡学军:《表见证明理论批判》,载《法律科学(西北政法大学学报)》2014年第4期。

[2] 国家税务总局颁布的《企业所得税核定征收办法(试行)》和《个体工商户定期定额征收管理办法》中对相应的核定程序作出一定的规定。对生产、经营规模小的个体工商户的定额核定,税务机关应通过纳税人自行申报、核定定额、定额公示、上级核准、下达定额和公布定额等程序予以核定。对居民企业的核定包括核定前《核定征收鉴定表》的送达与报送、分类逐步审查核实、复核与认定以及重新鉴定等程序。然而,上述规定缺乏普遍的适用性,其规定也过于简单,仍存在诸多核定程序上的盲区。

[3] 如《一般反避税管理办法(试行)》(国家税务总局令第32号)第8~9条规定,主管税务机关发现企业存在避税嫌疑的,层报省、自治区、直辖市和计划单列市(以下简称省)税务机关复核同意后,报税务总局申请立案。省税务机关应当将税务总局形成的立案申请审核意见转发主管税务机关。税务总局同意立案的,主管税务机关实施一般反避税调查。

的事实认定机制。因此，税务机关只需在其已掌握的零星信息的基础之上进行经验性的推断，[1]即属合法。诚然，无论是申报的计税依据“偏低”与“无正当理由”的判定，还是选取何种核定方法，税务机关都应当建立在一定程度的事实调查的基础上。但在税收核定这种简化的事实认定机制之下，一旦缺乏有效的制度约束，事实的进一步调查将被弱化为可有可无。这导致税务机关可以在完全无视纳税人已然诚实申报的交易事实、又缺乏进一步的事实查明的基础上作出对“偏低的计税依据”的反避税核定，其主观性和随意性将是无法避免的。

与其他类型的反避税调查案件相比，面临“偏低的计税依据”的反避税核定的纳税人在这一过程中的参与权几乎是完全缺失的。由于在一般税收确定程序中直接由税务机关重新核定其“申报偏低的计税依据”，纳税人并无权利重新提供与交易相关的证据资料。如果说在一般税收确定程序中纳税人负担的提供所有财务会计报表、与纳税有关的合同、协议书及凭证、税控装置等与税额确定有关的证据资料的提供义务，是为协助税务机关的职权调查而承担的一般事案解明义务，那么在反避税调查程序中纳税人提供与“交易不构成避税安排”相关的资料，则已不仅是单纯的事案解明义务，而更包含使纳税人得以陈述、申辩其交易不构成避税安排的权利的内核。[2]也正因如此，在反避税的制度构建中，纳税人在反避税调查程序中负担日趋详尽的资料提供的协力义务。然而，在税务机关作出对偏低的计税依据进行核定的决定之前，纳税人并无提供证据证明其交易所涉金额存在正当理由的强制性义务，除非税务机关要求其予以说明，否则便将丧失进一步向税务机关就其交易的合理商业目的进行陈述和说明的机会。由于纳税人在其申报材料中已充分、全面而完整地履行其协力义务，对其交易进行翔实的说

[1] 《〈税收征收管理法〉修订草案》（征求意见稿）第50条第1款。

[2] 《企业所得税法》第43条、《特别纳税调整实施办法（试行）》第9～19条、《关于完善关联申报和同期资料管理有关事项的公告》（国家税务总局公告2016年第42号）。

明,在税务机关欲对其申报的计税依据施以核定时,纳税人此项说明其交易具有正当合理性的权利反被有意无意地忽视了。在大多数案件中,税务机关一旦发现其申报依据偏低,便直接认定交易缺乏正当理由,进而在纳税人申报的材料之外基于经验类推或推断其税基的金额。在缺乏纳税人参与的情况下,税务机关是否能够作出切近交易实际的税基金额的经验性推断,同样是存疑的。

如果说程序规则和参与权的缺失几乎关闭了纳税人参与这一以反避税为目的的核定程序、维护自身权利的大门,《税收征收管理法实施细则》第 47 条第 3 款规定的异议权似乎又为其打开了"一扇窗"。该款规定,纳税人对税务机关采取本条规定的方法核定的应纳税额有异议的,应当提供证据,经税务机关认定后,调整其应纳税额。如前所述,税收核定是将税务机关在无充分证据的情况下借助于一般经济生活经验确定的税基金额暂时视为成立,从而发生具体的举证责任的倒置,此即纳税人的异议权。由于税收核定的范围仅限于税基金额的经验性推断,纳税人提出异议的范围也因此仅限于"采取规定的方法核定的应纳税额",而不及于税务机关对该交易是否属于核定范围的事实认定,对于后者纳税人却无权提出异议。而这往往才是征纳双方争议焦点之所在。

由于纳税人所享有的异议权的实质是具体的举证责任的倒置,因此,纳税人对税务机关核定税额存有异议而提供的证据必须"足以动摇表见证明产生的结论",即纳税人未申报的偏低的计税依据存在重大可能。这与反避税调查程序中纳税人承担提供证据资料的协力义务明显不同。由于协力义务不构成举证责任的承担,纳税人只要依照税务机关的要求提供其控制范围内的证据,此义务即告履行,其后即使事实无法查明,举证不能的风险必须由税务机关承担。而在对核定结果有异议的场合,纳税人必须承担具体的举证责任,一旦其提供的证据无法动摇税务机关的事实认定,这一风险必须由纳税人自行承担。

与司法程序中法院作为中立的裁判者认定案件事实不同的是，在税收征收程序中只存在税务机关和纳税人两造当事人。税务机关乃是对交易的经济实质存疑而启动调查程序者，同时又为证据的认定者和最终裁判者，是纳税人说服的对象。[1] 这意味着税务机关实际上同时为被告和法官。作为国家行使征税权的代表机关，本已有作出对国库有利的征税决策的先天倾向，改变税务机关已形成的偏见，对纳税人而言难度显而易见。与因纳税人未尽协力义务而税务机关进行核定的情形不同的是，在这一类型的案件中，纳税人已就其交易或经济活动发生的实际金额进行了充分、必要的申报，税务机关正是在否定其申报的金额不足以反映交易的真实情况的前提下而改以相同或类似行业纳税人通常情况下基于一般经济规律交易可能涉及的金额所作的判定。即使纳税人再行提供与交易相关的资料阐明事实，也很难动摇税务机关基于“典型的经济活动”本该发生的交易金额而确定的税基数额。可以说，纳税人对于核定结果提出的异议是否成立的决定权在于税务机关，由其自行裁决自己选择的核定方法存在错误并自行予以改正，在缺乏必要的约束的情况下，可能性微乎其微。[2] 因此，税务机关可以自行决定对申报的计税依据已然“存疑”，进而对已充分、完整申报的经济交易实施税收核定。由于税务机关自行决定是否被“说服”，是否改变其初始的怀疑心理，即使纳税人提供与交易细节有关的资料，税务机关均可能以“未能被说服”为由，作出核定税基数额的决定。可以说，尽管立法中明确规定了纳税人的异议权，即提供证据经税务机关认定后重新确定其应纳税额，这样的结果依然不可能有所改变。

五、结语：回归正途的税收核定

与一般借助于依靠案件产生的“证据”进行回溯推理式的事实证明机制

[1] 吴金柱：《所得税法之理论与实用》（上），台北，五南图书出版股份有限公司2008年版，第554页。

[2] 廖仕梅：《从民法视角探析推定课税——基于“最高人民法院提审广州德发公司案例”分析》，载《地方财政研究》2015年第10期。

不同的是,税收核定是一种利用生活经验来缓解直接证明困难的普遍简化的证明手段。纳税人以真实、有效的法律形式隐匿交易的经济实质,实际上交易的真正经济实质如何,是缺乏直接证据予以证明的。这也是《税收征收管理法》第 35 条第 6 项规定对纳税人"申报的计税依据明显偏低,又无正当理由"的交易可以进行核定的原因之所在。税收核定的采用将为税务机关基于反避税目的而调高纳税人的应纳税额提供最简便的制度依据。

由于只是以片段化、碎片化的证据对交易进行数量、金额的推理,税收核定的结果与交易的实际发生金额必然存在一定偏差。将此方法作为解决征税实践中课税事实证明困难的一般性替代方法,对纳税人极为不利,更是对税收法定主义的背离。因此,税收核定的适用应当有着严格的限制,必须以纳税人违反协力义务而使税务机关发生调查困难为前提。然而,在纳税人实施了诚实申报但计税依据明显低于具有相同特征的交易而有必要探究能够最恰当地反映其税收负担能力的交易金额时,税务机关基于职权调查主义仍应负担事实查明之责,而不得仅因此经济实质缺乏直接证据予以证明而主张一概降低其证明标准,否则将造成课税事实的举证责任实际倒置的结果。

可以说,《税收征收管理法》第 35 条第 6 项的规定完成了避税安排与税收核定的简单拼凑,却无力达成探求经济实质的反避税的目标。而多数学者所称的税收核定具有反避税功能亦不过是在现行立法基础上的牵强附会。《〈税收征收管理法〉修订草案》(征求意见稿)保留《税收征收管理法》第 35 条第 6 项税收核定的规定即是这一错误思路的延续和差强人意的理论误导的结果。纳税人申报的实际成交价格与具有相同特征的常规交易相比明显偏低,固然应当进行税基的重新确定,但此时税务机关仍应当进行事实的调查,以间接证据为基础进行经济实质的判定。在此情况下应当为税基的"合理调整",而非税收核定。在《税收征收管理法》的修改中,应有必要使税收核定与反避税的"合理调整"各归各位,各安其事。由此,才能在限制税务机关对课税事实擅断的基础上,使纳税人免遭随意的税额调增。

第四篇

避税行为的惩罚与救济机制

第九章
避税行为责与罚的迷思与澄清

对于构成避税安排的交易,《企业所得税法》第 48 条、《个人所得税法》第 8 条第 2 款仅规定了纳税调整和加收利息,无税收滞纳金,也不加以处罚。加收的利息是纳税人因避税安排少缴税款形成对财政资金的占用而负担的成本,并不当然具有惩罚性。[1] 但随着避税交易的频繁发生,国家税收利益遭到严重的侵蚀,对一国的财政收入产生了重大的消极影响。根据 OECD 的调查,避税交易导致的全球企业所得税流失可能占到全球企业所得税总额的 4% ~10% ,即每年达到 1000 亿 ~2400

〔1〕 根据《企业所得税法实施条例》第 122 条的规定,企业与税务机关达成预约定价或按规定提供资料的,按照税款所属纳税年度中国人民银行公布的与补税期间同期的人民币贷款基准利率计算利息,仅对反避税调查中未按规定提供资料的纳税人在此贷款基准利率的基础上加算 5 个百分点计算利息。因此,加算的"5 个百分点"的利息实际上是对纳税人"未提供资料"的"罚息",而非针对避税安排的补税行为。《个人所得税法实施条例》第 23 条则未作区分,均按"税款所属纳税申报期最后一日中国人民银行公布的与补税期间同期的人民币贷款基准利率计算"。

亿元。[1] 在此背景下，除避税交易打击力度不断加大，越来越多的国家在其立法中明确规定了对避税交易的处罚，制裁力度也渐趋严厉，增加了避税交易当事人的违法成本，大大加强了反避税制度的威慑力。我国税法学界和实务界不乏认为应当借鉴国外制裁避税行为的立法，以提高税法的遵从度的观点。[2] 那么，避税行为是否具有可罚性，是否有处罚之必要，应当予以探讨。本章主要以美国《国内收入法典》有关避税交易的罚则为切入点，研讨我国税法框架下避税行为的可罚性与制裁之必要。

一、灰色地带中的避税：罚与不罚之争

税收是经济活动中财产及其增值附带的社会义务。[3] 既为一项法定成本，税收对市场主体而言，与工资、租金或利息等经营成本并无本质的区别。[4] 作为经济理性人，市场主体受到利益驱使，天然具有以各种方式和手段减轻甚至排除税收负担、实现财产牺牲最小化的秉性和本能欲望。逃税、避税和税收筹划同属于纳税人实施的旨在实现税负最小化的行为范畴。[5] 如果说逃税和税收筹划分别代表了法律评价结果截然相反的两极，避税就犹如渐变色充斥其间，行事异常、性质模糊、法律评价暧昧。

避税与税收筹划都是通过一定的交易形式的选择以适用含有优惠待遇的税收规则来实现税负最小化。一般而言，税收筹划是依据税法预定的方式，意图减轻税收负担的行为，[6] 如有意不实施满足税收构成要件的经济活

---

〔1〕 OECD, "Explanatory Statement, 2015 BEPS Deliverables", Acceseed April 18, 2019. http://www.oecd.org/ctp/beps-statement-2015.pdf.

〔2〕 如戈军、纪烨：《国外转让定价罚则的现状及在我国的进展》，载《国际税收》2008年第1期；西安市国税局涉外分局课题组：《对避税处罚依据的探讨》，载《税收与社会》2000年第4期；孔丹阳、冯逍宇：《澳大利亚〈跨国企业反避税法案〉评析》，载《税务研究》2017年第7期。

〔3〕 葛克昌：《所得税与宪法》，北京大学出版社2004年版，第10～13页。

〔4〕 Daniel J. Glassman, "'It's not A Lie If You Believe It': Tax Shelters And the Economic Substance Doctrine", *Florida Law Review* 58, 2006, p. 668.

〔5〕 See Paulus Merks, "Tax Evasion, Tax Avoidance and Tax Planning", *Intertax* 34, 2006, p. 6.

〔6〕 陈清秀：《税法总论》，台北，元照出版公司2012年版，第214页。

动,或在达成同一或相同的经济后果存在多种不同、可相互替代的交易方式时选择其中税收负担最轻的一种。是否实施某种经济活动、采取何种方式予以实施,是国民享有的自由权利。因此,在进行一项经济生活的安排时,考虑税收因素而以税收上最有利于自己的方式予以实施,是自由权的应有之义。正因如此,纳税人享有选择实施税收待遇最优惠的行为,即以最小化税收负担的方式来安排自身经营活动的权利。这在多数国家,尤其是发达国家,已被广泛认可。税收筹划也因此获得税法的肯定性评价。然而,同样是以减轻税负为目的的法律形式选择,一项避税安排往往被斥为"通过法律形式的滥用""谋求不正当的减轻税负"。避税安排采用手段的"不自然性"或"非正常性",使其与税收筹划相区别,也导致由此取得的税收利益被视为"不当",即"不符合立法者的期待",因此难以同样获得税法的肯定性评价。避税交易采用了非正常的商业模式或与不自然的交易方式,如异常、迂回曲折、复杂、多重反复、不切实际的交易方式,因此常常被指称为"诡计""计谋",如安排成立复数的协议,使其经济后果全部或部分相互抵消,以至于难以察觉其经济效果已经达成。[1] 这种不自然的交易手段的采用,除确保交易满足包含税收利益的税法条文的字面含义外,仅能徒增纳税人的交易成本,无法为其获得税收利益以外的其他商业利益或回报。有的纳税人以此为代价,意在套取本不应当取得的税收利益。获取税收利益所采用手段的当与不当,因此成为认定一项法律形式的选择为"合法"节税抑或避税的关键因素。然而,"当与不当"的区分又如此困难,亦难有明确的标准,税收筹划与避税安排之间的界限极为模糊,因此也造成了实践中两种行为的法律效果被混用的结果。在当前国库保护主义主导的税收征管思路之下,一项

---

〔1〕 See ECJ's Judgement of 14 December 2000, Case 110/99.

符合税法规定的法律形式选择被认定为避税的情形并不鲜见。[1]

尽管如此，这项税法上不加肯定的避税，却并不遭到与逃税行为相同的否定性评价。就造成国家税收流失的结果而言，逃、避税行为往往被相提并论。一项避税安排尽管未存在虚构、隐匿纳税义务等事实上的欺诈手段，却对“税法上的漏洞有意加以利用”，以非正常商业模式的交易安排“技术性地满足税法规定的构成要件”，不当地套取未被立法者期待的税收利益，造成税基的侵蚀和利润的转移，同样造成国家税收收入流失的结果。因此，有学者认为，避税行为以“形式上符合税法文义、实质上却未被立法者期待甚至意欲禁止”的法律欺诈造成的税收流失的后果与以原始、粗鲁的事实欺诈的逃税行为并无二致，其社会危害性不言而喻，因此有必要施以相同的制裁。我国当前立法上尽管均规定对于避税行为仅发生纳税调整并加收利息的法律后果，在司法实践中，逃税的制裁规则类推适用于避税行为的案件却不鲜见。[2] 对避税行为的“名补实罚”，不仅使逃、避税行为之间的界限越发模糊，也导致选择性执法的不公平结果。然而，亦有学者认为，避税行为所采用的法律手段虽非正常或不自然，却均为真实、合法且有效，满足了字面含义上的税法条文，在税收征管程序中亦向税务机关明确予以申报，因此，不应当对其施以与逃税行为相同的处罚，甚至有学者将此视为“不待法律明

---

〔1〕 较为典型的即是影视明星基于生产经营所得与劳务报酬所得的税负差异，而选择成立个人工作室从事经济活动。这种法律形式的选择本是经济自由的结果，在笔者看来应属税收筹划。然而，在由阴阳合同所牵扯的影视行业的“税负清查”背景下，这种组织形式的选择被否认，影视明星对外提供演艺等劳务活动取得的收入一概被认为属于“劳务报酬所得”。

〔2〕 如我国台湾地区“台北高等行政法院”在黄某某避税案（2002 年诉字 2254 号判决）中认为：“查原告故意违反租税法之立法意旨，滥用法律上之形式或法律行为，蓄意制造外观上或形式上存在之法律关系或法律状态……系故意以不正当方法逃漏税捐之虚伪安排……”在我国大陆税务机关也往往存在将避税行为作为逃税等违法行为予以处罚的认识。详细可参见王军光：《国家税务总局官员指出非法避税、漏税都是偷税》，载《时代财会》2002 年第 9 期。在司法实践中也曾发生纳税人以白银加工为高性能导线出口后复熔炼为白银的行为，被作为骗取出口退税罪予以制裁的判例。参见浙江省金华市中级人民法院刑事判决书[（2017）浙 07 刑初 53 号]。

定”的“一般法律原则表现”。[1]

尽管关于避税行为的罚与不罚的理论纷争依然不断，鉴于避税行为对一国财政运作的消极影响，越来越多的国家对此行为施以处罚。如由于避税交易难以事前预防，美国国会力图以重罚遏制此种行为。20 世纪 80 年代早期，美国《国内收入法典》引入适用于特定避税交易的相关罚则，包括纳税人虚增交易的计税基础、具有明显避税意图的交易以及已被认定为存在潜在滥用可能性的交易。根据这些规定，一项交易被认定为避税安排后，除应调增税额并补缴相应的税款外，行为人还将面临处罚。处罚额度通常为少缴税款金额的 20%。[2] 对避税行为的处罚以纳税人存在过错为基础，纳税人可以提出合理的理由进行抗辩，以避免税务机关的处罚。[3] 然而，由于税务机关或法院必须了解甚至猜测行为的可能性以及由此取得的利益，以过错为基础的制裁在实践中往往难以执行，[4] 甚至形成了更有利于富人的法律漏洞。[5] 此后，美国国会对避税行为的罚则几经修改，除不断扩大处罚的范围外，处罚的标准也更趋严格，纳税人的有效抗辩却被大为削弱甚至取消了。

这种趋势在 2010 年经济实质主义明确写入《国内收入法典》时再次得到了加强。经济实质主义是美国司法机关用以打击避税交易的重要工具。2010 年 3 月美国国会通过的《2010 年医疗健保与教育重整法案》第 1409 条增订《国内收入法典》第 7701(o)条，实现了这一司法原则的成文化。[6] 与

---

〔1〕 葛克昌：《纳税者权利保护法析论》，台北，元照出版公司 2018 年版，第 57 页。

〔2〕 Section 6662 of Internal Revenue Code.

〔3〕 Section 6664 of Internal Revenue Code. 如纳税人通常可以提出如下抗辩以避免处罚：(1) 税收主张至少有 20% 获得支持的概率；(2) 纳税人信赖税务咨询；(3) 纳税人基于善意提交纳税申报。

〔4〕 根据美国国内收入局的统计数据，截至 2004 年，国内收入局每年仅作出 672 项反避税处罚，每年却有 325 项已作出的处罚被撤销。即使在最激进的年份，提交联邦纳税申报表的 217391 个纳税人中仅有一人遭到国内收入局的处罚，而被调查的每 2076 名个人纳税人中也仅有一人面临处罚。资料来源可参见 I. R. S., SOI Tax Stats-IRS Data Book, available at www. irs. gov/ taxstats/ article/0. , id = 102174. html，最后访问日期：2019 年 4 月 18 日。

〔5〕 William A Drennan, Strict Liability and Tax Penalties, *The Oklahoma Law Review* 62, 2010, p. 20.

〔6〕 Health Care and Education Reconciliation Act of 2010, H. R. 4872, 111th Cong., § 1409(2010).

此同时,由于以过错为基础的避税罚则饱受批评,在本次修法中,对违反经济实质主义的交易规定了无过错的严格责任的制裁。根据这一规定,一旦一项交易被认定为不具有经济实质,那么,处罚的规定将得以适用,纳税人不得提出任何理由作为免予处罚的抗辩。也就是说,只要一项避税安排被认定,纳税人将被处以其主张但最终被否定的税收利益的20%的制裁金。如果纳税人未能全面提供与交易的税收待遇相关的所有事实资料,更将面临少缴税款金额40%的制裁金。[1] 纳税人无论故意、过失甚至善意都将面临相同的处罚。

美国不是对避税行为施予重罚的唯一国家。在法国,原则上纳税人出于恶意,即明显知情的情形下,从事税收规避或税法上权利滥用行为,不仅应负担一定额度的迟延利息,还将面临应纳税额80%的罚款。[2] 善意纳税人可以免遭处罚。为确保跨国企业在其境内从事经济活动取得的利润能够在澳大利亚缴税,澳大利亚政府在2015年12月通过了《打击跨国企业反避税法案》,[3]对从事避税安排的大型跨国企业的罚款最高可达少缴税款金额的100%,累计的情况下甚至可以提高到120%,除非纳税人可以合理地提出抗辩。此外,荷兰、[4]墨西哥、[5]英国、[6]日本[7]等国家也都规定了针对避

---

[1] Health Care and Education Reconciliation Act of 2010, H. R. 4872, 111th Cong., § 1409 (2010).

[2] 黄源浩:《税捐规避行为与处罚》,载《月旦法学杂志》2010年第12期。

[3] Schedule 3 of the Tax Laws Amendment (Combating Multinational Tax Avoidance) Act of Australia, 2015. 在此之前,对避税安排可以处以最高为少缴税款金额50%的罚款(累计的情况下可以达到60%)。详细可参见 Section 284155 in Schedule 1 of Taxation Administration Act of Australia, 1953。

[4] 荷兰对避税安排除调整税额、加收利息外,还处以少缴税款金额25%~100%的罚款,税款的利息从该纳税义务发生的纳税年度起计算到实施反避税调整的纳税年度为止。详细可参见 Decree IF2 2001/295M, 2001 and Decree IF 2 2004/680, 2004。

[5] 墨西哥规定对避税安排处以少缴税款金额的70%~100%的处罚,并考虑通货膨胀和利息因素确定罚款金额。详细可参见 Article 215－217, Section Ⅻ, ⅫI and ⅩⅤ of Income Tax Law of Mexico, 1994。

[6] 英国规定对避税安排处以不高于少缴税款金额的100%的罚款,详细可参见 Section 28AA, Section 770－774 of Income and Corpoate Tax Act of United Kindom, 1998。

[7] 对避税安排除处以调整税额的10%~40%的罚款外,还要加征每年14.6%的过少申报税。详细可参见 Article 66－4 of Special Taxation Measures Law of Japan, 1986。

税交易的处罚规定。

与上述国家相比,我国《企业所得税法》规定的避税交易调增税额和加收利息的法律后果,显然宽松得多。为了打击近年来层出不穷的避税安排,是否有必要效仿上述国家对避税行为予以制裁,提高实施避税安排的违法成本,甚得考究。

二、避税制裁目的源考与我国效仿之缓行:以美国为例的考察

对避税行为施以处罚的国家,其制裁目的大多是以高额的罚款或制裁金形成避税者额外的金钱成本,从而威慑并阻吓避税行为的发生。[1] 如澳大利亚强调提高最高罚款金额的目的在于"阻吓避税行为"。[2] 但各国的制裁目的也存在一定差异。如法国对恶意避税行为予以处罚,其目的在于确保税收负担"基于税收负担能力平均地分配予公民"。[3] 而美国对避税行为重罚的目的,除了确保税收执法的公平,还意在通过制裁金的课征为美国联邦政府增加财政收入,同时遏制税务专业人员开发的避税工具的推广适用。[4] 那么,上述目的在美国的实现效果如何,在我国是否同样有必要追求这些目标、能否通过对避税行为的制裁予以达成,对我国是否效仿避税行为的制裁制度显然是非常重要的考量因素。本部分将以美国避税罚则的立法目的为例,予以考察。

---

〔1〕 Thomas Kathleen Delaney, The Case Against a Strict Liability Economic Substance Penalty, *University of Pennsylvania Journal of Business Law* 13, 2011, p. 447.

〔2〕 House of Representatives of the Parliament of the Commonwealth of Australia, "Explanatory Memorandum of Tax Laws Amendment (Combating Multinational Tax Avoidance) Bill 2015", Accessed January 7, 2019. https://parlinfo.aph.gov.au/parlInfo/download/legislation/ems/r5549_ems_f2f9c061-45d9-4f1f-b8f9-eb140cdc08ae/upload_pdf/503830.pdf;fileType=application/pdf.

〔3〕 黄源浩:《税捐规避行为与处罚》,载《月旦法学杂志》2010 年第 12 期。

〔4〕 Mik Shin-Li, "Strictly Wrong as a Tax Policy: the Strict Liability Penalty Standard in Noneconomic Substance Transactions", *Fordham Law Review* 78, 2010, p. 27.

(一)以制裁金增加财政收入

避税被认为是造成美国税收流失的重要原因。[1] 在20世纪80年代对避税的制裁是以促进纳税人的自愿遵从为目标的。在2004年以后却更倾向于将其作为增加财政收入的手段之一。[2] 早在2004年的《乔布斯法案》中,将经济实质主义成文化的立法计划就已经将对不具有经济实质的交易施加制裁,作为弥补财政赤字的财政收入来源的手段。[3] 根据当时的预估,2004~2013年的10年间将由此产生超过130亿美元的财政收入。2005年的立法计划增加严格责任的规定,更是预估随着经济实质主义的成文化,制裁金的课征将产生高达150亿美元的财政收入。[4] 而2007年的一些立法议案也预估此举将带来的财政收入在35亿~100亿美元。[5] 在2010年美国财政计划中,经济实质主义的成文化是被作为当年度财政改革方式之一而提出来的。因此,增加财政收入被认为是隐藏在被刻意强调的经济实质主义成文化的威慑和阻吓目的之后的真实目的。[6]

以增加财政收入为目的对避税行为进行制裁,与美国财政赤字自20世纪80年代以来逐年攀升,直至2003年、2004年达到峰值,2009年再次创下

---

〔1〕 William A Drennan, "Strict Liability and Tax Penalties", *The Oklahoma Law Review* 62, V 2010, p. 62.

〔2〕 American Institute of Certified Public Accountants, Penalty Reform Task Force, Report on Civil Tax Penalties: the Need for Reform, 2013, available at https://www.aicpa.org/content/dam/aicpa/advocacy/tax/taxlegislationpolicy/downloadabledocuments/aicpa-report-civil-tax-penalty-reform-2013.pdf.

〔3〕 See Staff of J. Comm. on Taxation, 108th Ccongress of United States, Estimated Revenue Effects of the Chairman's Mark of S. 1637, The "Jumpstart Our Business Strength ("JOBS") Act" (Comm. Print 2003), available at http://finance.senate.gov/sitepages/leg/leg092603revtble.pdf.

〔4〕 See Staff of J. Comm. on Taxation, 108th Ccongress of United States, Estimated Revenue Effects of the Provisions Contained in S. 2020, "The Tax Relief Actof 2005", A Passed by the Senate of United States on November 10, 2005 (Comm. Print 2005), available at http://www.jct.gov/x-82-05r.pdf.

〔5〕 See Donald L. Korb, "Codification of the Judicial Economic Substance Doctrine", Tax Law And Estate Planning 825, 2008, pp. 379, 382-387.

〔6〕 Mik Shin-Li, "Strictly Wrong as a Tax Policy: the Strict Liability Penalty Standard in Noneconomic Substance Transactions", *Fordham Law Review* 78, 2010, p. 23; Dennis J. Ventry Jr., "Save the Economic Substance Doctrine from Congress", Tax Notes 118, 2008, pp. 1405-1410.

历史新高,不无关系。[1] 美国政府亟须寻找新的方式增加财政收入。民主制度下任何增税行为均可能导致民主选举失败。通过税制改革增加财政收入几乎难以实现,于是加强税收征管、提高对逃避税行为的制裁力度,成为另一种更具可行性的选择。因此,制裁避税对于财政收入的影响,远比其促进自愿遵从的效果更受关注。在此推动下,避税罚则的制裁力度越发严厉,制裁效果却未受到足够的重视。[2] 美国的避税罚则也因其制裁额度过于高昂,且与避税行为的违法性与损害程度之间显失比例而备受诟病。[3] 在执行上更造成税务机关基于成本—收益分析而决定是否展开调查乃至予以制裁的选择性执法问题。一旦认为调查、认定一项避税的成本高于可能带来的财政收入,税务机关便可能做出放弃调查或制裁的决定。只有当制裁的作出将带来高额的财政收入的情况下,税务机关才会有动力实施以制裁为目的的调查。[4] 出于财政收入的激励,税务机关可能采取更加激进的避税认定与制裁措施,这对于面临反避税调查的纳税人而言显然是不公平的。正因如此,将重罚避税行为作为增加财政收入或弥补其他税制改革成本的方式,批评之声不绝于耳。[5]

---

〔1〕 2004 年美国的财政赤字占 GDP 的比重,即财政赤字率高达 3.4%,已超过 3% 的国际警戒线,2010 年更是达到了 9.64% 的水平。详细可参见白彦锋、叶菲:《美国财政赤字状况及其可持续性分析:基于蓬齐博弈与非蓬齐博弈的分析》,载《中央财经大学学报》2014 年第 12 期;美国经济分析局网:http://www.bea.gov/iTable/iTable.cfm? ReqID = 9&step = 1#reqid = 9&step = 1&isuri = 1,最后访问日期:2019 年 1 月 5 日。

〔2〕 American Institute of Certified Public Accountants, , Penalty Reform Task Force, Report on Civil Tax Penalties: the Need for Reform, 2013, available at https://www.aicpa.org/content/dam/aicpa/advocacy/tax/taxlegislationpolicy/downloadabledocuments/aicpa-report-civil-tax-penalty-reform-2013.pdf.

〔3〕 American Institute of Certified Public Accountants, , Penalty Reform Task Force, Report on Civil Tax Penalties: the Need for Reform, 2013, available at https://www.aicpa.org/content/dam/aicpa/advocacy/tax/taxlegislationpolicy/downloadabledocuments/aicpa-report-civil-tax-penalty-reform-2013.pdf.

〔4〕 See Government Accountability Office, Report to the Committee on Finance, US Senate, Tax Administration: IRS Should Evaluate Penalties and Develop a Plan its Efforts, June 2009, p. 1.

〔5〕 Lawrence M. Hill & Alexandra Minkovich, "Tax Policy Gone Wild: Harsh Penalties as Revenue Raisers", Tax Notes 115, 2007, pp. 79 – 81.

避税行为的制裁增加财政收入,将可能造成根本上不公平的结果,甚至有违税制的公平。税法本为税收负担分配法,应当确保税收收入在国民间的平等分摊。同时以税法的确定性确保财政收入的稳定取得。对避税交易予以重罚,尽管在一定程度上可以防堵因大量避税行为侵蚀税基或转移利润而造成的税收流失,弥补由此形成的财政赤字。但避税行为的存在并非美国财政赤字的根本原因,将激增的财政支出需求转化为违规成本要求避税行为的当事人承担,难以形成稳定的财政收入来源,而将完全取决于反避税调查、调整与制裁的宽严程度,财政收入的取得将具有极大的不确定性。由于避税交易具有较强的隐蔽性,除了已被调查的案件外,尚有可能存在大量游离于调查范围之外的避税交易未被发现并补征税款。这些交易共同造成了国家税收的流失。如果每一项避税交易都面临调查并根据其经济实质调整税额,那么,因避税行为造成税收流失即可以得到纠正。问题在于,即使在反避税制度相对成熟的美国,纳税人遭到调查并最终被认定为避税安排并实施纳税调整乃至制裁的概率非常低。[1] 反避税调查对象的选择在很大程度上是偶然和随机的。以遭到反避税调整的纳税人的制裁金弥补因所有避税行为造成的财政缺口,意味着"不幸"遭受调查的纳税人不仅须返还自身套取的税收利益,还必须承担连带返还未被调查的避税行为少缴的税款同时额外负担其违法成本。因财政支出需求激增所需的财政收入,因此由上述纳税人承担,而非由全体国民平等分摊,与征税公平原则明显是相悖的。

在我国是否有必要同样确立以增加财政收入为目的的避税行为的制裁制度,是值得怀疑的。一则,我国财政收入近年来基本维持7%左右的增长

---

〔1〕 根据美国国内收入局公布的数据,2005年收入超过1万美元的个人纳税人面临调查的概率大概是1.5%。详细可参见 Kyle D. Logue,"Optimal Tax Compliance and Penalties When the Law Is Uncertain", Virginia Tax Review 27, 2007, p. 264; Internal Revenue Service Data Book, available at http://www.irs.gov/pub/irs-soi/o5db10ex.xls。

速度,[1]与财政支出增长速度大体持平,无须依赖于罚款或没收收入作为税收收入以外的财源。更重要的是,当前我国一些地方政府的税收收入尚不足以支应其财政支出的需求,故有的地方政府不得不巧立各种名目的收费项目寻求收入来源。如果制定以获取财源为目的的避税制裁制度,在当前反避税制度尚不够健全、税务机关的反避税调整权力存在巨大的自由裁量空间、制度与外部约束尚未形成的情况下,将导致有的地方税务机关在当地政府的财政压力下实施激进甚至随意的反避税调查与调整。反避税调整权本身是一项具有危险性的以国库保护为目标的权力,如果为其附加额外的财源创造的目标,将可能导致更多私人财产被随意剥夺。这与当前我国倡导的"藏富于民"的基本理念是背道而驰的。因此,不应当以制裁避税行为将使因避税造成的税收流失得以弥补为由,作为处罚避税行为的正当化依据。[2]

(二)反避税制裁的阻吓与预防目的

通常认为,美国的税制是建立在自愿遵从的基础上的。良好设计并获得执行的税收罚则将有效地鼓励自愿遵从。[3] 美国反避税制裁的主要目的应当是鼓励自愿遵从,而非其他目的。这一点在美国 1989 年制定的《加强惩罚和税收遵从法案》中明确予以肯定。[4] 由于纳税人从事避税交易少缴的税款将会损害社会其他成员的合法权益,为阻吓此种行为,有必要科以一定的违法成本。对缺乏经济实质的交易施以更加严厉的处罚的目的,在于

---

〔1〕 如 2017 年全国一般公共预算收入 172,567 亿元,同比增长 7.4%;全国一般公共预算支出 203,330 亿元,同比增长 7.7%。资料来源:http://finance.people.com.cn/n1/2018/0125/c1004-29787649.html,最后访问日期:2018 年 7 月 20 日。

〔2〕 林其玄:《税捐规避行为可罚性之探讨》,载《中正大学法学集刊》2016 年第 50 期。

〔3〕 American Institute of Certified Public Accountants, Penalty Reform Task Force, Report on Civil Tax Penalties: the Need for Reform, 2013, available at https://www.aicpa.org/content/dam/aicpa/advocacy/tax/taxlegislationpolicy/downloadabledocuments/aicpa-report-civil-tax-penalty-reform-2013.pdf.

〔4〕 Improved Penalty and Compliance Tax Act of 1989 (IMPACT).

阻吓纳税人缔结此种交易进而促进遵从行为。[1] 从经济收益—成本的角度而言,如果纳税人从事避税行为获得的收益远远超过其行为的违法成本,在经济利益的驱动下,不考虑道德因素纳税人必然选择从事避税交易,而非遵从税法。因此,尤其在反避税调查概率相对较低的情况下,只有通过对这一行为课以高额的违规成本,才能形成足够的威慑,阻吓纳税人实施避税交易,从而促进纳税人自愿遵从税法。[2] 美国对避税行为的制裁,正是通过剥夺以法律形式的滥用意图获取的税收利益,[3]同时科处经济上的不利益来威慑和阻吓避税交易的发生的。

为了确保制裁对纳税人形成足够的威慑力,美国制裁的金额通常极为高昂。但也因此被认为责罚不相当而备受批评,[4]认为过于严厉的惩罚反而可能导致纳税人不愿意遵从税法。从2008年美国国内收入局公布的数据来看,避税仍是造成美国税收流失的最主要原因。[5] 尽管2010年美国的避税罚则转而改用严格责任,以解决原有制度下以过错归责难以实施而造成的阻吓不足的难题,其预防避税行为的效果却依然不容乐观。由于一旦交易被认定为避税安排,即可能面临高昂的金钱制裁,而不考虑纳税人是否存在善意、行为是否具有可罚性、责罚之间是否相当,纳税人,尤其是本力图遵从税法的纳税人便可能因此放弃遵从税法的努力,反而不利于促进税法的自愿遵从。

---

〔1〕 Heartland, Habitat, Harvest, and Horticulture Act of 2007, S. REP. No. 110 - 206, at 114 (2007).

〔2〕 Kyle D. Logue, "Optimal Tax Compliance and Penalties When the Law Is Uncertain", Virginia Tax Review 27, 2007, pp. 267 - 268.

〔3〕 Thomas Kathleen Delaney, "The Case Against a Strict Liability Economic Substance Penalty", *University of Pennsylvania Journal of Business Law* 13, 2011, p. 482.

〔4〕 American Institute of Certified Public Accountants, , Penalty Reform Task Force, Report on Civil Tax Penalties: the Need for Reform, 2013, available at https://www.aicpa.org/content/dam/aicpa/advocacy/tax/taxlegislationpolicy/downloadabledocuments/aicpa-report-civil-tax-penalty-reform-2013.pdf, p. 8.

〔5〕 大概有83%的税收流失源于避税安排。详细可参见 Taxpayer Advocate SERV., 2008 Annual Report to Congress 12 (2008), available at http://www.irs.gov/pub/irs-utl/08_tas_arc_vol2.pdf。

这种严格责任加高额罚金的避税制裁方式对纳税人遵从税法可能造成两种极端影响。具有风险偏好的纳税人可能利用反避税调查概率低下的状况从事更激进的避税安排甚至不愿向税务机关披露任何的相关事项。[1] 一旦侥幸免遭调查,即可获取相应的税收利益。在纳税人拒不披露的情况下,税务机关的调查将更加困难。对厌恶风险的纳税人却可能造成过度阻吓的效果,使其甚至避免从事可以合法地享受税收利益的交易。意欲遵从税法的纳税人可能因为担心严格责任的惩罚而最终决定放弃商业交易,[2]或是促使纳税人放弃立法者意图给予的优惠以避免可能发生的错误及由此可能面临的惩罚,将可能造成税法的政策意图难以达成的后果。[3] 无论是阻吓不足还是阻吓过度,都不利于促使纳税人自愿遵从税法。

应当说,避税罚则难以发挥其威慑及阻吓功能的根本原因在于其避税行为认定标准的模糊性。为了恰当地威慑纳税人,必须确保其可以正确地理解背离税法要求的可能结果,了解其被施以处罚的逻辑基础。[4] 如果纳税人不能很好地理解行为将适用的标准,立法者将无法通过制裁有效地形塑纳税人的行为。[5] 因此,如果要以制裁阻吓纳税人从事避税行为,必须使其能够预见何种行为将构成避税安排以及将遭受何种制裁,此即处罚明确性原则。[6] 在各国立法中,包括我国在内,反避税条款中大量使用了模糊性

---

〔1〕 调查概率越低,纳税人从事激进策略实施避税交易的概率就越高。详细可参见 Kyle D. Logue, Optimal Tax Compliance and Penalties When the Law Is Uncertain, *Virginia Tax Review* 27, 2007, pp. 267 – 268。

〔2〕 Thomas Kathleen Delaney, "The Case against a Strict Liability Economic Substance Penalty", *University of Pennsylvania Journal of Business Law* 13, 2011, p. 480.

〔3〕 American Institute of Certified Public Accountants, Penalty Reform Task Force, Report on Civil Tax Penalties: the Need for Reform, 2013, available at https://www.aicpa.org/content/dam/aicpa/advocacy/tax/taxlegislationpolicy/downloadabledocuments/aicpa-report-civil-tax-penalty-reform-2013.pdf, p. 9.

〔4〕 Thomas Kathleen Delaney, "The Case against a Strict Liability Economic Substance Penalty", *University of Pennsylvania Journal of Business Law* 13, 2011, p. 481.

〔5〕 Thomas Kathleen Delaney, "The Case against a Strict Liability Economic Substance Penalty", *University of Pennsylvania Journal of Business Law* 13, 2011, p. 483.

〔6〕 陈清秀:《行政罚法》,法律出版社 2016 年版,第 41 页。

的概念，这决定了避税行为的认定固有相当程度的主观分析，必须建立在对事实与环境因素的逐案审查的基础之上。即使在反避税制度相对成熟的美国，对于避税行为的认定也存在主观要件一元说、客观要件一元说和主客观要件二元说之争，司法机关作出裁判认定的标准差异巨大。[1] 经济实质主义实现成文化后这种状况并没有得到根本的改变。正因如此，基于相同或大致相同的事实，不同的法院或税务机关作出了截然相反的认定的情形并不少见。单纯基于现有的避税规则，纳税人实际上是难以"从合理谨慎受规范行为人立场，施以通常注意即可预见"其行为是否构成避税交易的，相反多认为其行为仅为出于税收负担最小化目的的法律形式合法选择的税收筹划，与税务机关的认定往往大相径庭。[2] 如果纳税人由于不同的执行标准受到处罚，那么，税制的合法性和权威性都将大大削弱，进而降低其遵从税法的意愿。[3]

如果说美国以避税行为的制裁促进纳税人自愿遵从税法、增加财政收入等目的的实现效果不彰，我国是否有必要借鉴这一制度，显然是值得怀疑的。一项行为是否有必要予以制裁，关键在于该行为本身是否存在可罚性。下文将进一步对避税行为的可罚性问题予以进一步的研讨。

三、避税交易的不法性之惑

我国对避税行为并未作出明确的处罚规定。基于处罚法定主义的要求，避税行为在现行法下是不可罚的。那么，探讨是否有必要对其予以处罚，实际上（至少在目前）仅是一种非规范的、是否存在法价值违反的前法律的判断。一项行为必须具有相当程度的违法性与可非难性，才有必要加以

---

〔1〕 Keinan, Yoram. "The Economic Substance Doctrine-Past, Present and Future", *Social Science Electronic Publishing* 1, 2007, pp. 81 – 127.

〔2〕 林其玄：《税捐规避行为可罚性之探讨》，载《中正大学法学集刊》2016 年第 50 期。

〔3〕 Mik Shin-Li, "Strictly Wrong as a Tax Policy: the Strict Liability Penalty Standard in Noneconomic Substance Transactions", *Fordham Law Review* 78, 2010, p. 36.

制裁。[1] 因此,避税行为是否有必要予以制裁,一方面,应当从客观上对该行为的违法性进行判断;另一方面,作为一种法律责任的承担,还应当从主观上判断是否具有可非难性进行筛查,从而确定其可罚性。本部分首先对避税交易的不法性问题予以考察。

(一)避税安排的社会危害性之辨

一项行为的违法性是该行为的外观抵触法秩序的行为或禁止命令,其不应被施行,无论行为人内心的态度如何,[2] 是其社会危害性的法律表现,判定行为的社会危害性因此具有前置性的意义。社会危害性表现为客观的危害事实。可罚性可以说是行为的社会危害性和违法性的法律后果。因此,避税行为是否具有可罚性,有必要首先考察其是否造成客观的危害事实,其次对其是否存在违法性予以判定。

社会危害性是对法益的威胁、破坏或危害。[3] 法益是法律所保护的利益,是以国家强制力保护的个人或集体享有的、在自然意义上能够侵害的实体利益。[4] 国家具有享有权利的人格,对国家利益的侵害也属于法益侵害。避税行为是否具有社会危害性,应当具体考察其是否侵害了税法所保护的利益,既包括国家征税权,也包括税制的公平与秩序。

避税行为侵蚀国家税基、转移利润,造成财政收入流失、损害国家权益的后果,几乎是不存疑义的。[5] 多数主张对避税行为有必要予以制裁的学者均是以此为依据的,认为避税行为对社会造成的损害即是其少缴的税款。成功套取税收利益的避税策略一旦成功,极易被其他纳税人复制利用,从而可能形成税收流失的巨大缺口,造成经济的无效率和税负的不公。[6] 不仅

---

〔1〕［日］佐伯仁志:《制裁论》,丁胜明译,北京大学出版社 2018 年版,第 15 页、第 18 页。
〔2〕［德］卡尔·拉伦茨:《法学方法论》,陈爱娥译,商务印书馆 2016 年版,第 356 页。
〔3〕［德］李斯特:《德国刑法教科书》,徐久生译,法律出版社 2006 年版,第 200 页。
〔4〕张文显:《当代西方法哲学》,吉林大学出版社 1987 年版,第 129 页。
〔5〕西安市国税局涉外分局课题组:《对避税处罚依据的探讨》,载《税收与社会》2000 年第 4 期。
〔6〕Kyle D. Logue, “Optimal Tax Compliance and Penalties When the Law Is Uncertain”, *Virginia Tax Review* 27, 2007, p. 261.

如此,由于税收是国家提供公共物品最重要的资金来源,在国家财政支出需求既定的情况下,因避税减少的税收收入必须通过增税或其他方式转嫁给遵从税法的纳税人承担,否则国家只能削减公共产品的提供,减少国民公共欲望的满足,最终损害全体国民的利益。避税行为的这一社会危害,似乎决定了"得予处罚"。

多数主张对避税行为不得施以制裁的学者均是以逃税与避税的实施手段差异为基础的。[1] 逃税是以虚伪或不正当的欺诈行为,如包含带有违法事实的虚构性欺诈手段,对应税行为及其纳税义务予以隐匿,表现为对相关税法的直接违背。从本质上说,逃税实际上属于对税务机关的直接欺诈,是一种粗鲁和原始的抵制征税的方式。[2] 纳税人实施了不实或虚假申报,导致税务机关对课税事实的错误认识,或使税务机关掌握课税事实变得困难,目的在于阻碍税务机关对应税事实的调查活动及对收益或营业额的确定。但在一项避税安排中,纳税人已全面、充分地履行了课税资料提供的义务。纳税人申报的私法形式所表征的征税客体金额均是明确、具体且真实的,税务机关本可以据实查账征收,只不过交易形式与其他基于合理商业目的发生的相同或类似的交易相比具有"异常与不合理性",从防止税收负担不公平的观点发生是否对此法律形式加以否认的问题。[3] 课税事实是否真实、完全地公开于税收征管程序中,被认为是避税行为与逃税行为之间的重要区别之一。[4]

然而,逃税与避税在行为手段上的差异,并不足以说明两者社会危害性的不同,进而造成罚与不罚的法律后果的区别。尽管避税与逃税都造成了

---

〔1〕 柯格钟:《租税规避案件中补税与裁罚问题之研究》,载葛克昌主编:《避税案件与行政法院判决》,台北,翰芦图书出版有限公司2010年版,第110页。

〔2〕 翁武耀:《避税概念的法律分析》,载《中外法学》2015年第3期。

〔3〕 陈清秀:《税法总论》,台北,元照出版公司2012年版,第216页。

〔4〕 详细可参见葛克昌:《避税案件与行政法院判决》,台北,翰芦图书出版有限公司2010年版,第75页。

国库收入减少的客观结果，但就征税权受侵害的结果而言，两者的社会危害性是存在根本差异的。基于税收法定主义，税收构成要件满足时纳税义务才告发生。逃税行为发生于应税事实发生之后，税收构成要件已然满足，征税权已经发生，国家本来现时即可享受纳税人让渡的金额确定的税款，却因纳税人以欺诈的手段不履行或不恰当履行纳税义务而无法取得，侵害的是国家确定的既得征税权。而避税行为则是对经济生活的预先安排，此时税收构成要件尚未满足，征税权并未确定发生。纳税人以异常迂回、曲折和复杂的法律形式选择回避税法规定的特定构成要件的满足，损害的是国家依据税法规定于未来发生征税权的期望，即纳税人将采用实现特定商业目的通常或一般的法律形式而满足税收构成要件，从而使征税权发生，使其有权取得特定财产利益的期待。由于税收之债乃属法定之债，在税收构成要件确定地被满足之前，并不存在任何征税权将确定发生的预先效力，此时国家基于税法的规定于未来取得征税权的期望或客观可能性，是建立在纳税人将依商业需要实施税收构成要件事实的假设之上的。[1] 因此，与逃税行为损害既得的征税权不同的是，避税行为损害的是国家未来征税权或国库收入取得的期待利益。因此，避税行为造成的流失的税款，是纳税人实际缴纳的税款与其如采取普遍、通常的法律形式而使税收构成要件得以满足的情况下本应当缴纳的税款之间的差额。基于契约自由和私法自治，即使纳税人并未采取异常的法律形式，也并不必然采取税务机关认定的、本应采用的法律形式实现其经济目标，而可能存在多种形式可供选择。应税事实将满足哪一构成要件、纳税人本应负担的税款金额因此只是税务机关拟制的结果。在避税交易的特别纳税调整方式具有可选择性的情况下，更是如此。因此，避税行为损害的仅是国家对未来特定金额的税收收入的期待状态，与

---

〔1〕 国家此时仅处于对未来征税权发生的“期望状态”，而非“期待权”。详细可参见申卫星：《期待权研究导论》，载《清华法学》2002 年第 1 期；王睿：《期待权概念之理论源流与界定》，载《北方法学》2017 年第 2 期。

直接损害国家既得的征税权的逃税行为相比，其社会危害性显然不可同日而语。

(二)避税行为的违法性考察

税法为进行公平普遍的课税，要求税收法律关系的当事人应一律加以服从，无论其意思表示为何，税法具有强行法的性质。[1] 逃税行为之所以“不法”，不仅在于其对税制公平和税收征管秩序的破坏，更在于其是一种直接的、有意识的违反税法的行为。避税行为是否同属“不法”行为，有必要予以考察。

对于避税行为是否具有违法性，学界历来莫衷一是，有合法说、脱法说和违法说。合法说认为，从税收法定主义原则出发，在法律没有明确界定的情况下，避税应当是合法行为。[2] 脱法说则认为，税捐规避行为乃是纳税人利用法律漏洞设计出来的脱法行为，即以迂回手段之行为，规避税法强制规范的法律效果，具有不违反法律表面文字但违反立法意旨的特征。[3] 持违法说的学者尽管均认为避税行为违反税法的规定，但存在一定的分歧。有学者认为，避税行为之所以违法，是因为其“实际上是违反税法宗旨的”。[4] 但也有学者则认为，避税行为的违法性是现行税法对其作出的完全否定性评价。[5]

单纯一项经济活动的发生，并无所谓的税收合法性或违法性之说。税法虽然规定了特定经济活动的税收后果，但在经济活动发生之前，这一纳税

---

〔1〕 陈清秀：《税法总论》，台北，元照出版公司2012年版，第10页。

〔2〕 苟海波：《避税行为法律评价研究》，载《法制与社会发展》2000年第4期；陈少英：《避税行为非法性质疑》，载《现代财经》2006年第10期。

〔3〕 葛克昌主编：《避税案件与“行政法院”判决》，台北，翰芦图书出版有限公司2010年版，第7～8页、第89页；刘剑文、丁一：《避税之法理新探》（上），载《涉外税务》2003年第8期；肖太寿：《关于国际避税实质违法性的探析》，载《经济研究参考》2012年第45期。

〔4〕 张守文：《税法原理》，北京大学出版社2001年版，第129页。

〔5〕 邵朱励：《避税行为违法性探析——以〈企业所得税法〉第六章为证》，载《山西财政税务专科学校学报》2010年第1期。

义务仅仅在抽象的层面上存在。经济活动的发生并不会直接导致对税法的违反。只有当这一经济活动经涵摄,符合税收构成要件后才会发生具体的纳税义务。此时义务的不履行才最终发生对税法的违反。经济活动发生后,纳税人已基于交易的法律形式进行申报、确定并缴纳应纳税额。只是这一税收后果被认为不符合税法规范目的,从而发生其已缴纳税额与依其税收负担能力应当适用的税法条文确定的应纳税额之间的落差,[1]纳税人乃是因未能适用正确的税法条文而发生纳税义务的不完全履行,这便难以说该税法条文设定的纳税义务未获履行进而认定该行为违法。

一项被认定为避税的经济安排,至少从形式上是满足税法规定的。尽管上述学说对避税的法律属性的认定各有不同,这一点却基本均予以认可。一方面,避税行为是符合当事人真意的行为,且当事人意欲其实施的法律行为有效,以取得预期的税收利益。[2] 另一方面,纳税人所选择的法律形式已经技术性地满足了税法条文的字面含义所确立的构成要件,纳税人据此诚实申报、确定并履行了纳税义务。[3] 坚守形式的税收法定主义的学者也因此认为避税行为至少形式上具有合法性。

脱法说和实质违法说尽管认可避税行为的形式合法性,却认为这一行为取得税收利益,并不符合立法者期待以及该经济活动本应适用的税法条文的规范目的,因此并不认可该行为的合法性。就此而言,脱法说和实质违法说并无实质的分歧。在持上述学说的学者看来,避税行为是纳税人利用税法的立法意旨与规范形式的不一致,实施了表面上不违反税法文义却违反立法意旨的行为,对这一行为适用包含税收利益的税法条文不符合立法目的。还有学者在此基础上进一步认为,避税行为构成了违背税法意图(或

---

〔1〕 翁武耀:《避税概念的法律分析》,载《中外法学》2015年第3期;陈清秀:《税法总论》,台北,元照出版公司2012年版,第214页。

〔2〕 葛克昌:《避税案件与行政法院判决》,台北,翰卢图书出版有限公司2010年版,第85页。

〔3〕 See Shannon Weeks McCormack, "Tax Shelters and Statutory Interpretation: A Much Needed Purposive Approach", *University of Illinois Law Review* 3, 2009, p. 706.

精神、目的)的法律欺诈,体现为对税收规则漏洞的利用和税收规则的回避。[1]

那么,依照上述学说必然得出如下的结论,即只有一项经济安排既符合税法规则的文义,同时又满足立法者的立法意图,才能认定为具有合法性。由于法无明文规定不为税,税收是法律的创造物,因此,税法首先具有指引税务机关和全体国民实施税收征纳行为的功能,是作为征纳行动指南的"行为规范",然后才是作为命令法官依照规定进行审判的"裁判规范"。这意味着,税法的适用首先是在社会一般公众的层面上发生,必然应当站在社会一般人的角度予以认定。税法本身具有高度的专业技术性和复杂性,社会一般公众依其条文的文字含义实施纳税行为已有相当难度。如要求其在此之外还必须发现并遵从隐身于条文之后的立法意旨,未免过于苛责。尤其在我国这样一个纳税人的纳税意识相对较弱和税法教育程度相对不高的国家,税法规范又相对零散而缺乏体系性,税法的立法意旨不易甚至难以发现,即使勉力确认,也可能与税务机关的认识存在偏差。那么,仅仅因为不符合税收立法意旨,动辄就将符合条文规范文义的经济活动认定为违法,使其面临与直接违反税法条文的逃税行为相同的违法性结果,反而可能驱使纳税人选择不遵从税法。因此,以违反税收立法宗旨或目的为由,认定避税行为具有违法性并不成立。

认为避税行为违法的观点,其真正的核心在于,由于其法律形式的异常选择,一项交易落入税法规范的空白或模糊地带,因而未能获得与取得相同或类似经济后果、具有相同的税收负担能力但采取通常法律形式的交易相同的税法评价,从而构成对税法的实质违反。此时,作为评价标准的,其实已经不是成文的税法规范,而是应税性和税收负担能力的价值评判与政策选择了。在通常情况下,税法规范与应税性和税收负担能力是法律表现与

---

[1] 翁武耀:《避税概念的法律分析》,载《中外法学》2015 年第 3 期。

内容的关系。税法规范所确立的,正是基于应税性和税收负担能力,国民应当纳税以及如何纳税的征税标准,即税收构成要件。税收构成要件反映了基于应税性和税收负担能力对一项交易予以评价的结果,具有该当此要件的行为具备特定税收负担能力的推定机能,两者间具有性质上的相同性,即都是一种实质评价。税收构成要件是一种规范评价标准,是对纳税义务的具体判断,而应税性和税收负担能力则是一种价值判断标准,是对交易的税收后果的抽象判断。违法说便是建立在避税交易尽管符合税法的规范评价标准但不符合抽象价值判断标准的逻辑基础上的,也就是价值的违法性。

然而,作为评价机制,评价标准以及评价对象的边界都必须明确,否则评价是无法完成的。依据应税性和税收负担能力确定一项交易的税收后果,固然更能够符合税收公平与正义的要求,却仅仅作为抽象和笼统的概念存在,难以为具体交易的纳税义务认定提供客观的标准。相反,通过确定各个税收构成要件的明确而相对独立的内涵,能够建立对特定交易的税法评价标准。因此,税收法定必然是通过税收构成要件加以实现的,也就是在税收实体法中对某一特定的税收构成要件作出明确规定。只有行为该当该税收构成要件,才被认为是税法有明文规定,具有成立纳税义务的规范前提。应税性和税收负担能力仅仅可以作为一项交易的税收后果的等级区分、现行税法界限内对税收构成要件的解释和利益权衡的价值判断标准,却不能作为纳税人预期或确定其税收负担的行动标准。如以此作为判断纳税人就其交易的纳税义务的履行是否合法的标准,同样失于严苛。

四、反避税争议之焦点与可非难性之判定

对避税行为施以制裁,将形成对权利的剥夺或限制,传递的是法对避税行为的非难。要对避税行为施以制裁,必须以行为具有可非难性为前提,可非难性是行为人具有责任能力、故意或过失心理状态的后果,从规范评价要

素而言,则包括违法性认识和期待可能性。[1] 也就是说,行为人具有实施合法行为的期待可能性,且行为人能够认识到违法性,却决意实施不法行为,此种决意才应当受到谴责。因此,避税行为是否具有可非难性,首先应当考察纳税人是否能够认识到考量税收利益进行经济生活安排而获取税收利益的行为是为法所禁止的。如果已存在此种认识,能否期待其实施以交易的经济实质为事实基础进行税法适用并缴纳税款的行为。如果是,那么此种行为才可以予以谴责。为此,首先必须确认,在经济活动发生后,纳税人主动依经济实质纳税是否具有期待可能性。

(一)避税行为之不法与纳税人之期待可能性

纳税人从事经济活动、发生纳税义务后,应当依照税法的规定确定其应纳税额,在提交的纳税申报表中如实申报应税事实的状况、应适用的税法及由此所确定的应纳税额,并在税额确定后履行纳税义务,此为依法纳税的基本要求。在一项典型的避税交易[2]中,纳税人从事经济生活安排,形成了法律形式与经济实质相背离的状况。纳税人在提交纳税申报中如实陈述了其经济活动的真实、有效的法律形式,并因此主张对其有利的税法规则A,据此确定应纳税额并缴纳税款。而税务机关所行争执在于,该交易所适用的税法规则不应为A,应为对纳税人不利之税法规则B,理由在于交易尚有法律形式未能真实反映的经济实质存在,而此种法律形式与经济实质的脱节乃是纳税人利用税法漏洞获取税收利益的刻意安排。尽管依照交易的法律形式确定之应税事实满足税法规则A的字面含义,却不在立法者的立法意图之中。因此,应当遵照立法意旨,依照交易的经济实质将其涵摄于税法规则B之下确定纳税义务。

---

〔1〕 陈兴良:《刑法中的责任:以非难可能性为中心的考察》,载《比较法研究》2018年第3期。

〔2〕 避税行为发生后,纳税人为隐匿避税行为的存在,而基于故意或重大过失,违反义务为不完整或不正确陈述的情形,可能同时构成逃税行为。对于此种类型的行为,本书不将其纳入考量的范围,而仅考察纳税人充分、完整申报交易的情况。

纳税人基于民商事法律规范从事经济活动,在私法上尊重当事人之意思表示,交易行为自然为真实有效。交易安排的实施过程中,税收构成要件尚未满足,也无违背税法强制规定之虞。因此,避税行为造成的少缴税款的结果,源于纳税人如下之"不法"行为:(1)未能如实申报真正反映其税收负担能力的交易的经济实质;(2)基于法律形式进行税法条文的涵摄导致适用税法规则错误。这也源于纳税人对交易事实的陈述未能反映被法律形式掩盖的经济实质,因此前者为不法之根源。然而,要求纳税人避免此种不法,即申报说明其交易的经济实质,实际上是欠缺期待可能性的。

首先,纳税人对于纳税申报负担诚实义务的范围,仅涉及"事实"部分。[1] 纳税人如实说明交易之真实状况,即可认为其履行税法上之协力义务。一项交易的形式与实质相一致本为常态,陈述说明的内容亦通常为交易的形式。交易须申报其经济实质,已非单纯的事实说明,而是法律评价的结果。交易是否存在法律形式与经济实质的脱节、此种脱节是否为纳税人利用法律漏洞所作的刻意安排,是根据现行反避税规则进行法律评价的结果。一项最终实现税负最小化的经济安排,在税务机关看来构成一项避税,在纳税人却可能认为不过是法律可接受范围之内的税收筹划,基于法律形式的申报并无不妥。一则纳税申报前纳税人未必清楚税务机关对交易的法律判定,事先预测税务机关对交易的法律定性几无可能;二则即使已然了解,也无义务必须将税务机关之法律见解,当成正确的见解来处理。纳税人得沉默地采取不同于税务机关的法律见解。[2] 纳税人不应当仅仅因为与税务机关就法律见解的分歧而认定其存在违法的主观过错。

其次,即使纳税人认识到其交易存在法律形式与经济实质的背离,要求其主动申报交易的经济实质并据以纳税也是欠缺期待可能性的。"趋利避害"本就是人的一种本能,纳税人往往为以追求经济利益最大化为目标的市

[1] 陈清秀:《税法总论》,台北,元照出版公司2012年版,第229页。
[2] 陈清秀:《税法总论》,台北,元照出版公司2012年版,第229页。

场主体,要求其主动说明可能导致其税额增加的经济事实,是缺乏期待可能性的。也正因如此,纳税人在其真实有效的法律行为之外,主动主张以交易的经济实质为基础进行税法的适用,在很多国家,如美国,并不被认可。[1] 既然纳税人对经济实质的主动揭示并无期待可能性,对纳税人仅如实申报说明交易的法律形式亦难以认定存有过错。

事实上,在一项避税交易中是否存在将“经济实质”作为应税事实基础予以申报是值得怀疑的。尽管在反避税调查程序中规定了纳税人诸多的协力义务,但其提供的资料仅在于协助税务机关查明“交易是否构成避税安排”这一事实,而非说明“被法律形式掩盖的经济实质”。可以说,在反避税调查中,税务机关并不否认纳税人申报的法律形式的真实性和有效性,只不过法律形式是“不正当地利用税法漏洞所为的刻意安排”,仅仅满足了依税法文义确定的抽象税收构成要件,却不符合立法者的立法意图,如以此为事实基础进行税法的适用将造成不公平的结果。因此,为把握交易的真实经济状况,应将交易“拟制”为适当的法律形式,以此作为事实基础确定税法条文的涵摄。[2] “拟制”本身即是“决断性虚构”,是“对可能之事不问其真实与否而认作事实的假设”,本质是“一种类推”。[3] 拟制经济实质的目的,不过是为实现否认法律形式技术上满足的税法条文的适用,而使真正符合立法意图的税法条文得以适用。因此,在反避税调查中,税务机关与纳税人之间的争议核心在于,一项存在形式与实质脱节的交易是否应当否认对纳税人有利的税法规则的适用,而适用对其不利的规则,以符合立法者的立法期待。双方之最终争议并非应税事实的判断,而在于税法规则的涵摄与适用。

---

〔1〕 David A. Weisbach, “Formalism in the Tax Law”, *the University of Chicago Law Review* 66, 1999, p. 860.

〔2〕 如果说交易的经济实质是“拟制”的结果,纳税人显然并无拟制的可能性。由此也可以进一步佐证前文关于纳税人申报“经济实质”欠缺期待可能性的观点。

〔3〕 [德]亚图·考夫曼:《类推与“事物本质”——兼论类型理论》,吴从周译,台北,学林文化实业有限公司1999年版,第59页。

正因为如此,实质课税是一项基于“经济观察法”导出“事实涵摄”的过程。基于实质课税所确定的,不是证据方法,而是一种“税法构成要件事实”的“涵摄”,是一项法适用论的过程,即直接透过否认当事人私法意思表示的效力,而将该“私法”上特定事实“联结”(或解释成)另一“税法上”的要件事实。[1] 是否依实质课税,不过是税务机关与纳税人之间就具体税法条文适用存在的观点上之差异。要求纳税人在进行申报时就秉持与税务机关完全一致的观点,显然是欠缺期待可能性的。

(二)不确定的反避税规则与纳税人之违法性认识

非难可能性的智识要素是对行为人主观过错的规范评价,这种规范评价表现为违法性认识。违法性认识也因此被认为是行为可谴责性的要素。[2] “只有能够认识到自身行为是被法律禁止的人,才是有责的行为主体”,[3] 这一点在近年来尤其受到强调。那么,实施避税的行为人是否存在可谴责性,违法性认识应当是不可或缺的考量因素。只有当行为人意识到了其实施的行为造成国家收入减少的后果在税法上不被许可,内心具有对整体税法秩序的敌对与漠视,才是值得谴责的。事实上,制裁或谴责本身并非确立罚则的根本目标。对一项行为的制裁,其根本目的在于通过制裁的威慑,阻吓违法并促使行为人遵从法律。如果行为人未能知晓其行为为税法所禁止,无法获得不进行避税活动的动因,对其进行谴责不仅存在正当性的疑问,也难以达成鼓励纳税人遵从税法的目的。因此,只有当纳税人可以清晰地认识其实施的避税行为在税法上不被许可后,纳税人才是可责的。相反,行为人处于不具有违法性认识可能性(或者说不可避免)的情况下,则可以发生责任的阻却。

---

〔1〕 李惠宗:《实质课税可以作为逃漏税之证据吗?——兼论实质课税适用上的界限》,载《台湾法学杂志》2012 年第 5 期。

〔2〕 陈兴良:《刑法中的责任:以非难可能性为中心的考察》,载《比较法研究》2018 年第 3 期。

〔3〕 [德]汉斯·海因里希·耶赛克、托马斯·魏根特:《德国刑法教科书》,徐久生译,中国法制出版社 2001 年版,第 538 页。

对行为人行为的谴责必须包含违法性认识的考量，这在税收领域中尤其重要。税收是税法的创造物，纳税义务基于税法发生，纳税人不可能通过形式的税法规则之外的其他资源确知其行为是否违反税法。然而，即使纳税人知晓税法并根据税法文义进行经济生活的安排，亦难以避免其行为被认为构成避税交易的结果。尽管各国税法中对何种行为构成避税安排有所规定，但实际上这些避税规则基本都是“复杂、模糊且不确定的”。[1] 在众多的反避税规则中，诸多模糊、不确定的概念被采用，如我国《企业所得税法》的“合理商业目的”“以形式符合税法规定、但与其经济实质不符的方式”等，美国《国内收入法典》第7701(o)条的“主要目的”“经济地位”“显著改变”等。其适用固有执法者的主观性判断，是以事实和环境因素为基础的逐案审查，税务机关和法院对此享有宽泛的自由裁量权。裁量适用上述规则的具体环境却不明确，在适用过程中甚至不遵循同一的标准。反避税规则如此模糊，意味着纳税人是无法获取关于何者为法不欲许可的避税行为的明确指示的，也无法预测税务机关和法官将如何对其作出解释。反避税规则的不确定性无论如何在纳税人作出经济生活安排之前是无法解决的，纳税人很难根据上述规则判定其追求减轻税负的行为是否构成避税。[2]

一项避税安排的认定，并不仅涉及反避税规则的适用，更关系纳税人主张的、包含特定税收激励的税法规则的适用。交易的形式安排是否构成滥用，征纳双方的不同认定，涉及对系争税法条文规范目的的认识与价值判断。[3] 一项交易正是由于“对税收规则漏洞的利用”“钻法律漏洞”，违背税法意图而被认为有必要予以规制的。就这个意义上而言，一项避税安排的认定本身就包含“纳税人明知税法漏洞的存在和税法规则的立法意图”“却

---

[1] Mik Shin-Li, “Strictly Wrong as a Tax Policy: the Strict Liability Penalty Standard in Noneconomic Substance Transactions”, *Fordham Law Review* 78, 2010, p. 34.

[2] Kyle D. Logue, “Optimal Tax Compliance and Penalties When the Law Is Uncertain”, *Virginia Tax Review* 27, 2007, pp. 242, 263.

[3] 林其玄:《税捐规避行为可罚性之探讨》，载《中正大学法学集刊》2016年第50期。

仍有意加以不当利用以获取税收利益”的考量。这才可以说明纳税人主观上对于税法的蔑视和反税法规范价值的敌对态度，进而成为其行为具有可谴责性的责任基础。然而，尽管税法漏洞的存在无可避免，但欲判断是否有漏洞的存在，则必须以税法本身的观点、根本规整意向、借此追求的目的以及立法者的“计划”为准，必须通过税法条文的字面含义，以历史解释及目的论解释的方法来判断。[1] 特定税法条文的立法意旨更是犹如灵魂隐身于形式的税法文本之中，甚至可能不可名言，其识别过程充满了争议。[2] 税法漏洞的存在与否、范围宽窄的判断、税法规范目的的识别，包含诸多的主观分析与判断。即使纳税人具有了解税法规定的特殊条件或专业能力，也未必可以对税法规范目的作出准确的识别，进而判定税法漏洞的存在并加以利用。

法律的立法表述方式是影响违法性认识的重要因素之一。[3] 现行反避税规则的立法表述方式，其规则本身“内容绝对模糊”且缺乏明确而一贯的解释。税务机关和法院在适用过程中对其内容尚且存在巨大分歧，纳税人在多大程度上可以获得行为的明确指示是值得怀疑的。由于避税与合法节税的界限太“细薄”，存在消失的可能，甚至一个可能被另一个所吸收，两者间的界限非常易逝和易变（取决于解释者主要就税收规则的目的和税法制度演变程度的立场）。[4] 而税法制度本身是繁杂的、高度技术性且包含诸多政策性考量因素的。随着修法频率日益加快、价值观逐渐多元，社会中充斥着影响生活各个领域的课税规则，税法秩序边界的不稳定程度渐次提升。对于一般纳税人而言确认并掌握税法规则的表面含义已属困难重重，更遑论要求其发现税法漏洞的存在、判定应当遵守的税法规则的立法目的。即

[1] [德]卡尔·拉伦茨：《法学方法论》，陈爱娥译，商务印书馆2003年版，第251页。

[2] [美]安德瑞·马默：《解释与法律理论》，程朝阳译，中国政法大学出版社2012年版，第192页、第198页。

[3] [意]杜里奥·帕多瓦尼：《意大利刑法学原理》，陈忠林译，法律出版社1998年版，第260页。

[4] 翁武耀：《避税概念的法律分析》，载《中外法学》2015年第3期。

使纳税人“运用其全部认识能力和整个伦理世界观”,也未必能够形成对其以获取税收利益为目的的行为是否符合税法规范目的的判断。强行要求所有人于任何场合都不仅认识税法,且必须把握税法的规范目的和漏洞所在,只能是国家的“蛮不讲理”。可以说,纳税人很难事先确知其行为构成具有反税法规范价值的避税安排,且是“大多数情况下的不确知”。在这种情况下如果对纳税人作出制裁,显然是与现代法治要求的责任主义原则相冲突的。当这种冲突频繁发生,就可能会严重危及整个税法秩序。

可以说,即使纳税人对避税行为的社会危害性存在认识,也并未存在形式化的违法性认识。[1] 任何以获取税收利益为目的的经济生活的安排,必然是满足税法文义规定的要件的,至少遵从了税法规则字面上的要求。这种满足既然是刻意为之,纳税人通常对税法规则的字面含义有所知晓并形成一定的信赖。恰恰是这种信赖,使纳税人有合理的根据相信自己行为的合法性,进而造成其陷入行为不为税法所禁止的违法性认识错误之中。正是基于此种认识错误,纳税人往往认为此种法律形式的选择实现税收利益不过是其税负从轻权的行使,而非违反税法规范目的、不当利用税法漏洞的“滥用行为”。那么,在其反税法规范价值的违法性意图尚不可确知的情况下对此行为予以谴责,其结果必然是知晓并信赖税法文义但对税法漏洞缺乏认识的纳税人也平等地受到制裁,进而使成文的税法不再受到信赖和尊重。纳税人将可能选择不再遵从税法或是过度遵从税法,以防止行为被认定为避税安排而遭受制裁。

根据禁止错误理论,如果违法性认识不可避免,则行为人行为时不具有罪责。那么,避税行为实施者对税法的认识错误在多大限度上可以避免、陷入违法性认识错误是否有合理的理由,在决定是否对此行为予以制裁时应当予以考量。正因如此,纳税人是否对特定行为为税法所不许事先已有知

---

[1] 王志远:《在“公益”与“私权”之间:违法性认识问题再认识》,载《法学家》2015 年第 1 期。

悉,也成为对避税行为是否施以处罚的重要界分。法国和美国早期的避税罚则中均遵循了这一思路。[1] 然而,税法认识错误是否存在以及是否可以避免的认定,历来是十分棘手的问题。加上税务机关必须对此承担举证责任,这造成了税务机关对大多数避税行为实际上难以作出处罚的结果。这也是美国2010年将经济实质主义予以成文化的同时对避税行为的制裁采取严格责任的重要原因,却也因此备受诟病。

惩罚应当只适用于事实的错误陈述而非法律的适用,[2]法律错误理解和有意隐瞒交易的纳税人不应当同等地受到惩罚。[3] 一项交易是否构成避税,事关税法的涵摄与适用,期待纳税人在其申报表中陈述与税务机关完全一致的法律见解显然不具有可能性。要求纳税人在税法条文的字面含义之外知晓条文之意旨并判定税法漏洞而形成违法性认识,对其也过于苛责。可以说,纳税人实施避税行为,其意愿性要素有缺,而智识性要素极为薄弱且难以判定,法敌对意识并不明显,作为制裁基础的可非难性并不牢固,对其行为进行归责,在一定限度上是违反责任主义的。

五、代结语:避税者罚与不罚之选择——制裁的谦抑

避税行为对国家税基的侵蚀、税制公平的破坏,其社会危害性毋庸置喙。加上一项避税策略一旦成功,极易被复制而在社会上广泛采用,破坏力极强。这也是其在各国"人人喊打"的原因。但一项具有社会危害性的行为

---

〔1〕 黄源浩:《税捐规避行为与处罚》,载《月旦法学杂志》2010年第12期。

〔2〕 American Institute of Certified Public Accountants, Penalty Reform Task Force, Report on Civil Tax Penalties: the Need for Reform, 2013, available at https://www.aicpa.org/content/dam/aicpa/advocacy/tax/taxlegislationpolicy/downloadabledocuments/aicpa-report-civil-tax-penalty-reform-2013.pdf, p. 8.

〔3〕 American Institute of Certified Public Accountants, , Penalty Reform Task Force, Report on Civil Tax Penalties: the Need for Reform, 2013, available at https://www.aicpa.org/content/dam/aicpa/advocacy/tax/taxlegislationpolicy/downloadabledocuments/aicpa-report-civil-tax-penalty-reform-2013.pdf, p. 9.

未必应当对其行为主体科以制裁。是否予以惩罚,还有必要进一步考察行为的违法性和可非难性。避税行为存在形式合法性与实质违法性的落差。但如果仅仅因为交易安排违反税收公平价值与规范目的而认定其违法,对纳税人是过度严苛的。因为未以客观形式呈现的价值判断是无法给纳税人提供准确的行动指南的。这意味着纳税人必须时时警惕客观规则与其规范目的之间的落差,以保证其行为的实质合法性。然而,在现代税制高度复杂化和技术化的时代里,对纳税人具备此种税法认识程度几乎是一种奢望。既然纳税人很难甚至无法准确地"猜测"立法者所遵循的价值判断并予以遵守,以落入税法漏洞之中的交易形式获取税收利益便未必是建立在税法的敌对意识之上的。而一项交易安排既然以真实有效的形式实施、又公开呈现于税务机关之前,再要求纳税人就其交易的规则适用持与税务机关相同的法律见解,亦欠缺期待可能性。因此,就规范价值论而言,作为制裁基础的不法与可非难性要素在此是非常薄弱的。避税行为不应当认为具有绝对的可罚性。对避税者的处罚,并非基于其行为具有可罚性的价值判断的结果,而不过是一国在特定环境下基于特定政策目的的选择而已。

不容否认的是,税法的不圆满之处使避税成为可能。一方面,税法本为各种形式各异的交易规定了不同的税收待遇。另一方面,由于语言表述、社会发展、立法技术、立法者的故意或疏失等,规则之间适用界限不明或无规则可用。此种规则的不圆满状况可以被加以利用而套取税收利益。[1] 纳税人对其不当加以利用,使国家本可期待取得的税收收入因之丧失,将直接导致国家提供公共服务之计划难以实现甚至落空。因此,税法的不圆满状态应当尽力予以弥补。从根本上说,对税法漏洞的立法填补才可以最终消泯此种税收利益的不当获取。然而,这种不圆满状态本身就受限于人的认知

---

〔1〕 David A. Weisbach, "Formalism in the Tax Law", *The University of Chicago Law Review* 66, 1999, p. 867.

能力与社会高速发展的客观现实,是无法根本避免的。[1] 即使立法填补了已被不当利用的税法漏洞,新的避税策略仍可能被开发从而对新的税法漏洞加以利用。加上修法程序冗长,待漏洞得以填补时,易于复制的避税安排可能已被广泛利用而导致税收的大量流失,完全依赖于立法对漏洞的填补以遏制避税的发生,显然并不现实。正因如此,税务机关应被授予于个案中防堵税法漏洞的权力,即有权在个案中判断是否发生此种"税法漏洞的不当利用"和"税收利益的不当套取"。一旦认定,这一不当利用税法不圆满状态的行为即及时使之失其效力,使纳税人设想的避税行为在税法上毫无意义,恢复其应负担税额的状态。[2] 纳税人主张的对其有利的税法条文不得有所适用,改以被掩盖的经济实质确定其税法的适用,以此取回被套取的税收利益,并要求纳税人支付占用该笔款项的成本,并无疑义。

但税法制度本身即是国家向其国民提供的公共物品之一,国家负有提供尽可能完善的制度之责,并在制度存有缺陷时尽速修补漏洞,以确保税收在国民间的公平分配,防止此种漏洞被不当利用而造成效率的损失。过度惩罚纳税人以防止其对税法漏洞的恶意利用,不过是将税法在不圆满状态下的如期运作完全寄托于强力压制下的纳税人的"自觉",反而可能造成立法者满足于不圆满状态而怠于修法的结果。如果说国家税收流失是税法漏洞存在无可避免的代价,惩罚避税者不过是将此种代价转嫁给遭受调查的避税者的一种方式。避税者众,被调查者却寡,其结果是被调查的避税者不得不承担所有税法漏洞的制度代价,未尝不是一种新的不公。避税造成的税收流失越能够通过惩罚得以弥补,国家修法的惰性势必越大。立法者既有修法之责,即不应当要求避税者承担制度疏失所产生的全部代价。税收是对纳税人财产的"剥夺",税收利益本就犹如伊甸园的苹果具有诱惑力,税

---

〔1〕 Kyle D. Logue, "Optimal Tax Compliance and Penalties When the Law Is Uncertain", *Virginia Tax Review* 27, 2007, pp. 242, 263.

〔2〕 葛克昌:《所得税与宪法》,台北,翰芦图书出版有限公司2008年版,第301页、第308页。

负越高,诱惑力越强。只不过税法不圆满状态的存在使"偷吃禁果"成为可能而已。单纯依靠制裁,并不足以完全杜绝纳税人的"贪念"。相反,利用特定税法规则漏洞的避税行为一旦使税收流失成为现实甚至危及国家财政,却能够形成最有效的外部压力,促使立法者反思现行立法并尽速完成修法。因此,仅使避税行为在税法上不受尊重,使其无法获得预期的税收利益,但不科以处罚,是在国家与纳税人之间实现利益平衡、共同分担税法漏洞后果的平衡之道。

避税行为是对法律形式的一种有意安排,因其异常、迂回、错综复杂而被认定为"滥用",应使其不依纳税人主张的税法发生效力,改为以"通常"本应做成的法律形式为基础确定税收负担。[1] 避税交易中的法律形式的"滥用"与法律形式的创新在某种程度上有着高度的相似性甚至一定程度的重合性。事实上,不少交易形式的创新正是为规避税收而发展起来的,如融资租赁、零息债券等。[2] 不同的经济行为及其产生收益的不同税收负担,成为市场主体改变其交易方式以获取税收利益的最初动力,从而促进交易形式的不断更新与变革。正是从这个意义上说,税法是法律形式创新的动力之一。[3] 然而,在当前避税行为"严打"的趋势下,反避税规则的执行过于严格、税务机关过于强势,司法机关对于税务机关一味盲从,包含税收利益的追求的特殊形式安排,无论善意还是恶意地利用税法规则,都可能被归入"避税"的行列。以特殊商业目的的实现而采取的创新交易形式也常常难逃"误伤",承受额外的税负的"惩罚"。税收是交易的法定成本,一旦税额被调增,交易形式的创新本可以实现的收益便可能完全落空,从而使形式的创新失去意义。反避税规则的模糊性和不确定性本身就已形成对法律形式创新

---

〔1〕 柯格钟:《租税规避案件中补税与裁罚问题之研究》,载葛克昌主编:《避税案件与行政法院判决》,台北,翰芦图书出版有限公司2010年版,第77页。

〔2〕 Mark P. Gergen & Paula Schmitz, "The Influence of Tax Law on Securities Innovation in the United States: 1981 - 1997", *Tax Law Review* 52, 1997, pp. 151 - 152.

〔3〕 汤洁茵:《金融创新与税法规制》,法律出版社2010年版,第13页。

的“阻吓”。一旦对避税安排施加制裁，便可能导致市场主体，尤其是厌恶风险的主体，进一步丧失法律形式创新的动力。法律形式的创新本身就存在风险和不确定性，其固有的外溢性和可复制性又决定了法律形式的创新必然缺乏提供的动力。如果国家无法为其提供必要的制度激励，反而置异常的交易形式于税额调增甚至制裁的风险之地，市场将由于缺乏创新而丧失演进的机能，法律形式的创新便可能从根本上被扼杀。因此，在反避税规则的不确定乃至税额调增的风险已然形成对恶意利用税法漏洞的避税行为的“威慑”的情况下，国家的制裁权应当有所限缩，以维持市场上足够的创新力和自由度。这也是制裁谦抑的题中应有之义。

制裁本身并非目的，遏制税法漏洞不当利用的行为、鼓励纳税人税法的自愿遵从才是避税安排的法律后果设定所应追求的目标。从本质上说，避税安排是一项逐利行为，意欲追逐的利益的剥夺在很大程度上已足以使纳税人丧失从事避税安排的原初动力。那么，纳税人采取的“迂回的、异常复杂或非常规”，技术上满足包含税收利益的税法条文的字面含义的法律形式在税法上予以忽视，改以纳税人真实的经济目的和经济后果推定其本应该采用的法律形式作为决定税法条文适用的事实基础，以此取回被套取的税收利益或避免纳税人恶意套取税收利益，从而避免国库利益的损失。纳税人无法取得意欲追求的税收利益，却仍需承担采用的“迂回的、异常复杂或非常规”的法律形式的额外经济成本和法律或市场风险。这种经济上的惩罚已能够形成对其实施避税安排的阻吓。避税安排既欠缺非难可能性，施加制裁又未能有效达成阻吓的效果，并无必要再进一步施加处罚。

因此，只要纳税人在其纳税申报书中如实陈述其交易的真实状态，作为税法适用、确定应纳税额的基础事实，即使嗣后经税务机关认定交易构成法律形式与经济实质相背离的避税安排，纳税人也只需承担调增税额并加收利息的法律后果，而不应当再面临任何的制裁。

第十章
反避税案件司法审查节制的迷思与澄清

随着我国反避税力度的不断加强,近年来反避税争议案件呈现逐年增加的趋势。2017 年最高人民法院公布的十大行政典型判例包括两件涉税案件,即儿童投资主基金诉杭州西湖区国家税务局税务征收案(以下简称"儿童投资主基金案")和广州德发房产建设有限公司诉广州市地方税务局第一稽查局税务处理决定案(以下简称"德发公司案"),争议焦点均在于避税交易的认定及相应的应纳税额调整。法院在上述两个案件中对税务机关的反避税调整决定的审查可谓是相当克制,对税务机关的决定及其依据的规范性文件给予充分尊重。反避税条款,尤其是通常被视为"一般反避税条款"的《企业所得税法》第 47 条,包含诸多含糊、不确定的概念,税务机关因此享有相当大的裁量权。那么,法院对于税务机关就反避税条款的解释与适用行为的司法审查应到何种程度,税务机关的专业性判断是否有必要予以尊重,不无疑义。税法,尤其是反避税条款,一向被认为具有高度技术性和专业性，但是否由此形成税务机关“行政保留”的自由领地？如果是，对反避税调整决定有异议的纳税人，其权利又如何寻求救济？基于上述问题，本章拟从上述两个案件入手，逐一展开论述。

一、反避税案件中的司法节制：正途还是迷思

（一）“德发公司案”——专业判断的尊重

在“德发公司案”中，德发公司公开拍卖其房产，在一人竞拍的情况下竞拍人以底价竞买了上述房产。交易完成后，税务机关认为，该交易的拍卖成交单价，“不及市场价的一半”“价格严重偏低”。德发公司委托拍卖时约定的拍卖保证金过高，导致最终只有一个竞买人，是造成交易价格明显低于市场价格的主要原因。因此，税务机关根据《税收征收管理法》第 35 条、《税收征收管理法实施细则》第 47 条及《营业税暂行条例》第 1 条、第 2 条、第 4 条的规定，对交易的营业额重新予以核定，并要求其补缴税款。

双方争议的焦点在于，德发公司房产公开拍卖的交易价格低于市场价格，是否构成《税收征收管理法》第 35 条第 6 项的“纳税人申报的计税依据明显偏低，又无正当理由”，税务机关是否有权核定其应纳税额。一方面，最高人民法院在判决中承认，“原则上税务机关应当尊重作为计税依据的拍卖成交价格，不能以拍卖价格明显偏低为由行使核定征收权”；另一方面，又强调，“税务机关基于国家税收利益的考虑，也可以不以拍卖价格为计税依据”。对于该交易是否满足税收核定的条件，最高人民法院并未予以任何的审查，而是认为，“计税依据明显偏低，又无正当理由的判断”“具有较强的裁量性”“人民法院一般应尊重税务机关基于法定调查程序做出的专业认定”“除非这种认定明显不合理或滥用职权”。[1] 最高人民法院特别强调该案的典型意义之一，包括“尊重行政机关长期执法活动中形成的专业判断和行

---

〔1〕《广州德发房产建设有限公司与广东省广州市地方税务局第一稽查局再审行政判决书》［（2015）行提字第 13 号行政判决书］。

政惯例”,通过司法确认的方式,认可行政机关在“具体执法过程中形成的不违反法律原则和精神且符合具体执法规律和特点的惯例”。[1]

本案中税务机关据以核定应纳税额的法律依据,即《税收征收管理法》第35条第1款第6项和《营业税暂行条例》第7条,均规定了纳税人申报的“计税依据”或“价格”明显偏低且无正当理由的,由主管税务机关核定其营业额。然而,何谓“偏低”,如何判定“明显”,如何认定交易安排是否存在“正当理由”,并无明确的标准。可以说,由于上述规定中的核心概念的内涵和外延均不明确,税务机关由此获得了一定的自主裁量空间。但是否即可排斥司法审查,是值得怀疑的。价格是否偏低、偏低是否明显,这一事实的判定确实具有一定的专业性和技术性,但由此可以受到司法尊重而不予审查,却不无疑问。在同样涉及房地产转让价格是否进行税收核定的新疆瑞成房地产开发有限公司诉新疆维吾尔自治区地方税务局稽查局案(以下简称“瑞成公司案”)中,法院承认“法律法规对‘计税依据明显偏低’没有具体标准,对‘正当理由’亦无明确的界定”。但法院并未将税务机关由于法律规定的模糊性而形成的裁量空间视为审查的禁区,而是在确定交易事实的基础上,推翻了税务机关对交易“价格明显偏低、无正当理由”的认定。[2]

正如最高人民法院所强调,法院“要防止税收权力的任性”,然而,在上述有关税收核定的规定模糊、不明确的情况下,法院一味强调尊重税务机关的专业判断,这将如何防止税务机关将其作为“侵犯纳税人经济自由的利器”,[3]深得探究。

(二)“儿童投资主基金案”——规范授权下的裁量尊重

在“儿童投资主基金案”中,位于开曼群岛的儿童投资主基金于2005年

---

[1] 资料来源:《最高人民法院行政审判十大典型案例》,载 https://www.chinacourt.org/article/detail/2017/06/id/2893953.shtml,最后访问日期:2018年8月9日。

[2] 《新疆维吾尔自治区地方税务局稽查局与新疆瑞成房地产开发有限公司税务行政处罚二审行政判决书》[(2014)乌中行终字第95号]。

[3] 廖仕梅:《从民法视角探析推定课税——基于“最高人民法院提审广州德发公司案例”分析》,载《地方财政研究》2015年第10期。

11 月 10 日通过股权转让和认购新股的方式取得了同样注册于开曼群岛的 Chinese Future Corporation(CFC)26.32% 的股权。该公司设立于 2005 年 10 月 12 日,持有香港国汇有限公司(以下简称香港国汇公司)100% 的股权,并于 2005 年 12 月在新加坡联合证券交易所公开发行并上市为期 10 年、年息 12%、总额为 2.25 亿美元的债券。香港国汇公司则持有杭州国益路桥有限公司(以下简称国益公司)95% 的股权。由此形成了儿童投资主基金通过 CFC 公司、香港国汇公司间接持股国益公司的股权架构。2011 年 9 月 9 日,儿童投资主基金将其持有的 CFC 公司的股权全部转让给 Moscan Developments Limited(以下简称"买方"Moscan)。税务机关认定该交易通过滥用组织形式等安排间接转让中国居民企业股权且不具有合理商业目的,规避企业所得税纳税义务,因此根据国家税务总局《关于加强非居民企业股权转让所得企业所得税管理的通知》(国税函〔2009〕698 号,以下简称"698 号文")否定 CFC 公司、香港国汇公司的存在,要求儿童投资主基金在中国缴纳企业所得税。双方由此发生争议。[1]

本案同样历经一审、二审和再审。在一审判决书中,尽管法院未直接言明对税务机关决定的尊重和不予审查,但通过对税务机关提供证据的全盘采信和认定事实的直接确认表明了在涉及模糊的反避税条款的适用时司法机关的审查谦抑态度。这种态度一直延续到了最高人民法院作出的再审决定。在一审判决书中,杭州市中级人民法院首先认为,《企业所得税法》第 47 条就"税务机关对企业避税行为做出判断并予以合理调整"进行授权,进而确认"698 号文"是国家税务总局就"不具有合理商业目的"及如何"按照合理方法调整"作出的技术性、程序性规定,直接确认其在本案中的适用效力,并将其作为认定税务机关行为合法性的重要法律依据。在此基础上,法院对原告纳税人提供的证据,除部分以形式不符合规定为由不予采信外,特别

---

〔1〕 浙江省杭州市中级人民法院《儿童投资主基金诉杭州市西湖区国家税务局一审行政判决书》[(2015)浙杭行初字第 4 号]。

强调“采信的证据仅对案涉事实经过具有证明效力”。而对被告税务机关提供的证据,则认定“证据的来源与形式合法,与本案具有关联性,均予以采信”。对于案件事实,法院直接确认了税务机关认定的三项事实,进而得出税务机关认定的交易构成避税安排、应当适用《企业所得税法》第47条的决定为合法的结论。判决中并未对“不具有合理商业目的”应当如何予以认定,该交易的目的为何不是“合理的商业目的”等问题展开论证,而是一味地对税务机关认定的事实和适用的法律予以肯定。二审法院的判决再次确认了税务机关认定的交易构成避税安排的三项事实,除此以外并未进行更多的审查。

最高人民法院基本上遵循了一审法院的审查思路。一方面,直接肯定税务机关提交证据的证明力,而认为纳税人提交的证据证明力不足,“不足以动摇”税务机关认定的“事实基础”;另一方面,强调根据第47条的规定“税务机关有权依法确定涉案情形下的征税对象和征税标准”,税务机关进行的事实判断并作出调整“符合上述规定精神”,进而肯定其认定符合“698号文”的规定,最终作出了税务机关的反避税调整决定合法的判决。从形式上看,再审法院似乎对税务机关认定的事实和适用的法律均予以审查,但实质上依然是对税务机关决定和相关规范性文件的全盘接受。而三审法院均特别强调了税务机关所做的决定,乃是层报国家税务总局批复的结果。

本案涉及《企业所得税法》第47条,即通常被视为我国一般反避税条款的适用。该条以高度抽象和概括的表述确立了避税安排的特别纳税调整。一审和再审法院均强调该条是对税务机关进行特别纳税调整的授权。那么,所授予的是一项拘束性权力还是自由裁量权,判决中并未过多言明,但从行文来看司法机关更倾向于后者。也正因如此,法院仅仅是对该决定是否在第47条规定的范围内作出审查,而未对其中所涉及的事实和法律问题进行实质审查。第47条确立了“不具有合理商业目的”作为认定避税安排的主观要件,而“合理”“商业目的”均是含糊、不明确的,如何加以认定极易引发争议。“698 号文”正是国家税务总局颁布的、认定间接股权转让是否“具有合理商业目的”的技术性操作规程。然而,法院却未作任何审查而直接肯定其效力,是值得怀疑的。

上述两个典型案例均涉及包含不确定法律概念的反避税条款的解释与适用,法院在判决中均展现出尊重税务机关决定的司法谦抑的态度,强调这是出于反避税条款的授权、尊重专业认定的结果。那么,包含“合理商业目的”“正当理由”等不确定概念的反避税条款是否足以形成司法不予审理的裁量空间?作为具体化反避税条款的裁量基准的规范性文件是否当然具有法律上的拘束力,是否当然应当受到司法的尊重?最高人民法院公布的典型案例对于下级法院固然不具有法律上的拘束力,但具有重要的参照价值和示范性。一旦此种司法节制被广泛地效仿,反避税案件中权利受到侵害的纳税人将如何寻求救济?这些问题均有必要予以进一步的关注和研究。

二、司法谦抑:因反避税条款下的不确定概念而生?

最高人民法院公布的两个涉税典型案例均以纳税人败诉而告终。让人质疑的,无疑是法院在审判过程中表现出的司法谦抑的态度。这种态度也许是法院欲进行审查却面临模糊、不确定同时具有适用的高度专业技术性的反避税条款而司法机关专业人员匮乏,不得不有所退让、承认税务机关裁量结果的尴尬反应。然而,基于朴素的权力分立理论而生的“裁量不予审理”理论早已饱受“裁量界限论”“裁量滥用论”的冲击,并不足以支撑法院对此类案件的司法审查的自我克制。问题的关键在于是否将反避税调整作为税务机关保留的自由领地,还是强化其司法审查。那么,首先有必要探寻最高人民法院秉持这一裁判思路的逻辑基础,方能作出进一步的评判。

(一)包含不确定概念的反避税条款与税务机关的裁量

法院在上述两个案件中均承认税务机关的“裁量权”。在司法审查中,裁量权的存在意味着行政决定是不可诉的或仅仅审查其滥用。[1] 我国《行政诉讼法》对于行政裁量的可审查性并未明确加以规定，最高人民法院《关于执行〈中华人民共和国行政诉讼法〉若干问题的解释》（法释〔2000〕8 号）第 56 条第 2 项关于“被诉具体行政行为合法但存在合理性问题的”，人民法院应当判决驳回原告诉讼请求的规定，被认为确立了“裁量不予审理”的原则。[2] 然而，最高人民法院并未指明税务机关此时享有的裁量类型。作为行政法基本概念的“裁量”，通常是指法律只规定事实要件，而将事实要件成就时的法律后果以选择性规定甚至不作规定的方式留给行政机关自由做出决定，[3] 也就是法律后果的裁量。就上述两个案件涉及的《企业所得税法》第 47 条“税务机关有权按照合理方法调整”以及《税收征收管理法》第 35 条第 1 款“税务机关有权核定其应纳税额”，均包括了对经济活动的税收后果确定方式的裁量。然而，上述案件中征纳双方的争议并非在于税务机关选取何种方法核定或调整其应纳税额，而是对税务机关有权实施此种调整的事实要件是否已经得到满足，也就是交易是否构成一项避税的安排，存有争议。因此，必须确认的是，税务机关在此情况下是否享有法律要件的裁量权。

一项法律规范，通常具有特定的适用对象，具有“行为模式”和“法律后果”的结构形式。基于税收法定主义的要求，税法规范通常概括但内容确定地表述作为“行为模式”的“应税事实”，并使其与某个特定的税收后果相联结，以保证税收后果的可预测性。然而，反避税条款鲜少采取此种“严格规则”的形式，而是大量使用了内容和外延都极不确定的概念，仅仅为税务机

---

〔1〕 徐晨：《权力竞争：控制行政裁量权的制度选择》，中国人民大学出版社 2007 年版，第 143 页。

〔2〕 但也有学者认为，我国行政诉讼制度并未完全排除合理性审查，最高人民法院《座谈会纪要》的规定可以作为这一倾向的规范基础。详细可参见俞祺：《行政规则的司法审查强度——基于法律效力的区分》，法律出版社 2018 年版，第 4 页。

〔3〕 [德]汉斯·J. 沃尔夫、奥托·巴霍夫、罗尔夫·施托贝尔：《行政法》，高家伟译，商务印书馆 2007 年版，第 360 页。

关判定交易是否构成“避税安排”提供抽象的判断标准。如上文提及的“正当理由”“商业目的”“合理”，或《企业所得税法》第 41 条的“独立交易原则”，第 45 条的“实际税负明显低于”，第 46 条的“债权性投资”“权益性投资”等。这些概念仅仅完成了对避税安排的“一种模糊定性而非严格的定量描述”，[1]其内涵和外延具有模糊性的特点，却是避税交易构成要件的关键和核心。这些条款即是典型的标准性规范或是不确定法律概念，[2]具有不确定概念的高度概括性、内涵和外延的不确定性、适用的开放性等特质。[3]可以说，反避税条款并未对避税交易进行一义性的记述，而是以不确定的法律概念提供空白的评价标准。

包含不确定法律概念的反避税条款必然赋予税务机关宽泛的裁量空间。一方面，纳税人从事交易所采用的法律形式是否“不具有合理的商业目的”，并非简单地指向交易事实与结构的查明，而必须对事实的性质进行界定。这又必须取决于“合理商业目的”的内涵和外延的法律解释，必须“通过解释法律来找到被解释的‘法律’”[4]。由于规范内容是不完全的，税务机关必须通过“解释”反避税条款内含的不确定法律概念而“拼凑”出完整的规则。不同领域的社会生活形式各异，经济目标与效果也各有不同，既包括经济交易，也包括社会甚至家庭的安排。对其“正当理由”“合理商业目的”“独立交易”的判断，可能因交易发生的场域、交易双方的身份地位、商业惯例等而有所不同。税务机关用以填补规则的“价值判断”“经验法则”等，便须就个案发生的具体情形而加以选择。[5] 其选择的范围是“宽泛的、变化性很强或不可预测的”，可能出自“法或道德或其他文化领域”，甚至是“某些不同于

---

〔1〕 于立深：《行政事实认定中不确定法理概念的解释》，载《法制与社会发展》2016 年第 6 期。

〔2〕 即“Variable Legal Standards”，中国台湾地区学者通常将其称为“不确定法律概念”。详细可参见[英]H. L. A. 哈特：《法律的概念》，许家馨、李冠宜译，法律出版社 2012 年版，第 230 页。

〔3〕 于立深：《行政事实认定中不确定法理概念的解释》，载《法制与社会发展》2016 年第 6 期。

〔4〕 于立深：《行政事实认定中不确定法理概念的解释》，载《法制与社会发展》2016 年第 6 期。

〔5〕 如同样是股权转让行为，公司之间的股权转让的商业目的的判断仅需作商业上的考量，而兄弟姐妹之间的交易则需要考量血缘、亲情或家庭关系、责任等因素。

仅属于法律规范体系及属于事实构成特征的东西"[1],如社会可探知、认识的客观伦理秩序、道德观念、政策、习惯等法规范外的因素。但无论如何,用以补充反避税条款规范内容的价值观念,并非具体的、统一的标准,无论是道义性诉求还是社会普遍价值观,都是选择性的。税务机关由此得以斟酌实际情况来决定或阐释其内容。

另一方面,可以用以补充规范内容的价值标准如此宽泛和易变,税务机关必须对交易的具体细节和事实进行详尽的调查之后,才能基于"每个案件自身的事实与环境",寻求最能够实现"实质的公平与妥当"的价值标准予以补充。[2] 只有在反避税条款中的不确定概念被适用到具体案件中时,才能依据交易的具体情境对其进行关联性的具体化,通过个案评价来确定规范的内容。在这过程中税务机关不得不对交易事实进行更全面的调查,发现、权衡和比较更多的事实因素。如一项交易的"合理商业目的",必须对交易的形式安排、预期利润、风险管理等多项事实进行调查,才能确定将基于何种价值标准,如伦理道德、商业惯例、法律监管等,对其交易目的乃至是否合理,作出最后的评判。与此同时,税务机关所补充的价值分析、社会评价事实上将影响调查和纳入评价范围的事实面向,并在不同程度上影响对不同的事实面向在具体个案中的权重的评价,最终影响对交易是否构成避税的判断。

正因如此,通过反避税条款中的不确定概念,税务机关"被委任不仅经由解释和推论,还更借助评价和意愿的决定,去发现具体案件中的法",从而享有一定的行动自由。[3] 这种自由被称为"概念解释性裁量"或"事实要件裁量",是一种与"裁量"授权不同的授权,是在使用不确定法律概念过程中

[1] [德]卡尔·恩吉施:《法律思维导论》,郑永流译,法律出版社 2014 年版,第 135 页。
[2] 杨仁寿:《法学方法论》(第 2 版),中国政法大学出版社 2013 年版,第 186 页。
[3] [德]卡尔·恩吉施:《法律思维导论》,郑永流译,法律出版社 2014 年版,第 161 页。

享有的涵摄自由。[1]

不难发现的是，反避税条款实际上是一种典型的“双重规范”，[2]在避税安排的事实要件中包含不确定的法律概念，同时在法律后果方面又包含裁量。但两个典型案例中所争执的，仅仅是基于反避税条款内含的不确定概念，税务机关所享有的在权衡和分析交易的诸项事实与环境因素的基础上具体化个案中法律规范构成要件的决定权，即事实裁量，是否应当受到司法审查的问题。

（二）基于不确定法律概念证成的司法尊重

在上述典型涉税案件中，双方争执的焦点在于税务机关认定纳税人从事的交易构成避税安排的决定是否合法。这一争议有关反避税条款涵摄的问题，这固然取决于对纳税人从事交易的意图和目的等事实的查明，同时也取决于所查明的交易目的是否足以落入条款所指的“合理商业目的”的范围之内。而这又决定于条款中包含的“合理商业目的”“正当理由”等不确定法律概念的具体内容。可以说，这是既关系事实问题、又包括法律问题的争议，是通过审查事实问题，斟酌这一事实状态涵摄于不确定法律概念的问题。无论是事实问题还是法律问题，本应当在司法审查的范围之内。但法院以不同的方式承认了避税安排认定的裁量性，从而将其纳入“裁量不予审理”的范围，以此对税务机关作出的专业认定予以尊重。但税务机关此时享有的裁量权是基于条款中包含的不确定法律概念而享有的解释和适用的弹性自主空间，与包含法律后果选择权的通常意义上的裁量显然有所不同。我国并未采用判断余地（事实要件裁量），而是采用了宽泛的“行政裁量”的总概念，将要件裁量和效果裁量糅合于其中。这也是法院将其归入“裁量不

[1]　[德]汉斯·J. 沃尔夫、奥托·巴霍夫、罗尔夫·施托贝尔：《行政法》，高家伟译，商务印书馆2007年版，第351页。

[2]　即在规范中同时包括要件裁量和结果裁量。详细可参见[德]汉斯·J. 沃尔夫、奥托·巴霍夫、罗尔夫·施托贝尔：《行政法》，高家伟译，商务印书馆2007年版，第363页。

予审理”范围的主要原因。然而,将某一确定概念的适用简单作为“裁量概念”予以处理,或者仅以“尊重行政机关的判断”的理由予以处理,是没有正确理解法院的任务。[1] 不确定法律概念而生的判断自由与行政裁量固然有所不同,那么,税务机关对不确定概念表述的事项作出的判断,在法院的审理中处于何种地位?是否承认税务机关对不确定概念的判断具有裁量权?这一问题早已引发了多国行政法学者的广泛关注,形成了独立的不确定概念的司法审查理论。

不确定概念与生俱来的歧义性和模糊性提供了弹性的运作空间,在立法中的采用意在通过对不确定概念所预留的规范空白进行价值补充,以更好地体现具体个案的“情境性”和提高可操作性。[2] 正因如此,无论是大陆法系还是英美法系都在一定程度上承认了不确定概念内含的弹性空间对司法审查权力的压缩。[3] 20 世纪 50 年代德国行政法学者巴霍夫适应实践需要,从裁量概念中分离出不确定法律概念,进而提出了与效果裁量独立并行的行政判断余地学说,主张对需要价值补充的不确定法律概念的解释和个案适用只接受有限的司法审查。其在《判断余地、裁量和不确定法律概念》一文中指出,行政机关通过适用不确定法律概念,获得了一种判断余地,即独立的、法院不能审查的权衡或判断领域。行政法院必须尊重行政机关在该领域内做出的行政行为,只对该领域的界限是否得到遵守予以审查。其后,另一名德国学者乌勒基于合理性理论,得出了大体相似的结论,即在某些案件中,多个解决方法都是合理的,行政机关在此合理范围内做出的决定应当被视为合法。此后,德国行政法学界又相继发展出“评估特权论”、“规范授权论”、“功能优势论”以及“功能边界论”等一系列判断余地正当化的理

[1] [日]田村悦一:《自由裁量及其界限》,李哲范译,中国政法大学出版社 2016 年版,第 89 页。
[2] 详细可参见伍劲松:《行政判断余地之理论、范围及其规制》,载《法学评论》2012 年第 3 期。
[3] 这种承认体现在司法判决中的直接肯定或是司法判决对相关学说的认可。

论视角。[1] 概括而言,判断余地意指行政机关对于法律构成要件,特别是其中的不确定法律概念进行具体化、确定化而拥有的自由活动空间,是行政机关基于行政自主性而享有的、司法仅能作有限度的保守审查的最终决定权。[2] 法院对这种主观性判断的介入是对行政固有领域的侵犯,司法审查应当有所限缩。

美国司法机关通过"谢弗朗诉自然保护委员会案"(Chevron v. Natural Defense Council)等一系列的司法判例发展的司法尊重原则同样在一定程度上承认了立法模糊或不明确时对行政机关意见的尊重。对于立法中存在的宽泛文字或模糊术语是否予以审查,在 1984 年以前,美国最高法院的态度是不明确的,但在不少案件中都采用了尊重性的"合理法律依据"标准。[3] 在"谢弗朗诉自然保护委员会案"中,美国最高法院肯定了环境保护局对"污染源"的重新定义,从而确立了对行政解释的尊重,认为"如果法律对特定问题未作规定或规定含混不清,法院需要回答的问题,就是行政机关提供的答案是否是基于法律的合理解释""法院不能简单地直接适用自己对法律的理解"。[4] 谢弗朗原则也适用于国内收入局。在"银行家人寿与伤亡保险公司诉美国政府案"(Bankers Life and Casualty Co. v. United States)[5] 案中,法院肯定了谢弗朗原则适用于美国国内收入局就《国内收入法典》根据国会所作的具体指示而发布的规定以及根据解释税收法律的一般权力发布的规定,但不适用于税收裁定和私人裁定。美国最高法院在"克里斯汀森诉哈里斯郡案"(Christensen v. Harris County)中秉持了这一思路。在随后的发展

---

〔1〕 张福广:《德国行政判断余地的司法审查》,载《行政法学研究》2017 年第 1 期。

〔2〕 参见 Kadelbach, Allgemeines Verwaltungsrecht unter europäischem Einfluss, S. 444。转引自张福广:《德国行政判断余地的司法审查》,载《行政法学研究》2017 年第 1 期。

〔3〕 [美]理查德 · J. 皮尔斯:《行政法》(第 5 版),苏苗罕译,中国人民大学出版社 2016 年版,第 128 页。

〔4〕 467 U. S. 837(1984).

〔5〕 142 F. 3d 973(7th Cir. 1998). 美国最高法院后来在"克里斯汀森诉哈里斯郡案"Christensen v. Harris County 案中作了同样的区分。

中，美国最高法院进一步充实了该案的判断方式，强调行政解释获得尊重的主要原因在于国会授权的意图和行政决定的理性化程度。[1] 从近年来的趋势看，美国对于行政机关的司法尊重程度在波动中实现螺旋式的上升。随着行政事务的日益复杂化与专业化以及行政快速应对需求的增加，行政决定获得司法尊重的程度得到了进一步的提升。[2]

基于不确定法律概念的直接授权而获得司法尊重，即“规范授权论”，是德国公法学界获得最多学者及实务判决支持的阐释行政判断余地正当性的有力学说。[3] 不少德国学者认为，立法机关通过不确定法律概念，赋予行政机关以自负责任、只受有限司法审查的决定权，允许其在某些情况下享有法律上的评价特权。这种特权包括不确定概念限度内、实现由其设定的对个人生活领域的规制权限、立法无法预测的事态或者需要个案适当性的事态的形成权。此时，尽管同样为“法的适用”，却是为了实现积极行政任务而做出的。因此法院不能审查，不能以自己的评价代替行政评价。[4] 德国联邦宪法法院在1982年的扎斯巴赫案的判决中肯定了法规授权说，认为立法者对某些领域不可严格规定时，可以授权行政机关予以补充及进一步加以具体化。在此授权范围内，行政机关享有判断余地。[5]

美国在谢弗朗案中肯定对行政机关决定的尊重，遵循了同样的思路。在该案中，最高法院详细讨论了国会通过不确定法律概念授权行政机关，与行政机关明确立法中使用的模糊文字的含义、作出政策决定之间的关系：“如果国会明确地留下了一项空白留待行政机关填补，就等于对行政机关作出明确的授权，让其通过制定规章来阐明特定规定的含义。……有时立法

[1] United States v. Mead Corp. ,533 U. S. 218 ,226 – 227(2001).
[2] 俞祺：《行政规则的司法审查强度——基于法律效力的区分》，法律出版社2018年版，第95页。
[3] 伍劲松：《行政判断余地之理论、范围及其规制》，载《法学评论》2012年第3期。
[4] [日]田村悦一：《自由裁量及其界限》，李哲范译，中国政法大学出版社2016年版，第127页；解志勇：《行政裁量与行政判断余地及其对行政诉讼的影响》，载《法治论丛》2005年第5期。
[5] 黄先雄：《德国行政诉讼中司法权的边界及其成因》，载《比较法研究》2013年第2期。

基于特定问题而对任一机关作出默示的授权,而不是明确的授权。”国会在计划由行政机关实施的法律中留下模糊空间时,国会明白这一模糊之处首先由行政机关来解决,并且希望行政机关(而非法院)行使这一模糊条款所允许的任何程度的裁量权。[1] 在这种情况下,法院不能用它对条文的解释替代行政机关所作的合理解释。由于法律对这一具体问题保持沉默或规定模糊,对于法院来说,问题就是行政机关的答案是否为对法律作出的可以接受的解释。在“思密雷诉花旗银行案”(Smiley v. Citibank)中,法院再次肯定了“谢弗朗案的全部要旨就在于将法律中的模糊性所提供的裁量权交给实施该法律的行政机关”。[2]

在“儿童投资主基金案”中,法院正是将立法机关以不确定概念完成对税务机关进行个案调整的授权,作为确立不予审查的基础。由于纳税人利用税法漏洞的形式纷繁各异,交易面向的变化如此之大且无可预测,加上立法机关制定税法规则在先,纳税人可以充分了解税法规则并对其中的漏洞予以利用以获取税收利益。即使立法者为制止避税交易而填补漏洞或制定新法,纳税人仍可能利用新法的漏洞发展新的避税策略,从而形成“道高一尺,魔高一丈”的循环博弈过程,[3] 立法者对这一领域不可能作出严格的规定,故此使用不确定法律概念,将衡量交易的各种因素、求取其中合理均衡的任务委诸税务机关,授权税务机关利用对合理商业交易所拥有的大致上共通的因素,对交易是否构成避税安排作出公正合理的个案判断。因此,反避税条款常常被认为是立法机关的概括授权,即授权税务机关对不具有合理商业目的的法律安排予以调整,使税务机关对合理商业目的拥有广泛的判断权。亦有学者认为,反避税条款中使用不确定概念和一般反避税条款

---

[1] [美]理查德·J.皮尔斯:《行政法》(第5版),苏苗罕译,中国人民大学出版社2016年版,第135页。

[2] Smiley v. Citibank 517U. S. 735,742.

[3] David A. Weisbach, Formalism in the Tax Law, *The University of Chicago Law Review* 66, 1999, p. 860.

的采用,是“考虑经济上形成可能性之复杂多样性”,为允许税务机关“将当事人选择的法律形式,纠正转换为通常所适用的法律形式”、并类推适用相应税法条文的概括性授权。[1] 那么,税务机关基于此种授权作出的判断便被认为应当具有优先性,法院应有必要予以尊重。可以说,反避税条款以不确定概念对税务机关的授权,是法院在反避税案件中秉持司法自制态度的证成基础。

在“广州德发公司案”的判决中,最高人民法院则表明司法审查的克制,源于对税务机关专业认定的尊重。在税收,尤其是反避税这一具体领域中,税务机关特有的组织、人员、技术、信息方面的配备明显优于司法机关。对于避税安排的判断,需要大量的专业知识,需要对各种复杂的影响因素及其共同作用进行综合分析。这显然是法院不愿介入这一专业领域过深的重要考量。这一思路与德国晚近兴起的论证判断余地正当性的有力学说——结构功能说,正是不谋而合的,即基于机关成员及其资格、程序及对问题的处理能力而决定不确定法律概念解释和适用的最终决定权的归属,将此决定权归属于最可能做出正确决定者。[2] 如德国联邦宪法法院强调,“国家决定应当由最可能做出正确决定的机关做出,这需要考察权力机关的组织、人员组成、功能以及做出决定的程序与方式,找出具备最佳条件者”。[3] 当国家委任税务机关行使征税权时,必须使其组织结构、程序运作方式等功能足以确保税务机关能够合乎事理地履行依法征收税款的任务并做成正确、适当的决定。因此,税务机关通常拥有更多的税法专家,具备更多的专业知识应对处理日常的税法问题。在日常征税过程中也更容易获得最多的税法意义的知识和经验。其基于国库保护者的身份有益于对税法规范的正确认识,

---

〔1〕 陈清秀:《税法总论》,台北,元照出版公司2012年版,第219~220页。

〔2〕 伍劲松:《行政判断余地之理论、范围及其规制》,载《法学评论》2012年第3期。

〔3〕 BVerfGE 681,S.86.转引自伏创宇:《行政判断余地的构造及其变革——基于核能规制司法审查的考察》,载《华东政法大学学报》2014年第5期。

从而更加适合提供正确的解决方案。[1] 既然税务机关必须对自己决定负责且这种决定属于税务机关所掌握的高度专业技术领域，法院缺乏税收征管经验，因而不大可能考虑到税收征管和反避税所须考量的方方面面。而全国每年近400件的税务行政诉讼案件也难以为法院提供充分理解和领会税法的具体规则和抽象价值的有益实践。[2] 出于尊重税务机关就反避税调整的“不可替代、专业性及法律授权的专属性”，承认税务机关就此享有判断余地，法院对此不再予以审查，似乎是合理的。

原则上讲，规范结构越开放、松散，所规范的领域越复杂多变，司法机关的审查密度应当越小。[3] 那么，追根溯源，正是反避税条款所包含的宽松的规制密度和对其中的不确定概念作出价值补充的必要性，提供了法院尊重税务机关反避税调整决定的法律基础。在上述两个最高人民法院的典型判例中是以“规范授权论”和“结构功能论”为基础证成法院秉持此种司法尊重的正当性的。不确定概念的判断余地或司法尊重的相关理论似乎足以构成法院对税务机关反避税决定不予审查的逻辑基础。然而，在不受司法审查的行政裁量已近乎绝迹的今天，[4] 不确定法律概念包含着绝对不受司法审查的判断自由，显然是值得怀疑的。因此，还需进一步探讨的问题在于，是否任一具有“不确定性”的法律概念均可以绝对排除司法的审查？如果不是的话，反避税条款包含的不确定概念是否落入不受司法审查或只受有限审查的范畴之内？

三、反避税案件可审查性的确立——不确定概念审查的司法克制的厘清

可以说，在“儿童投资主基金案”和“德发公司案”中，法院遵循的是反避

---

[1] 徐晨：《权力竞争：控制行政裁量权的制度选择》，中国人民大学出版社2007年版，第195页。

[2] 崔威：《中国税务行政诉讼实证研究》，载《清华法学》2015年第3期。

[3] 张福广：《德国行政判断余地的司法审查》，载《行政法学研究》2017年第1期。

[4] 王贵松：《论行政裁量的司法审查强度》，载《法商研究》2012年第4期。

税条款内含的不确定概念隐喻着“授权＝不予审查”“专业能力＝判断余地”的简单逻辑。然而，不能不说，这种观念实际上是对行政判断余地的一种误读。

(一)作为例外的司法尊重

认为法律条文包含“不确定性法律概念”，其适用就必然直接“产生判断余地”的观点，是对行政判断余地的一种误解。尽管不确定概念必然包含个人见解和主观判断，却并未预设司法审查的立场。不确定法律概念并非司法审查的禁区。行政机关并不基于不确定概念的直接授权而获得不受任何限制的行动自由。无论在德国还是美国，行政机关的判断余地与对行政决定的尊重都是有限度的，甚至仅仅作为一种例外的情形存在。因此，能否将行政判断余地或司法尊重原则作为法院对反避税条款的适用决定不予审查的理论支撑，还有必要对其适用范围予以考察。

在德国，不确定法律概念原则上要接受全面的司法审查，仅在例外的情况下才承认不确定法律概念的行政判断余地，对其适用行为只作有限度的司法审查。[1] 如德国学者毛雷尔认为，判断余地授权只有在具体案件适用不确定法律概念(涵摄)时才予以考虑。尽管在确定行政判断余地的范围和标准方面德国行政法学界尚未能形成统一的意见，但仅有特定类型的针对不确定概念的行政决定可以免受司法审查，则是不容置喙的。德国行政法院和联邦宪法法院在判决上也未能形成单一且抽象的标准确定属于行政判断余地范畴的不确定概念，只是形成了多种因素的考量标准，并力图对此予以类型化。具体而言，行政机关享有判断余地、法院只作形式审查的情形主要包括了两大类：一类是行政权的形成领域，源于行政作为自主形成权力的功能特性，包括“古典的”政治保留事项、具有计划性与预测性的决定；另一类则是基于“事物本质”的判断余地，源于司法权的功能界限，如经验属人性

〔1〕 张福广：《德国行政判断余地的司法审查》，载《行政法学研究》2017年第1期。

事件、由专家和/或利益代表人组成的独立委员会作出的判断决定、环境和经济法领域预测性决定和风险评估决定以及政策性的行政决定等。[1] 20世纪90年代以后，德国法院转而限制行政机关的判断余地，认为“只有在有关事务极其复杂和特别灵活，以致具体理解行政决定如此困难，司法审查可能破坏职能界限的情况下，才能考虑行政机关享有‘有限的决定自由空间’”。[2] 可以说，法院并非应全盘尊重行政机关就不确定概念享有的判断余地，而只是“有条件地”给予某种程度的尊重，亦即判断余地并不确立司法审查的禁区。

美国的司法尊重原则同样有着严格的适用范围。谢弗朗案确立的这一原则适用于“正式裁决或者通告评议式的规则制定”，[3]且仅适用于行政机关就其执行的法律中的模糊规定所作的合理解释。第九巡回法院认为谢弗朗原则只适合于行政机关通过说明理由的决策程序采纳的解释，且对为何认为该解释是“合理的”说明了理由时，法院才能支持该解释。[4] 与德国行政判断余地可适用于行政机关在具体个案对某一不确定性法律概念进行的解释不同的是，谢弗朗案强调尊重行政机关以解释性规则的形式表现出来的解释。[5] 在劳动和工业审查委员会案中，该州法院明确指出，行政机关获得司法尊重必须符合四个标准：(1)行政机关被立法机关指示去处理法律解释问题；(2)行政机关的解释是长期存在的；(3)行政机关在解释法律上有专家知识；(4)该解释将提供统一和一致的法律适用。[6] 也就是说，行政机关所作的解释并不当然获得尊重，只有当尽管法律条文可以支持一种以上的

---

〔1〕 [德]哈特穆特·毛雷尔：《行政法学总论》，高家伟译，法律出版社2000年版，第136～138页。

〔2〕 陈敏：《德国行政法院逐条释义》，台北，中国台湾地区司法管理机构2000年版，第1308～1309页。

〔3〕 但第七巡回法院拒绝将这一原则适用于行政裁决中所宣示的法律解释。

〔4〕 [美]理查德·J.皮尔斯：《行政法》(第5版)，苏苗罕译，中国人民大学出版社2016年版，第165页。

〔5〕 徐晨：《权力竞争：控制行政裁量权的制度选择》，中国人民大学出版社2007年版，第199页。

〔6〕 徐晨：《权力竞争：控制行政裁量权的制度选择》，中国人民大学出版社2007年版，第198页。

含义,但法院被“说服”行政机关已在“法律条文所包含的多种含义之中”选择了其中“好的”解释,“明显地阐释了本来模糊的法律条文的含义”,法院才予以尊重。[1] 可以说,行政机关的解释获得司法尊重,“完全是基于它所具有的潜在说服力”,是因为它们“确实构成了经验体系和知情判断”,能够作为合理的指引。

因此,行政判断余地或司法尊重并不当然与不确定法律概念相伴而生,仅仅在极其有限的范围内保留行政机关的自主判断空间。那么,进一步需要探讨的问题就是,包含不确定概念的税法条文,尤其是反避税条款,是否足以落入税务机关的专业判断空间而阻隔司法机关的审查。

(二)反避税条款下的不确定概念阻却司法审查的不足

不确定法律概念并不当然形成判断余地而不受司法审查。这里问题的关键在于,反避税条款包含的不确定概念是否属于判断余地的范畴。不确定概念形成判断余地的原则性认定标准是:该不确定概念由于所涉及的规范客体的高度复杂性和易变性,行政决定的作出具体追溯起来非常困难,引入相关的专业人员也无法解决。[2] 但随着科技的迅速发展,社会利益日趋多元而复杂,单一且抽象的标准已难以独自作为承认判断余地的标准,在多数情况下需要对诸多的标准同时进行权衡或将多种元素结合在一起进行综合认定。具体而言,衡量不确定概念是否形成判断余地的衡量标准主要包括了授权规范的规定、基本权利保护的实现、决定主体的功能优势比较、司法功能边界、规范客体的特点、专业知识以及复杂程度、带有计划性和政策性的性质等。下文以上述衡量标准为基础,对反避税条款的不确定概念是否形成判断余地予以考察。

反避税条款通过采用内容和范围都极其不确定的“合理商业目的”“正

---

[1] [美]理查德·J.皮尔斯:《行政法》(第5版),苏苗罕译,中国人民大学出版社2016年版,第347页。

[2] 张福广:《德国行政判断余地的司法审查》,载《行政法学研究》2017年第1期。

当理由”等不确定概念,确立了税务机关就避税安排的“判断特权”,通过价值补充确定条文的内容,并将其适用于具体的个案之中。这种行动的自由被哈特称为“填充法律漏洞”的“有限的造法裁量权”,包括了价值补充和个案判断两个层面,是对要件事实判断的行动自由。〔1〕 然而,这项包含“价值填补”的“特权”与填补立法漏洞的续造法的权力显然是不同的,并非授权行政机关取代立法机关创造规则。不确定概念所形成的是“概念晕”,乃是其有效性的界限尚待明确,而不是存在立法的空白而需要进行规则的创造。概念的不确定性实际上是通过语言多义性展现在多个可供抉择的事实之间进行选择的可能性。〔2〕 这种法律选择的可能性是已经存在的,只不过概念的规范性容量必须通过个案评价来完成,必须将概念关联到规范世界才能够加以确定。被授权的机关只不过被委任在考虑到具体案件的各种情况下通过价值评判而在概念的多种含义中选择其中之一作出唯一正确的决定。〔3〕 也就是说,被授权机关只是被委任替代立法机关在“活动余地”范围内提出的多种选择中确定哪一个是最佳的和正确的。这一过程实际上依然是揭示法律内涵的过程,属于法律解释的范畴。因此,税务机关基于反避税条款的不确定概念所获得的“裁量权”并非法规续造的权力,不可能如立法机关享有不受法院审查的广泛塑造空间。相反,税务机关行使的仅仅是“在个案中明确抽象的客观法律规范内容”的权力,原则上应当受到司法的审查。〔4〕

税法本身固有复杂性和技术性,这也是我国法院在诸多司法审判案件中就税务机关对税法的解释和适用表现出很强的谦抑态度的重要原因。〔5〕

---

〔1〕 [英]H. L. A. 哈特:《法律的概念》,许家馨、李冠宜译,法律出版社 2012 年版,第 240 页。

〔2〕 [德]汉斯·J. 沃尔夫、奥托·巴霍夫、罗尔夫·施托贝尔:《行政法》,高家伟译,商务印书馆 2007 年版,第 349 页。

〔3〕 [德]卡尔·恩吉施:《法律思维导论》,郑永流译,法律出版社 2014 年版,第 143 页。

〔4〕 [德]汉斯·J. 沃尔夫、奥托·巴霍夫、罗尔夫·施托贝尔:《行政法》,高家伟译,商务印书馆 2007 年版,第 349 页。

〔5〕 详细可参见崔威:《中国税务行政诉讼实证研究》,载《清华法学》2015 年第 3 期。

如果说一般反避税条款的适用具有技术性,原因不外乎是交易的错综复杂且多重迂回、被交易之法律形式所掩盖的经济实质难以发现等。而这确实需要大量的专业知识,需要对交易的整体安排、各种影响因素及其共同作用进行综合分析。税务机关尚且被认为在此类案件的调查和处理中处于一种"固有的不利地位",[1]更遑论远离税收征管实践的法院。

法院固然在交易的相关事实调查方面处于相当的劣势,但绝对无能力对避税安排作出判定的论断,则是值得怀疑的。对"法律形式的滥用""合理商业目的"等避税安排的核心要件事实的判断,并未"超脱法官的日常生活经验",其审查并非法官能力所不及的专业技术事项。一项交易安排是否存在法律形式的滥用,关键在于交易是否属于"不自然的"或"不按照正常商业模式"的安排,交易形式与基础经济事实之间是否缺乏逻辑和连贯的对应性,交易是否出于税收以外的其他商业目的,此种商业目的是否合理。上述事实的判断,应当以一般经济理性人的视角作出。也就是说,必须以与系争交易的纳税人处于相同行业或类似状况下的经济理性人在相同或类似的环境下是否追求这一目的、是否通常采取特定手段实现此目的,作出判断。那么,法官此时需要作出的,正是基于一般经营者的立场,依据交易发生时的宏观环境、行业惯例、企业的一般经营策略等因素作出"一般的、通常的"商业判断,而非专业的技术性判断。就此而言,法院和税务机关都远离商业实践,税务机关作出的判断未必比法院更加专业或高明而足以绝对排斥后者的审查。不仅如此,交易安排是否存在"滥用"、是否"以获取税收利益为主要目的",关键的核心在于此项税收利益的给予是否符合税法条文的规范意旨和价值追求。而这显属法院专业范围内的"法律问题"。尽管反避税条款中包含的不确定概念,如"合理""正当理由"等,不能推导出明确的一义性结论,法官并不是全然没有能力审理税务机关对上述概念所作的解释及由此

[1] Thomas Kathleen Delaney, "The Case Against a Strict Liability Economic Substance Penalty", *University of Pennsylvania Journal of Business Law* 13, p. 447.

作出的判断。虽然把握税务机关认定的避税安排的要件事实正确与否具有相当的难度，但法院依然至少能够判断“什么是不合理的”。因此，尽管反避税调整属于技术性问题，仍属于“根据解决该问题所必需的知识和逻辑法则，能够推导出确定的解决方法”的范畴，[1]将其归入不得审查的技术型或专家型的判断余地是不恰当的。

更重要的是，专业能力能否理所当然地导致司法审查的限缩，即使是在科技法、环境法等具有高度专业性和风险预防与评估的领域中也备受质疑。[2] 近年来德国在诸多的行政判决中明确拒绝将“存在于法律之外”的专业判断作为司法审查节制的理由。即使是被称为行政专门领域的技术性、政策性问题，也要遵从由一般原则确立的界限，裁量判断不是当然地不受法的控制。[3] 德国联邦宪法法院曾在 1991 年于某判决中指出，“不能仅因涉及专业知识而承认判断余地、排斥司法审查”，强调专业问题可以采取引入专家意见等方式予以解决。[4] 反避税案件中涉及的交易预期利润的判断等高度专业性问题，即可通过借助会计、经济等方面的专家予以解决。反避税的专业性与技术性不能成为司法消极审查的主要原因。

保护由于行政机关的错误判断受到侵害的个人权利是行政裁判的目的，也是行政法官的任务。[5] 即使是行政技术问题，当该认定涉及个人权利自由领域时，从行政法官的立场予以纠正，是行政裁判的意义所在。[6] 税收的课征合法与否，直接关涉纳税人财产权的侵夺，反避税调整更是如此。反避税条款采用开放的法律结构，其本意在于使税务机关免予在层出不穷、花样不断翻新的避税策略之后亦步亦趋，使其能够在个案中综合多种因素，否

---

〔1〕［日］田村悦一：《自由裁量及其界限》，李哲范译，中国政法大学出版社 2016 年版，第 60 页。

〔2〕详细可参见伏创宇：《行政判断余地的构造及其变革——基于核能规制司法审查的考察》，载《华东政法大学学报》2014 年第 5 期。

〔3〕［日］田村悦一：《自由裁量及其界限》，李哲范译，中国政法大学出版社 2016 年版，第 154 页。

〔4〕黄先雄：《德国行政诉讼中司法权的边界及其成因》，载《比较法研究》2013 年第 2 期。

〔5〕［日］田村悦一：《自由裁量及其界限》，李哲范译，中国政法大学出版社 2016 年版，第 56 页。

〔6〕［日］田村悦一：《自由裁量及其界限》，李哲范译，中国政法大学出版社 2016 年版，第 60 页。

定不在立法预期范围内的税收利益的取得,以实现真正的税收公平。然而,由此形成的概括授权必然包含天然的扩张倾向,为税务机关以国库保护之名行侵害纳税人权利之实提供更多的可能性。如果法院再以专业知识的局限性为由,承认税务机关在此事项上的判断余地,将导致征税权,不仅是特别纳税调整权,完全逃逸税法的约束,更将导致"全面排除宪法上的法救济"。承认、尊重税务机关在反避税过程中的主观判断自由,不应当演化为司法的完全退让。不确定概念的解释,既不具有规范性,也不具有客观性。若将一切委任于税务机关的主观判断,将导致由此享有的活动自由空间成为"国家法内部绝对权威的壁垒"。[1] 在包含不确定法律概念而使明确的法律标准失之阙如的情况下,司法权不但不能退缩,还应当肩负起保障纳税人权利的重任,使其免遭税务机关随意的反避税调整。在美国和德国建立的财税专业司法审查体制,恰恰是税务机关的专业判断同样必须予以司法审查的最佳佐证。

四、反避税案件的司法审查强度与范围

可以说,在"儿童投资主基金案"和"德发公司案"中,法院将包含不确定概念的反避税条款的适用简单作为"裁量概念""尊重行政机关的判断"予以处理,实际上没有正确理解法院的任务。在税法领域中,由于不确定法律概念的采用固然形成一定的司法应当予以尊重的空间,却不能将其绝对化。

税法本以交易的形式为基础确定其税收待遇。税务机关欲转而改以其经济实质确定税法条文的适用,以取回纳税人所套取的税收利益,这一权力本身包含着侵害纳税人的形式选择自由与财产利益的权能,本应当设定界限并予以特定化。但为及时因应层出不穷的避税交易,以不确定法律概念的采用,使税务机关获得更大的灵活度予以应对,同时以个案的衡量实现实

---

〔1〕 [日]田村悦一:《自由裁量及其界限》,李哲范译,中国政法大学出版社2016年版,第56页。

质公平,本无不当。然而,不确定概念的采用也使税务机关的反避税调整权的确定性和界限性均不够充分。一旦法院以专业性和技术性为由拒绝审查,纳税人的权利救济便成为一纸空文。事实上,在反避税案件中,纳税人是否以获取税收利益为目的、是否滥用组织形式,不仅关系反避税条款本身的适用,更关系系争案件中纳税人主张的对其有利的税法条文适用与否的问题。我国各单行税种法也大量采取了原则性、概括性的粗糙立法模式,除了税率等数字之外,适用时无须复杂推论的确定性概念并不多见。如果单纯由于概念的不确定性排除法院的审查,这将导致法院在反避税领域,甚至税法领域的完全退让。这与我国《行政诉讼法》的立法目的将是背道而驰的。[1]

从方法论立场看,一般反避税条款并未拥有特殊的结构,其中包含的不确定概念仍然是"法律"概念,并未制造出独特思维过程的必要性,不足以形成税务机关自由的法外空间。[2] 反避税条款在授权税务机关否定以纯获税收利益为目的的交易安排的同时,应当有必要对这一权力的行使通过法院的事后审查予以约束。因此,法院对包含不确定概念的反避税条款的解释与适用,原则上应当予以全面的审查。

不容否认的是,"正当性""合理商业目的"等概念的模糊性和多义性决定了,在评价具体交易是否构成避税安排时,必然包含基于个案具体情况确定最妥适含义的环节,而非简单地通过纯粹的逻辑演绎得到唯一"正当"的解决。不确定概念所形成的避税交易的抽象要件的"概念晕",构成一个"合乎情理或相对正确"的答案空间。税务机关若能通过法律解释手段,利用自身的征管经验和价值观,将上述不确定概念具体化于该区间之内,这种解释行为就应视为正确且妥当的。因此,法院对于税务机关就反避税条款的"复数解释可能性中选取其一"的意志行为给予一定的尊重,承认税务机关基于自身的专业优

---

〔1〕《行政诉讼法》第 1 条。
〔2〕［德］卡尔·恩吉施:《法律思维导论》,郑永流译,法律出版社 2014 年版,第 152 页。

势在此领域的积极作用,对反避税调整决定的审查可以有一定的节制。

根据《行政诉讼法》第 69 条、第 70 条的规定,法院在行政诉讼中进行审查的范围既包括证据的认定,也包括法律的适用,并没有对事实和法律问题分别适用不同的审查标准。由于事实认定通常涉及法律规定含义的确定,法院审查税务机关的事实认定和法律结论依然依赖于对法律的解释。因此,与对确定概念适用的司法审查相同,税务机关在具体个案中对所适用的反避税条款中包含的不确定概念的解释、适用这一概念时确定存在的事实状态以及将这一事实状态涵摄于不确定概念的过程,均应当进行司法审查。审查的内容限于合法性审查,标准来自税法,界限在于价值判断。如果当税务机关基于价值判断而获得多种决定可能性,而这些可能性又能够被不确定概念的解释所涵盖,并且其决定理由正当可接受时,法院才可不再予以审查,尊重税务机关的认定。

原则上说,法院应当审查税务机关适用反避税条款是否考虑到一切法律,尤其是税法的准则,是否基于"唯一合适的"决定目标和结果就"具体案件的情况"进行了严谨的探讨和考虑,从而在"主观认为正确"的"剩余空间"内作出唯一正确的认定。由于不确定概念的适用必然包含价值判断和案件事实的相互交融,法院对税务机关适用反避税条款的司法审查范围应当包括如下方面:(1)不确定概念的解释是否妥当,是否有违税法原则、违背解释法则或抵触上位规范,是否存在通常的判断标准或客观性要求而未予注意;(2)交易事实的把握是否正确,确认的交易事实是否真实和全面,相关证据是否确实、充分;(3)不确定概念结合具体个案情境的适用,从确认的事实中导出涵摄的逻辑是否合理,是否违背一般公认的价值判断标准,是否违背税法应遵循的原理原则;(4)税务机关所作出的决定是否存在判断瑕疵,如恣意认定和评价事实、忽视本应当考量的事项、考虑了不应当考虑的事项或欠缺相反利益的慎重比较等。

以"儿童投资主基金案"为例。在该案中,税务机关作出反避税调整决定，并未结合该案的情境对所适用的《企业所得税法》第47条中“合理商业目的”以及“698号文”第6条中“滥用组织形式”两个不确定法律概念予以具体化。税务机关仅提供证据证明确认了“儿童投资主基金通过‘TCI-CFC—香港国汇—国益路桥’的股权层级安排，转让CFC公司股权，从而间接转让了杭州国益路桥公司的股权”这一事实，并以此直接导出“该交易不具有合理的商业目的”的结论。[1] 这一涵摄的事实基础并不充分，涵摄过程也欠缺合理的逻辑性。股权层级结构是常见的跨境投资的经济组织形式，通常被认为有利于提高资金使用效率和管理效率。单纯公司“设立于低税率地区，不从事制造、经销、管理等实质性经营活动”的事实，也不足以认定为“组织形式的滥用”。税务机关作出决定时，对股权结构安排形成当时的政策原因和法律限制、CFC公司公开发行债券且承担还本付息和公开信息披露的法定义务等事实，未予以调查并将其纳入考量的范围。采取股权层级结构、间接持有股权的形式，在很大程度上是基于当时的法律和投资环境而不得不为的选择。更重要的是，根据《企业所得税法实施条例》第120条的规定，“不具有合理的商业目的”是指以减少、免除或者推迟缴纳税款为主要目的。目的，通常是指行为主体根据自身的需要，借助意识、观念的中介作用，预先设想的行为目标和结果。那么，只有在税收利益可以预见，而采取间接股权转让这一手段可以预期实现这一利益的情况下，才足以认定这种目的的存在。TCI公司采取直接转让CFC公司股权、间接转让杭州国益公司的股权，这是由其股权层级结构所决定的。这一股权结构的安排形成于2005年，彼时《企业所得税法》尚未制定，TCI公司实际上难以预见是否以及何种税收利益可以通过间接股权转让的方式予以获取。既然税收利益难以预见，又如何通过此种股权层级结构的刻意安排予以套取呢？可以说，在该案中，间接股权转让是否“不具有合理商业目的”“滥用组织形式”，本应

---

〔1〕 浙江省杭州市中级人民法院《儿童投资主基金诉杭州市西湖区国家税务局一审行政判决书》[(2015)浙杭行初字第4号]。

综合全案的所有情境作出判断,但税务机关确认事实以及进行涵摄时,必要的考虑事项的选择存在一定的恣意,仅选取了股权的主要价值创造源于中国境内等对税务机关有利的事实,而对纳税人有利的事项却一概予以旁置,对作出避税认定的理由与反对理由之间进行比较衡量时欠缺谨慎,也未考虑一般的经验法则、商业惯例和投资面临的法律、政策性限制。不难发现税务机关作出的最终判断是存在瑕疵的。法院未能予以审查,直接尊重税务机关认定的事实和反避税条款涵摄的决定,有失其作为征税权的制衡者与纳税人权利的最后救济者的功能定位。

个案适用并非税务机关具体化反避税条款规范内容的唯一方式。国家税务总局制定了大量的规范文件以明确其具体的适用,如"儿童投资主基金案"适用的"698 号文"。在该案中法院仅仅论证了该文在形式上的权威性,以此直接肯定该文的适用效力。这与我国法院对技术标准或技术规范往往出于行政专业性而予以尊重的思路如出一辙。[1] 在"合理商业目的"等不确定概念的存在而使税务机关对避税安排享有一定的活动余地的情况下,国家税务总局固然有权制定相应的行政基准。但这种以规范性文件形式颁发的行政基准不具有天然的合法性,不能直接作为法院审理税务案件的法律依据。[2] "698 号文"等行政基准本身同样可能存在合法性争议,可能违反所依据的上位税法的规定或税法的内在目的、基本原则,或违反比例原则或平等原则,在此情况下当然无基准的适用问题。[3] 即使行政基准本身不存在合法性的争议,将此基准适用于具体案件的方法或其结果的合法性也可能存疑。在适用行政基准时,如错误地认定了事实要件或者违反比例原则,也将构成"违法的裁量滥用"。不确定概念所包含的判断自由并不因行

[1] 俞祺:《行政规则的司法审查强度——基于法律效力的区分》,法律出版社 2018 年版,第 60 页。

[2] 最高人民法院《关于执行〈中华人民共和国行政诉讼法〉若干问题的解释》(法释〔2000〕8 号)第 60 条第 2 款中规定,人民法院审理行政案件,可以在裁判文书中引用合法有效的规章及其他规范性文件。

[3] 《行政诉讼法》第 64 条。

政基准的制定而消灭。因此,即使是合法且大致合理的解释基准,“机械地”或“统一地”予以适用做出“僵硬”的决定,无视或轻视应考虑的特殊事由,同样可能导致明显不当的结果。[1] 可以说,法院对于“698 号文”的效力判断及其适用过于粗疏,除了降低对纳税人权利的保护程度外,实际上也限制了上述基准得以反思的可能性。

以“698 号文”为例,其效力并不是完全不容置喙的。除去明显的“溯及适用”的硬伤外[2],该文能否构成《企业所得税法》第 47 条包含的“合理商业目的”这一不确定概念具体化的“解释基准”,是值得怀疑的。行政裁量基准是“将裁量规则予以具体化,以判断选择的标准化为个案中的裁量决定提供更为明确具体的指引”。[3] 就“698 号文”第 6 条的规定来看,“境外投资方(实际控制方)通过滥用组织形式等安排间接转让中国居民企业股权,且不具有合理的商业目的,规避企业所得税纳税义务的,主管税务机关……否定被用作税收安排的境外控股公司的存在”,仅仅是对第 47 条中“不具有合理商业目的”的简单重复,并没有使“合理商业目的”这一概念得以清晰化和具体化,纳税人对税务机关反避税调整的可预见性并未因此得到提高。法院强调其是“税务机关如何认定‘不具有合理商业目的’及如何‘按照合理方法调整’”的“技术性、程序性规定”,并当然认可其适用效力,未免过于牵强。[4] 法院仅仅强调了“698 号文”第 6 条作为该案实施纳税调整的法律依据,却并未审查税务机关作出的纳税调整是否符合“696 号文”的规定,是否存在需要特别考虑的特殊情形等,未能真正发挥司法制约征税权行使的功能。长此以往,完全可能造成税务机关认定避税安排、实施特别纳税调整越发任性、纳税人动辄得咎的结果。

---

〔1〕［日］平冈久:《行政立法与行政基准》,宇芳译,中国政法大学出版社 2014 年版,第 256 页。
〔2〕“698 号文”颁布于 2009 年 12 月,但溯及至 2008 年 1 月 1 日适用。
〔3〕王贵松:《行政裁量基准的设定与适用》,载《华东政法大学学报》2016 年第 3 期。
〔4〕浙江省杭州市中级人民法院《儿童投资主基金诉杭州市西湖区国家税务局一审行政判决书》[(2015)浙杭行初字第 4 号]。

回避对行政裁量基准的审查而直接予以适用，并不符合《行政诉讼法》的立法目的。对反避税条款中的不确定概念予以具体化而制定的裁量基准并不具有天然的合法性，不当然应当受到司法的尊重。法院对个案中适用的裁量基准同样有必要予以一定的审查。以实现不确定概念的具体化为目标的裁量基准，本质上即是法律解释。[1] 因此，法院应当有必要审查税务机关作出的解释是否在被解释的法律概念语义的射程范围之内，以及是否已对被解释的法律中模糊、相互冲突的文字予以阐释，解释方法是否得当，在考虑不确定概念的多义解释方案时，税务机关作出的解释是否合理等。[2] 当然，如果税法条文中采用的不确定概念是立法机关有意预留给税务机关予以填补的空白领域，如金融商品，那么，对于不确定概念的具体化就不再是法律解释的问题，而是政策性问题。在这种情况下，只要税务机关作出的政策选择在立法机关所允许的范围之内，遵循法定的程序制定不确定概念的具体化基准，那么，法院就有必要予以尊重，不能再以自己的判断取代税务机关的政策选择。[3]

五、结语

税法具有天然的"财产侵夺"的特性。反避税条款赋予税务机关无视纳税人采取的法律形式而以自行判定的经济实质进行税法条文的涵摄的权力。然而，反避税条款内含的语义含糊、内涵不明确的不确定概念决定了该条款的适用存在概然性判断，在授予判断自由以实现个案正义的同时，却使此项权力具有更大的侵略性。特别纳税调整权是一项"超越税法文义""类

---

〔1〕 王留一：《论行政规范性文件司法审查标准体系的建构》，载《政治与法律》2017 年第 9 期。

〔2〕 魏治勋：《文义解释在法律解释方法中的优位性及其限度》，载《求是学刊》2014 年第 4 期。

〔3〕 [美]理查德·J. 皮尔斯：《行政法》(第 5 版)，苏苗罕译，中国人民大学出版社 2016 年版，第 131 页。

推适用”税法的扩张性权力,[1]更使此种概然性判断可能蔓延至整体税法,因此将大大降低税法的确定性和可信赖程度,成为一项极为危险的权力。

囿于自身税法专业知识的欠缺和专业人才的匮乏,我国法院在审理税务案件时往往谨慎和保守。在反避税案件中,面临复杂、多重迂回、异常的交易形式的考察,税法条文的立法意旨与规范目的的审视,纳税人主观意图的考量,法院更是望而却步。这种态度在最高人民法院近来公布的两个典型案例中得以体现。简单一句“尊重税务机关的专业判断”,结果是面临反避税调整的纳税人权利救济之路的彻底阻断。专业判断绝不能成为法院在税法领域,尤其是反避税领域,完全退让的借口。否则,在反避税条款单向适用的思维之下,税务机关将在不确定概念形成的自由判断空间内享有一项不受拘束和制约的权力。在反避税条款开放的立法结构下,法院更有必要担负起纳税人权利保护和对税务机关的专业判断予以制衡的司法监督之职。司法节制并非法院专业判断不能的当然选择。相反,提升税法专业审判能力、真正发挥法院钳制征税权行使的功能,方是未来的正途。

---

〔1〕 David A. Weisbach, “Formalism in the Tax Law”, *The University of Chicago Law Review* 66, 1999, p. 860.

参考文献

一、中文文献

（一）中文专著

1.［德］阿图尔·考夫曼：《法律获取的程序——一种理性的分析》，雷磊译，中国政法大学出版社2015年版。

2.［美］安德雷.马默主编：《法律与解释》，张卓明、徐宗立等译，法律出版社2006年版。

3.［美］安德瑞·马默：《解释与法律理论》，程朝阳译，中国政法大学出版社2012年版。

4.［德］奥托·基尔克：《私法的社会任务——基尔克法学文选》，刘志阳、张小丹译，中国法制出版社2017年版。

5.［日］北野弘久：《日本税法学原论》，郭美松、陈刚译，中国检察出版社2008年版。

6.［英］彼得·斯坦、约翰·季德：《西方社会的法律价值》，王献平译，中国人民公安大学出版社1989年版。

7. 毕玉谦：《民事诉讼证明妨碍研究》，北京大学出版社2010年版。

8.［美］E.博登海默：《法理学、法律哲学与法律方法》，邓正来译，中国政法大学出版社 2004 年版。

9. [德]伯恩·魏德士：《法理学》，丁晓春、吴越译，法律出版社 2013 年版。

10. 陈敏：《德国租税通则》，台北，中国台湾地区司法管理机构 2013 年版。

11. 陈敏：《德国行政法院逐条释义》，台北，中国台湾地区司法管理机构 2000 年版。

12. 陈清秀：《税法总论》，台北，元照出版公司 2012 年版。

13. 陈清秀：《税法之基本原理》，台北，三民书局 1994 年版。

14. 陈清秀：《税法各论》，法律出版社 2016 年版。

15. 陈清秀：《行政罚法》，法律出版社 2016 年版。

16. 崔建远主编：《合同法》（第 5 版），法律出版社 2014 年版。

17. [日]高桥宏志：《民事诉讼法制度与理论的深层分析》，林剑锋译，法律出版社 2003 年版。

18. 葛克昌、贾绍华、吴德丰：《实质课税与纳税人权利保护》，台北，元照出版公司 2012 年版。

19. 葛克昌：《所得税与宪法》（第 3 版），台北，翰芦图书出版有限公司 2009 年版。

20. 葛克昌：《纳税者权利保护法析论》，台北，元照出版公司 2018 年版。

21. 葛克昌主编：《避税案件与行政法院判决》，台北，翰芦图书出版有限公司 2010 年版。

22. 葛克昌、刘剑文、吴德丰：《税捐证据法制探讨暨台湾 2012 最佳税法判决》，台北，元照出版公司 2013 年版。

23. 葛克昌：《行政程序与纳税人基本权》，台北，翰芦图书出版有限公司 2012 年版。

24. [英]H. L. A. 哈特：《法律的概念》，许家馨、李冠宜译，法律出版社

2012 年版。

25. [德]哈特穆特·毛雷尔:《行政法学总论》,高家伟译,法律出版社 2000 年版。

26. [德]汉斯·约阿希姆·穆则拉克:《德国民事诉讼法基础教程》,周翠译,中国政法大学出版社 2005 年版。

27. [德]汉斯·J. 沃尔夫、奥托·巴霍夫、罗尔夫·施托贝尔:《行政法》,高家伟译,商务印书馆 2007 年版。

28. 贺燕:《实质课税原则的法理分析与立法研究——实质正义与税权的横向配置》,中国政法大学出版社 2015 年版。

29. 黄茂荣:《法学方法与现代民法》,法律出版社 2007 年版。

30. 黄茂荣:《税法总论——法学方法与现代税法》,台北,植根杂志社有限公司 2012 年版。

31. 黄士洲:《税务诉讼的举证责任》,北京大学出版社 2004 年版。

32. 郝琳琳:《信托所得课税法律问题研究》,法律出版社 2013 年版。

33. 姜明安主编:《行政法与行政诉讼法》(第 6 版),高等教育出版社、北京大学出版社 2015 年版。

34. 姜世明:《民事证据法实例研习》(一),台北,新学林出版股份有限公司 2008 年版。

35. [日]金子宏:《日本税法》,战宪斌、郑林根等译,法律出版社 2004 年版。

36. 经济合作与发展组织:《OECD/G20 税基侵蚀和利润转移(BEPS)项目:2015 年成果最终报告》,中国税务出版社 2016 年版。

37. [德]卡尔·拉伦茨:《法学方法论》,陈爱娥译,商务印书馆 2003 年版。

38. [德]卡尔·恩吉施:《法律思维导论》,郑永流译,法律出版社 2014 年版。

39. [美]肯尼斯·卡尔普·戴维斯:《裁量正义》,毕洪海译,商务印书馆 2009 年版。

40. [德]莱奥·罗森贝克:《证明责任论》(第 5 版),庄敬华译,中国法制出版社 2018 年版。

41. [美]理查德·A. 波斯纳:《法理学问题》,苏力译,中国政法大学出版社 2002 年版。

42. [美]理查德·J. 皮尔斯:《行政法》(第 5 版),苏苗罕译,中国人民大学出版社 2016 年版。

43. 李学灯:《证据法比较研究》,台北,五南图书出版股份有限公司 1992 年版。

44. 刘剑文、熊伟:《税法基础理论》,北京大学出版社 2004 年版。

45. 刘继虎:《法律视角下的信托所得税制——以民事信托所得课税为中心》,北京大学出版社 2012 年版。

46. [美]罗纳德·德沃金:《认真对待权利》,信春鹰、吴玉章译,上海三联书店 2008 年版。

47. 骆家永:《民事举证责任论》,台北,“商务印书馆”1978 年版。

48. [美]尼古拉·雷舍尔:《推定和临时认知实践》,王进喜译,中国法制出版社 2003 年版。

49. [美]尼尔·K. 考默萨:《法律的限度——法治、权利的供给与需求》,申卫星、王琦译,商务印书馆 2007 年版。

50. [日]平冈久:《行政立法与行政基准》,宇芳译,中国政法大学出版社 2014 年版。

51. [德]普维庭:《现代证明责任问题》,吴越译,法律出版社 2006 年版。

52. [美]斯科特·夏皮罗:《合法性》,郑玉双、刘叶深译,中国法制出版社 2016 年版。

53. [美]史蒂芬·霍尔姆斯、凯斯·R. 桑斯坦:《权利的成本——为什么自由依赖于税》,毕竟悦译,北京大学出版社 2004 年版。

54. [日]田村悦一:《自由裁量及其界限》,李哲范译,中国政法大学出版社 2016 年版。

55. 王士帆:《不自证己罪原则》,台北,冠顺印刷事业有限公司 2007 年版。

56. 王宗涛:《一般反避税条款研究》,法律出版社 2016 年版。

57. 翁岳生:《法治国家之行政法与司法》,台北,月旦出版有限公司 1994 年版。

58. 吴金柱:《所得税法之理论与实用》(上),台北,五南图书出版股份有限公司 2008 年版。

59. 肖建国、包建华:《证明责任:事实判断的辅助方法》,北京大学出版社 2012 年版。

60. 肖太福、曾明生:《税收犯罪的司法实践与理论探索——税收刑法学的多维视角研究》,中国检察出版社 2013 年版。

61. 徐晨:《权力竞争:控制行政裁量权的制度选择》,中国人民大学出版社 2007 年版。

62. [德]亚图·考夫曼:《类推与“事物本质”——兼论类型理论》,吴从周译,台湾学林文化实业有限公司 1999 年版。

63. 杨仁寿:《法学方法论》(第 2 版),中国政法大学出版社 2013 年版。

64. 俞祺:《行政规则的司法审查强度——基于法律效力的区分》,法律出版社 2018 年版。

65. 俞敏:《税收规避法律规制研究》,复旦大学出版社 2012 年版。

66. 于鹏:《民事诉讼证明妨碍研究》,中国政法大学出版社 2014 年版。

67. 占善刚:《证据协力义务之比较法研究》,中国社会科学出版社 2009 年版。

68. 张守文:《税法原理》,北京大学出版社 2007 年版。

69. [日]佐伯仁志:《制裁论》,丁胜明译,北京大学出版社 2018 年版。

(二)中文期刊

1. 鲍灵光:《反避税过程中举证责任问题探析》,载《税收经济研究》2012 年第 4 期。

2. 毕玉谦:《试论表见证明的基本属性与应用功能之界定》,载《证据科学》2007 年第 6 期。

3. 陈少英:《避税行为非法性质疑》,载《现代财经》2006 年第 10 期。

4. 陈兴良:《形式与实质的关系:刑法学的反思性检讨》,载《法学研究》2008 年第 6 期。

5. 陈兴良:《刑法中的责任:以非难可能性为中心的考察》,载《比较法研究》2018 年第 3 期。

6. 陈学权:《刑事陪审中法律问题与事实问题的区分》,载《中国法学》2017 年第 1 期。

7. 陈敏:《租税稽征程序之协力义务》,载《政大法学评论》1988 年第 37 期。

8. 陈瑞华:《刑事诉讼中的证明标准》,载《苏州大学学报》2013 年第 8 期。

9. 崔威:《中国税务行政诉讼实证研究》,载《清华法学》2015 年第 3 期。

10. 伏创宇:《行政判断余地的构造及其变革——基于核能规制司法审查的考察》,载《华东政法大学学报》2014 年第 5 期。

11. 高秦伟:《论行政诉讼的证明标准》,载《证据科学》2008 年第 4 期。

12. 高仁川:《判断余地理论于台湾环评诉讼之适用》,载《月旦法学杂志》2015 年第 2 期。

13. 葛克昌:《借税捐简化以达量能平等负担——核实、实价与推计课税之宪法基础》,载《交大法学》2014 年第 1 期。

14. 戈军、纪烨:《国外转让定价罚则的现状及在我国的进展》,载《国际税收》2008 年第 1 期。

15. 苟海波:《避税行为法律评价研究》,载《法制与社会发展》2000 年第 8 期。

16. 郭维真:《我国推定课税制度的法理研析》,载《税务研究》2014 年第 2 期。

17. 贺燕、周序中:《税法举证责任分配规则新议》,载《税务研究》2016 年第 6 期。

18. 胡学军:《表见证明理论批判》,载《法律科学(西北政法大学学报)》2014 年第 4 期。

19. 黄茂荣:《销售当事人之认定》,载《植根杂志》2010 年第 28 卷第 3 期。

20. 黄先雄:《德国行政诉讼中司法权的边界及其成因》,载《比较法研究》2013 年第 2 期。

21. 黄源浩:《论进项税额抵扣权之成立及行使》,载《月旦法学杂志》2005 年第 3 期。

22. 黄源浩:《税捐规避行为与处罚》,载《月旦法学杂志》2010 年第 12 期。

23. 黄奕超:《推计课税之适用范围》,载《台湾法学》2013 年第 228 期。

24. [日]吉良实:《实质课税主义》(上),郑俊仁译,载《财税研究》1987 年第 2 期。

25. [德]卡尔·埃博哈特·海因:《不确定法律概念和判断余地——一个教义学问题的法理判断》,载《财经法学》2017 年第 1 期。

26. 孔丹阳、冯道宇:《澳大利亚〈跨国企业反避税法案〉评析》,载《税务研究》2017 年第 7 期。

27. 雷虹云:《加强一般反避税管理、提高反避税能力——〈反避税实施办法(试行)〉之“一般反避税管理”》,载《涉外税务》2009 年第 6 期。

28. 李惠宗:《实质课税可以作为逃漏税之证据吗?——兼论实质课税适用上的界限》,载《台湾法学杂志》2012 年第 5 期。

29. 廖仕梅:《从民法视角探析推定课税——基于“最高人民法院提审广州德发公司案例”分析》,载《地方财政研究》2015 年第 10 期。

30. 林其玄:《税捐规避行为可罚性之探讨》,载《中正大学法学集刊》2016 年第 50 期。

31. 林德木:《论国际税收情报交换程序中的纳税人的参与权》,载《税务与经济》2003 年第 2 期。

32. 廖益新:《转让定价文档规则正当性研究——兼议纳税人协力义务》,载《现代法学》2018 年第 2 期。

33. 刘剑文、丁一:《避税之法理新探》(上),载《涉外税务》2003 年第 8 期。

34. 刘映春:《实质课税原则的相关法律问题》,载《中国青年政治学院学报》2012 年第 1 期。

35. 刘继虎:《论形式移转不课税原则》,载《法学家》2008 年第 2 期。

36. 刘继虎:《论推定课税的法律规制》,载《中国法学》2008 年第 1 期。

37. 聂森、熊伟:《重塑税收核定:我国税收行政确定的建构路径》,载《税务研究》2015 年第 12 期。

38. 任超:《我国一般反避税举证责任规则的构建》,载《兰州学刊》2017 年第 1 期。

39. 邵朱励:《避税行为违法性探析——以〈企业所得税法〉第六章为证》,载《山西财政税务专科学校学报》2010 年第 1 期。

40. 孙远:《论事实推定》,载《证据科学》2013 年第 6 期。

41. 孙远:《不强迫自证其罪条款之实质解释论纲》,载《政法论坛》2016 年第 2 期。

42. 申卫星:《期待权研究导论》,载《清华法学》2002 年第 1 期。

43. 滕祥志:《实质课税的中立性及其与税收法定原则的关系》,载《国际税收》2015 年第 10 期。

44. 王志远:《在“公益”与“私权”之间:违法性认识问题再认识》,载《法学家》2015 年第 1 期。

45. 王贵松:《行政裁量基准的设定与适用》,载《华东政法大学学报》2016 年第 3 期。

46. 王贵松:《论行政裁量的司法审查强度》,载《法商研究》2012 年第 4 期。

47. 王惠:《推定课税权制度探讨》,载《法学家》2004 年第 3 期。

48. 王利明:《关于无效合同确认的若干问题》,载《法制与社会发展》2002 年第 5 期。

49. 王留一:《论行政规范性文件司法审查标准体系的建构》,载《政治与法律》2017 年第 9 期。

50. 王雄飞:《论事实推定和法律推定》,载《河北法学》2008 年第 6 期。

51. 王睿:《期待权概念之理论源流与界定》,载《北方法学》2017 年第 2 期。

52. 魏治勋:《文义解释在法律解释方法中的优位性及其限度》,载《求是学刊》2014 年第 4 期。

53. 翁武耀:《避税概念的法律分析》,载《中外法学》2015 年第 3 期。

54. 吴杰:《德国的证明责任的减轻理论之研究——以表见证明为中心》,载田平安主编:《比较民事诉讼论丛》,法律出版社 2005 年版。

55. 伍劲松:《行政判断余地之理论、范围及其规制》,载《法学评论》2012 年第 3 期。

56. 肖萍:《论行政程序中证明责任的分配规则》,载《法学论坛》2010 年第 2 期。

57. 肖太寿:《关于国际避税实质违法性的探析》,载《经济研究参考》

2012 年第 45 期。

58. 解志勇:《行政裁量与行政判断余地及其对行政诉讼的影响》,载《法治论丛》2005 年第 5 期。

59. 徐继敏:《税务行政程序证据规则研究》,载《税务研究》2010 年第 3 期。

60. 闫海:《绳结与利剑:实质课税原则的事实解释功能》,载《法学家》2013 年第 3 期。

61. 闫海:《推定征税的权义结构分析》,载《税务与经济》2007 年第 2 期。

62. 叶姗:《应税事实依据经济实质认定之稽征规则——基于台湾地区"税捐稽征法"第 12 条之 1 的研究》,载《法学家》2010 年第 1 期。

63. 俞敏:《效率视野中的个人所得税源泉扣缴制度——兼论扣缴义务人的税法主体地位》,载《上海财经大学学报》2005 年第 4 期。

64. 于立深:《行政事实认定中不确定法理概念的解释》,载《法制与社会发展》2016 年第 6 期。

65. [美]约·斯林孟德:《优化税制理论与税制优化》,载《税收译丛》1997 年第 5 期。

66. 张福广:《德国行政判断余地的司法审查》,载《行政法学研究》2017 年第 1 期。

67. 周翠:《从事实推定走向表见证据》,载《现代法学》2014 年第 6 期。

68. 朱大旗、李帅:《纳税人诚信推定权的解析、溯源与构建——兼评〈税收征收管理法〉修订草案(征求意见稿)》,载《武汉大学学报》(哲学社会科学版)2015 年第 6 期。

69. 周士逵、冯之东:《行政证据制度的证明标准》,载《甘肃政法学院学报》2008 年第 1 期。

二、外文文献

1. America Institute of Certified Public Accountants, Penalty Reform Task Force, Report on Civil Tax Penalties: the Need for Reform, 2013, See https://www. aicpa. org/content/dam/aicpa/advocacy/tax/taxlegislationpolicy/downloadabledocuments/aicpa-report-civil-tax-penalty-reform-2013. pdf.

2. Allen D. Madison, "The Tension between Textualism and Substance-over-form Doctrines in Tax Law", *Santa Clara Law Review* 43, 2003, pp. 699 – 750.

3. Alex Raskolnikov, "Relational Tax Planning Under Risk-Based Rules", *University of Pennsylvania Law Review* 156, 2008, pp. 1182 – 1262.

4. Alexandra M. Walsh, "Formally Legal Probably Wrong: Corporate Tax Shelters, Practical Reason and the New Textualism", *Stanford Law Review* 53, 2001, pp. 1541 – 1579.

5. Alvin C. Warren, "The Requirement of Economic Profit in Tax Motivated Transactions" *The Tax Magazine* 59, 1981, pp. 985 – 992.

6. Boris I. Bittker & Kenneth M. Kaufman, "Taxes and Civil rights: 'Constitutionalizing' the Internal Revenue Code", *The Yale Law Review* 82, 1972, pp. 51 – 87.

7. Craig J. Langstraat & Emily S. Lemmon, "Economic Nexus: Legislative Presumption or Legitimate Proposition?", *Akron Tax Journal* 14, 1999, pp. 1 – 25.

8. Christopher M. Pietruszkiewicz, "Economic Substance and the Standard of Review", *Alabama Law Review* 60, 2009, pp. 339 – 376.

9. Charlene D. Luke, "Risk, Return, and Objective Economic Substance", *Virginia Tax Review* 27, 2007, pp. 783 – 832.

10. Daniel J. Glassman, "'It's not A Lie If You Believe It': Tax Shelters And the Economic Substance Doctrine", *Florida Law Review* 58, 2006, pp. 665 – 711.

11. David P. Hariton, "Sorting out the Tangle of Economic Substance", *Tax Lawyer* 52, 1998, pp. 235 – 274.

12. David P. Hariton, "When and How Should the Economic Substance Doctrine Be Applied?", *Tax Law Review* 60, 2006, pp. 29 – 56.

13. David Shores, "Textualism and Interionalism in Tax Litigation", *The Tax Lawyer* 61, 2007, pp. 53 – 79.

14. David A. Weisbach, "Formalism in the Tax Law", *The University of Chicago Law Review* 66, 1999, pp. 860 – 886.

15. David A. Weisbach, "Ten Truths about Tax Shelters", *Tax Law Review* 55, 2002, pp. 215 – 253.

16. David A. Weisbach, "An Efficiency Analysis of Line Drawing in the Tax Law", *The Journal of Legal Studies* 29, 2000, pp. 71 – 97.

17. David A. Weisbach, "The (non) Taxation of Risk", *Tax Law Review* 58, 2004, pp. 1 – 58.

18. David B. McGinty, "Economic Substance, Business Purpose, and Tax Avoidance in Section 351 Contingent Liability Transactions after Black? Decker, Coltec, and Herules", *Cumberland Law Review* 36, 2005, pp. 1 – 61.

19. David Laro, "Economic Substance: A View from the Tax Court", The Tax Executive 52, 2000, pp. 44 – 48.

20. Dennis J. Ventry Jr., "Save the Economic Substance Doctrine from Congress", *Tax Notes* 118, 2008, pp. 1405 – 1410.

21. Donald L. Korb, "Codification of the Judicial Economic Substance Doctrine", *Tax Law and Estate Planning* 825, 2008, pp. 379 – 387.

22. Frans Vanistendael, "Taxation, Tax Avoidance and the Rule of Law", *Asia-Pacific Tax Bulletin* 3, 2010.

23. Government Accountability Office, Report to the Committee on Finance, US Senate, Tax Administration: IRS Should Evaluate Penalties and Develop a Plan Its Efforts, June 2009.

24. IFA, *Protection of Confidential Information in Tax Matters*, Cahiers de Droit Fiscal International, Volume 75b, Berlin, Springer, 1995.

25. John F. Manning, "Textualism and Legislative Intent", *Virginia Tax Law* 91, 2005, pp. 419 – 450.

26. Jonathan Vita, *General Theory of Anti-Avoidance Rules: Classification and (Re) definition*, Düsseldorf, LAP Lambert Academic Publishing, 2010.

27. Jason Quinn, "Being Punished for Obeying the Rules: Corporate Tax Planning and Overly Broad Economic Substance Doctrine", *Geo. Mason Law Review* 15, 2008, pp. 1041 – 1080.

28. Jeff Rector, A Review of the Economic Substance Doctrine, *Stanford Journal of Law, Business & Finance* 10, 2005, pp. 179 – 183.

29. Joseph Bankman, "The Economic Substance Doctrine", *Southern California Law Review* 74, 2000, pp. 5 – 30.

30. Joseph Isenbergh, "Musing on Form and Substance in Taxation", *The University of Chicago Law Reveiw* 49, 1982, pp. 859 – 884.

31. Joshua D. Blank, "Overcoming Overdisclosure: Towward Tax Shelter Detection", *UCLA Law Review* 56, 2009, pp. 1629 – 1690.

32. Kyle D. Logue, "Tax Law Uncertainty and the Role of Tax Insurance", *Virginia Tax Law* 25, 2006, pp. 339 – 414.

33. Kyle D. Logue, "Optimal Tax Compliance and Penalties When the Law Is Uncertain", *Virginia Tax Law* 27, 2007, pp. 241 – 296.

34. Lawrence M. Hill & Alexandra Minkovich, Tax Policy Gone Wild: Harsh Penalties as Revenue Raisers, *Tax Notes* 115, 2007, pp. 79 - 81.

35. Leandra Lederman, "W(h)ither Economic Substance?", *Ionwa Law Review* 95, 2010, pp. 389 - 444.

36. Louis Kaplow, "Rules versus Standards: an Economic Analysis", *Duke Law Journal* 42, 1992, pp. 557 - 629.

37. Mark P. Gergen & Paula Schmitz, "the Influence of Tax Law on Securities Innovation in the United States: 1981 - 1997", *Tax Law Review* 52, 1997, pp. 119 - 197.

38. Marvin A. Chirelstein & Benjamin B. Lopata, "Recent Delevopments in the Step-Transaction Doctrine", *The Tax Magazine* 60, 1982, pp. 970 - 979.

39. Michiel Luchtman, *European Cooperation between Financial Supervisory Authorities, Tax Authorities and Judicial Authorities*, Cambridge, Intersentia Publishers, 2008.

40. Michael L. Schler, "Ten More Truths about Tax Shelters: the Problem, Possible Solutions, and A Replay to Professor Weisbach", *Tax Law Review* 55, 2002, pp. 325 - 392.

41. Mik Shin-Li, "Strictly Wrong as a Tax Policy: the Strict Liability Penalty Standard in Noneconomic Substance Transactions", *Fordham Law Review* 78, 2010, Vol. 78, pp. 2009 - 2050.

42. Noël B. Cunningham & James R. Repetti, "Textualism and Tax Shelters", *Virginia Tax Review* 24, 2004, pp. 1 - 63.

43. Peter C. Canellos, "A Tax Practitioner's Perspective on Substance, Form and Business Purpose in Structuring Business Transactions and in Tax Shelters", *SMU Law Review* 54, 2001, pp. 47 - 72.

44. Richard Janda, "Why Does Form Matter? The Hybrid Governance

structure of Makivik Corporation", *Vermont Law Review* 30,2006,pp. 786 - 822.

45. Robert Thornton Smith, "Business Purpose: The Assault upon the Citadel", *Tax Lawyer* 53,2000,pp. 1 - 34.

46. Roberto Greco de Souza Ferreira, "Form versus Substance: A comparison of Brazil's Tax System to the Tax System of the United States of America", *the University of Miami Inter-American Law Review* 35,2004, pp. 311 - 343.

47. Roy Rohatgi, *Basic International Taxation*, *Graham & Trotman LTD*, Kluwer law and Taxation Publishers and Martinus Nijhoff Publishers,2002.

48. Russell B. Korobkin, "Behavioral Analysis and legal Form: Rules vs. Standards Revisited", *Or. L. Rev* 79. 2000,pp. 23 - 60.

49. Shannon Weeks McCormack, "Tax Shelters and Statutory Interpretation: A Much Needed Purposive Approach", *University of Illinois Law Review* 3,2009,pp. 697 - 772.

50. Stephen S. Bowen, "Whither Business Purpose?", *Taxes* 80,2000, pp. 275 - 312.

51. Thomas Kathleen Delaney, "The Case against a Strict Liability Economic Substance Penalty", *University of Pennsylvania Journal of Business Law* 13,pp. 445 - 497.

52. Tina Steward Quinn & Kortney White, "The Economic Substance Doctrine: A Double-Edged", *Taxes* 7,2003,pp. 27 - 48.

53. Violeta Ruiz Almendral, "Tax Avoidance and the European Court of Justice: What is at Stake for European General Anti-Avoidance Rules?", *Intertax* 13,2003,pp. 560 - 582.

54. Walter J. Blum, "Motive, Intent, and Purpose in Federal Income

Taxation", *the University of Chicago Law Review* 34, 1967, pp. 485 – 544.

55. William A. Drennan, "Strict Liability and Tax Penalties", *The Oklahoma Law Review* 62, 2010, pp. 1 – 54.

56. Wolfgang Schön, *Die Zivilrechtlichen Voraussetzungen Steuerlicher Leistungsfähigkeit*, Stu W, 2005, S. 251.

57. Yoram Keinan, "The Many Faces of the Economic Substance's Two-Prong Test, Time for Reconciliation?", *NYU Journal of Law and Business* 1, 2005, pp. 371 – 456.

58. Yoram Keinan, "Rethinking the Role of the Judicial Step Transaction Principle and A Proposal for Codification", *Akron Tax Journal* 22, 2007, pp. 45 – 100.

59. Zachary Nahass, "Codifing the Economic Substance Doctrine: A Proposal on the Doorstep of Usefulness", *Administrative Law Review* 58, 2006, pp. 247 – 268.

代后记：
税法研究的初心与回归

迟迟不愿下笔写就后记，也许在潜意识里，这个主题的研究远未到可以封卷的时刻。

反避税是税法领域中永恒的主题，即使是“汗牛充栋”，亦不足以形容已有的研究成果。对于这样的研究主题，究竟尚有多少悬而未决的理论争议、尚有多大的学术创新空间，一直心存疑问，因此在很长时间里对这一领域望而却步，不敢有所涉猎。近10年来，反避税制度与实践在我国有了长足进步。然而，在反避税实践蓬蓬勃勃地推进的背景下，“经济实质为先”的观念渐有绝对化的趋势，不仅纳税人每每动辄得咎，在立法上甚至以此为由抛却经济活动的法律关系的羁绊而以其“可能”的经济实质为基础确立税收构成要件。因国库利益之名，税务机关的反避税调整权不断扩容，不免发生侵蚀纳税人乃至整个私人部门的经济利益的隐忧。事实上，在诸项征税权能中，反避税调整权显然是一项更具有攻击性的权力，一旦行使不当，对纳税人影响甚巨。正因如此，一直认为总该做些什么，并非置喙反避税的必要性,而是研究反避税的“度”应该何在。

即使已有卷帙浩繁的研究成果,研究依然举步维艰。在税法领域中,“税”为先,还是“法”为重,本就未有定论。税本因法而生,法不仅定税之课征,更形塑其课征之道。然而,关涉公共利益的国库保护常常具有优先性。反避税不仅获得了不言自明的当然的合理性,更是居于“疑则调整”的强势之地。这种思路不仅影响了相关的反避税立法,更影响了整体的税法研究思维。“税于法先”成为多数研究的立论基础。在这一思路下,如何防止国库可能受到的侵蚀成为重中之重,而对反避税调整权的规范与限制却被旁置。尽管亦有不少研究对此有所涉及,却多是浅尝辄止。本书正欲秉持“以法制税”的观念,对税务机关实施反避税调整的实体标准与程序规则展开全面思考。也就是说,反避税应当回归“法”的研究。税法之初心,固然可以为国家创造财源,但根本在以此实现国民公共欲望之满足,切不可本末倒置,一味以税之课征为第一要义。不当利用税法漏洞的避税安排应当予以制止,却不宜动辄祭起反避税的大旗,对包含刻意的法律形式选择的交易一概予以调整。

不仅如此,反避税的研究包含广泛的射程范围,触及众多的税法基础理论问题。遗憾的是,在寻求相关的理论支撑的过程中,税法基础理论的单薄甚至缺失,常常使研究有捉襟见肘的窘迫之感,每每让人扼腕叹息。从整体上而言,尽管近年来财税法基础理论的研究已有长足进展,却依然难以望民刑等传统法律部门之项背。究其原因乃在于,税法学的研究常常以税为起点,税的特质在此过程中大而化之。税法理论犹如法律理论体系上结出的怪异花朵,税法亦在法律这一家族里特立独行。然则,税法不仅是“税”的,更是“法”的。用以形塑税收的每一项制度首先应当是法律规则,其制度的构建应有必要回溯其法理之本源,探求制度的价值与基本制度机理。这也正是本书所意欲推进的,对反避税问题的研究不停留在具体规则本身,而是以基本的法律价值与制度标准评判现有规则之得失并以此完善、建构新的规则。在这过程中,对法学基础理论乃至其他法律部门成熟的基础理论亦多有利用,以期由此积淀更多的税法领域的特殊理论成果。

本书完成于任职的中国青年政治学院面临"群团改革"期间。彼时原本宁静的生活被打破,未来似乎一夜之间变得茫然而不可知。在"变动"的环境里,更能体味头顶高悬反避税这一"达摩克利斯之剑"的纳税人因税收风险而产生的焦虑与无奈。反避税制度应当具有一定的包容性,以保证税务机关能够灵活应对层出不穷、形式各异的避税安排,但如何尽可能地减少反避税制度实施的不确定,也应当是反避税制度建构中必须考虑的重要因素之一。国家与纳税人之间本就是"征税共同体",国家与纳税人之间唇齿相依。因此,避税应反之有度,两者之间的利益应当有所平衡。这绝非中庸之道,而是税收取自私人亦将回归私人的必然选择。

生活的变动似乎早已随着中国青年政治学院教学部门的整体划转而结束,却也远未结束。在中国社会科学院大学这一全新的平台上,周遭已不再是熟悉的人与事,整体氛围亦是风格迥异。既已选择以学术为生,自然甘于生活的清贫、枯燥与波澜不惊。作为高校学者、所求者,不过是三尺讲台和一方书桌,那是我们的战场,亦是学术的初心。作为全国最年轻的高校,整体的教学科研环境正在一点点地稳步推进建设。

无论如何,生活总是要继续的,正如税务机关与纳税人之间的博弈永不会停歇,反避税的研究也不会就此结束。也许有一日筵席将会散去,研究会遇有"瓶颈",但既然未来可期,总要亦步亦趋地前行。即使长路漫漫,也终有柳暗花明的那一刻。

从教已近十年,收获些许的成果,虽不足以道之,却依然是自己殚精竭虑之作,敝帚自珍之心不欲掩饰。想来与法律出版社甚有缘分,尤其感谢法律出版社 2018 年推出的"青年法学学术著作出版基金资助计划",才使本书有幸得以呱呱坠地。更得陈妮编辑第三次为自己的专著操刀,其敬业与细致为本书的顺利出版助益颇多,幸甚幸甚。

终是到了付梓出版的时刻,欣欣然,静待方家指正。

是为记。

己亥年春于昆玉河畔寓所

2019 年 4 月 16 日

图书在版编目(CIP)数据

一般反避税制度法律问题研究 / 汤洁茵著. -- 北京：法律出版社，2020
ISBN 978 - 7 - 5197 - 3877 - 8

Ⅰ. ①一… Ⅱ. ①汤… Ⅲ. ①避税－税法－研究－中国 Ⅳ. ①D922.220.4

中国版本图书馆 CIP 数据核字(2019)第 209729 号

一般反避税制度法律问题研究
YIBAN FANBISHUI ZHIDU FALÜ WENTI YANJIU

汤洁茵 著

责任编辑 陈 妮
装帧设计 李 瞻

出版 法律出版社
总发行 中国法律图书有限公司
经销 新华书店
印刷 天津嘉恒印务有限公司
责任校对 马 丽
责任印制 吕亚莉

编辑统筹 法治与经济出版分社
开本 710 毫米×1000 毫米 1/16
印张 19.75
字数 254 千
版本 2020 年 1 月第 1 版
印次 2020 年 1 月第 1 次印刷

法律出版社／北京市丰台区莲花池西里 7 号(100073)
网址／www.lawpress.com.cn
投稿邮箱／info@lawpress.com.cn
举报维权邮箱／jbwq@lawpress.com.cn
销售热线／400 - 660 - 8393
咨询电话／010 - 63939796

中国法律图书有限公司／北京市丰台区莲花池西里 7 号(100073)
全国各地中法图分、子公司销售电话：
统一销售客服／400 - 660 - 8393/6393
第一法律书店／010 - 83938432/8433　西安分公司／029 - 85330678　重庆分公司／023 - 67453036
上海分公司／021 - 62071639/1636　深圳分公司／0755 - 83072995

书号：ISBN 978 - 7 - 5197 - 3877 - 8　**定价**：86.00 元